新时代新理念职业教育教材·铁道运输类
高等职业教育校企合作开发教材
“互联网+”新形态立体化教学资源特色教材

接发列车工作

主　编　李海荣
副主编　刘　佳　孙建晖　杨松尧
主　审　冯春祥

北京交通大学出版社
·北京·

内 容 简 介

《接发列车工作》是根据铁道交通运营管理专业学生职业能力要求和职业发展需要，按照专业理论与现场实践相结合的模式编写的教材。基于“岗课赛证”理念，将车站值班员技能鉴定内容纳入教材建设，同时有效融入课程思政元素。

本书注重吸收铁路接发列车工作的新知识、新技术，与铁路现场新的行车组织方法、新的行车规章保持一致，依据最新的《铁路技术管理规程》《铁路运输调度规则》《接发列车作业》等铁路规章及标准，加入了大量贴合实际的案例及分析，全面系统阐述了接发列车工作应知应会内容。本书共6个项目，主要内容有：行车设备基础、接发列车工作认知、行车闭塞法、正常情况接发列车、运行条件变化时的接发列车、非正常情况接发列车等。

本书适合作为高等职业院校铁道交通运营管理专业及相关专业教材，也可供中等职业院校相关专业学生及从事铁路运输相关工作的职工参考、学习。

图书在版编目（CIP）数据

接发列车工作 / 李海荣主编. —北京：北京交通大学出版社，2023.6
新时代新理念职业教育教材. 铁道运输类
ISBN 978-7-5121-4960-1

Ⅰ. ① 接… Ⅱ. ① 李… Ⅲ. ① 铁路车站－车站作业－职业教育－教材
Ⅳ. ① U292.15

中国国家版本馆 CIP 数据核字（2023）第 088734 号

接发列车工作
JIEFA LIECHE GONGZUO

策划编辑：张　亮　　责任编辑：陈可亮
出版发行：北京交通大学出版社　　电话：010-51686414　　http://www.bjtup.com.cn
地　　址：北京市海淀区高梁桥斜街 44 号　　邮编：100044
印 刷 者：三河市华骏印务包装有限公司
经　　销：全国新华书店
开　　本：185 mm×260 mm　　印张：15　　字数：373 千字
版 印 次：2023 年 6 月第 1 版　　2023 年 6 月第 1 次印刷
印　　数：1～3 000 册　　定价：49.00 元

本书如有质量问题，请向北京交通大学出版社质监组反映。对您的意见和批评，我们表示欢迎和感谢。
投诉电话：010-51686043，51686008；传真：010-62225406；E-mail：press@bjtu.edu.cn。

前　言

铁路是国民经济大动脉、关键基础设施和重大民生工程，是综合交通运输体系的骨干，在我国经济社会发展中的地位和作用至关重要。加强现代化铁路建设，对扩大铁路运输有效供给，构建现代综合交通运输体系，建设交通强国，实现“两个一百年”奋斗目标和中华民族伟大复兴的中国梦，具有十分重要的意义。

本书基于“岗课赛证”理念，对应铁道交通运营管理专业培养目标中的车站值班员、信号员等接发列车工作系列岗位。以实现培养目标的工作过程为出发点，在每一个项目的后面都加入了理论考核和实践训练，突出了以培养学生实践动手能力为主导，以技能训练为主线的特点。同时将近年来我国铁路建设所取得的卓越成果及信息化发展相关前沿知识融入本书，力求给广大读者了解铁路接发列车工作提供一个良好的窗口。

在任务引入案例设计上，既注重内容的贴合，又注重案例选择的典型性和代表性，能更好地对核心知识进行导入和分析，增加教材的亲和力，激发学生的兴趣，有利于学生顺利进入课程的学习。在职业素养塑造方面，体现时代要求，弘扬国铁精神，为了保证铁路运输“安全高可靠、运行高速度、服务高品质”，培养学生具有“一丝不苟、精益求精、追求卓越、勇攀高峰”的“工匠精神”。同时提倡学生在自我完成任务的基础上，进行自评和小组互评，便于学生更全面地认识自己。

本书主要内容包括：行车设备基础、接发列车工作认知、行车闭塞法、正常情况接发列车、运行条件变化时的接发列车、非正常情况接发列车等。本书由辽宁铁道职业技术学院李海荣任主编，辽宁铁道职业技术学院刘佳、孙建晖、杨松尧任副主编，中国铁路沈阳局集团有限公司丹东站董岩辉工程师参与编写。其中项目 1、项目 2、项目 3 的任务 3.5、3.6 和项目 5 由李海荣编写，项目 3 的任务 3.1、3.2、3.3 和项目 4 由刘佳编写，项目 3 的任务 3.7 由杨松尧编写，项目 6 由孙建晖编写，项目 3 的任务 3.4 由董岩辉编写。全书由中国铁路沈阳局集团有限公司运输部冯春祥主审。

由于本教材涵盖内容较多，参考资料和编者水平有限，难免存在不足之处，诚恳欢迎同行专家、师生及相关读者提出批评及改进意见。

编　者

2023 年 2 月

目　　录

项目 1　行车设备基础

项目概述

本项目以“安全优质、兴路强国”“新时代小东精神”“零违章、零违纪、零事故”等行业特色精神为切入点，利用生动的案例作为任务引入，学习铁路站场、信号设备及列车相关基础知识。通过学习使学生对接发列车工作真实工作情境得到初步认知，为后面学习具体办理各种情况下的接发列车作业打好基础。同时注重让学生感受铁路文化浸润，树立岗位意识，养成吃苦耐劳、踏实肯干、任劳任怨的职业品质。

教学目标

★ 知识目标

1. 理解铁路车站的含义及作用。
2. 了解车站的性质及分类。
3. 熟悉车站的等级。
4. 掌握铁路线路的种类。
5. 熟悉车站线路和道岔编号。
6. 掌握线路有效长的确定方法。
7. 了解铁路信号的种类。
8. 掌握铁路信号基本颜色及含义。
9. 熟悉常见信号机的设置位置及显示意义。
10. 掌握进路的概念及种类。
11. 熟悉电气集中联锁设备的功能。
12. 熟悉计算机联锁设备的功能。
13. 掌握 6502 电气集中设备按钮及表示灯的功能。
14. 掌握 6502 电气集中设备操纵和表示方法。
15. 掌握列车进路的建立与解锁方法。
16. 掌握道岔单独控制的操作方法。
17. 掌握取消进路和人工解锁的操作方法。
18. 了解区段故障解锁与强制手段关闭信号的操作方法。
19. 掌握列车的含义、分类及等级。
20. 熟悉列车车次及运行方向的规定。

★ **能力目标**

1. 能根据具体站型图对车站道岔及线路进行编号。
2. 能识别各种列车的性质、车次、运行方向和等级。
3. 能以接发列车工作人员的身份识别各种列车标志。
4. 能确定各种线路的有效长起止范围。
5. 能以接发列车工作人员的身份识别各种信号机灯光显示意义。
6. 会排列接车进路、发车进路及通过进路。
7. 能综合运用专业知识，通过利用专业书籍、互联网精品课等资源搜集信息。
8. 能与小组成员和教师进行知识交流和沟通，表述和展示学习成果。

★ **素质目标**

1. 树立爱国爱路情怀，弘扬以社会主义核心价值体系为指引的新时代铁路精神。
2. 树立“交通强国，铁路先行”的大局意识，“路兴我兴，路衰我耻”的职业信仰。
3. 坚持“安全优质”发展理念，以高度的责任心、严谨务实的作风，确保铁路运输安全畅通。
4. 传承铁路人艰苦奋斗、勇挑重担、脚踏实地、任劳任怨的工作作风和劳动品质。
5. 树立强烈的品牌意识，注重创新服务模式，保证客货运输效益。
6. 践行“以人为本”理念，以服务人民、服务社会为己任，提升专业能力。
7. 遵章守纪，树立“一点不差，差一点也不行”的责任理念，养成良好的安全作业习惯。
8. 强化质量标准、岗位作业标准与作业流程，落实安全生产责任。
9. 培养团结协作能力，具备岗位责任意识和奉献精神。
10. 具有强烈的时间观念、严谨认真的工作态度。
11. 能客观、公正地开展自我评价及对小组成员的评价。

任务 1.1　铁路站场基础

任务引入

郑州北站——中国最大的货运编组站

郑州北站（Zhengzhoubei Railway Station）位于中国河南省郑州市，是中国铁路郑州局集团有限公司管辖的特等站，也是衔接京广铁路、陇海铁路的重要站点，是我国第一个双向纵列式三级八场半自动化的特大编组站，也是目前亚洲作业量最大的列车编组站。

截至 2017 年 1 月，郑州北站站场采用双向三级八场纵列式站型、正线外包布置；共设有 4 个列检作业场，分别为上行系统到达、出发场和下行系统到达、出发场；在上下行编组场间设交换场；在下行到达场与上行出发场间设机务段；在站场中部设维修基地；在站场北部设机务折返段；在下行调车场尾部设辅助调车场。

截至 2017 年 5 月，郑州北站上行解体能力为 71.9 列，下行解体能力为 92.7 列；上行编组能力为 109.8 列，下行编组能力为 106.8 列。

截至 2018 年 4 月，郑州北站共有道岔 898 组，信号机 828 架，共铺设有 228 条股道，占地约 5.3 km^2；编解能力约 36 000 辆；该站南北长 6 000 余 m，东西宽 800 余 m，共有线路 228 条，线路总长度约 454 km。

郑州北站主要办理京广铁路、陇海铁路方向货物列车和郑州铁路枢纽内部小运转列车的到达、解体、编组、出发作业任务，其中西陇海方向为主要车流方向。

西安北站——中国站台和股道最多的高铁站

西安北站（Xi'anbei Railway Station）位于中国陕西省西安市未央区，是中国铁路西安局集团有限公司管辖的铁路车站，是西北地区最重要的、规模最大的铁路客运枢纽。

西安北站是徐兰客运专线、大西客运专线、西成高速铁路、西银高铁、包西高铁、关中城际铁路网的枢纽车站，由 3 个站场组成，设 18 站台（2 个侧式站台+16 个岛式站台）、34 股道。截至 2020 年 1 月，西安北站是中国站台和股道最多的高铁站。车站全长 8.4 km，其中车场部分 3.4 km；动车所及走行线部分 5 km，其中站房东西方向宽（含站台雨棚）434.5 m，南北方向长 550.4 m。

西安北站主要办理郑西、西宝、大西、西成、包西、银西高铁中长途动车组始发终到作业，西成、银西高铁至郑西、大西、包西高铁动车组通过作业，以及银西高铁至西武、西渝高铁部分动车组通过作业。按照设计，西安北站每日可办理 510 对动车组到发。截至 2020 年 4 月，西安北站开行旅客列车总数 265 对，其中直通列车 202 对、管内列车 63 对。

请思考：

1. 铁路车站有哪些分类？主要办理哪些作业？
2. 铁路线路有哪些种类？分别有什么用途？
3. 铁路线路的长度是如何设计的？

知识准备

1.1.1 铁路车站

1. 铁路车站的含义及作用

铁路车站是铁路线路上设有配线的分界点，办理列车的到达、出发、通过、会让、越行和客货运等业务。

车站既是铁路办理客货运输的基地，又是铁路系统的一个基层生产单位。车站除办理旅客和货物运输的各项工作外，还办理和列车有关的各项工作。习惯把办理旅客和货物运输的工作称为车站业务作业，把办理和列车有关的各项工作称为技术作业。为了完成上述各项作业，车站设有客货运输设备及与列车运行有关的各项技术设备，还配备了客运、货运、行车、装卸等各工种的工作人员。

2. 铁路车站的分类

1）按业务性质划分

铁路车站按业务性质分为营业站和非营业站，营业站又分为客运站、货运站、客货运站。

（1）客运站：主要办理客运业务的车站称为客运站。客运站主要办理售票、行李包裹运送、随身携带品寄存、旅客上下车等客运业务，以及旅客列车终到、始发、技术检查等行车工作和客车整备等作业。主要设备有：站房、站台、到发线等。办理大量始发、终到旅客列车的客运站，还设置供客车检修、清洗等作业用的客车整备场。

（2）货运站：在枢纽或其他地区范围内，主要以办理货运业务，并以小运转列车取送为主的车站称为货运站。货运站主要办理货物承运、交付、装卸，以及货物列车到发、车辆取送等作业。主要设备有：货物列车到发线、调车线、牵出线和货场等。

（3）客货运站：同时办理客货运业务的车站称为客货运站。视其业务量大小和是否进行列车和车辆的技术作业，配置相应的设备。

2）按技术作业划分

铁路车站按技术作业分为中间站、区段站、编组站。

（1）中间站。

在铁路区段内，为满足区间通过能力及客、货运业务需要而设有配线的中间分界点称为中间站。其主要作业有：

① 办理列车的通过、会让和越行，在双线铁路上还办理调整反向运行列车的转线作业。

② 旅客的乘降和行李、包裹的收发和保管。

③ 货物的承运、装卸、保管和交付。

④ 摘挂列车、甩挂车辆的调车作业。

有的中间站如有工业企业线接轨或者是加力牵引起、终点及机车折返站时，还需办理工业企业线的取送车，补机的摘挂、待班和机车整备、转向等作业。

另外，在客货运量较大的个别中间站，还有始发、终到旅客列车及编组始发货物列车的作业。

（2）区段站。

区段站一般设在中等城市和铁路网上牵引区段（机车交路）的起点或终点，主要任务是为邻接的铁路区段供应及整备部分或全部机车，以及更换乘务组，同时还要按规定办理无调中转货物列车相关作业，并根据列车编组计划的规定办理少量货物列车的改编作业。

（3）编组站。

编组站是指在铁路网上办理大量货物列车解体、编组作业，编组直达、直通和其他列车并为此设有比较完善的调车设备的车站。此外，编组站还担负更换货运机车和乘务人员，对货物列车中的车辆进行技术检修和货运检查整理工作。编组站一般设有专用的接车、发车和调车场，驼峰调车设备，以及机车整备和车辆检修等设备。按其在铁路干线和枢纽的位置、所担当的作业任务，分为路网编组站和地区编组站。

3. 铁路车站的等级

按照客货运量和技术作业量大小，以及在政治、经济和铁路网上的地位，对以单项业务为主的客运站、货运站及编组站，根据《全国铁路车站等级核定办法》可分为：特等站和一、二、三、四、五等站。

1）特等站

特等站是中国铁路车站中最高等级的车站，截至 2020 年 10 月，中国国家铁路车站共有特等站 69 个。具备下列三项条件之一者为特等站：

（1）日均上下车及换乘旅客在 6 万人以上，并办理到发、中转行包在 2 万件以上的客运站。

（2）日均装卸车在 750 辆以上的货运站。

（3）日均办理有调作业车在 6 500 辆以上的编组站。

根据《铁路技术管理规程》（普速铁路部分，简称《技规》）规定，办理客运、货运业务并担当货物列车解编技术作业的综合业务的车站，具备下列三项条件中两项者为特等站：

（1）日均上下车及换乘旅客在 2 万人以上，并办理到发、中转行包在 2 500 件以上。

（2）日均装卸车在 400 辆以上。

（3）日均办理有调作业车在 4 500 辆以上。

如：北京站、上海站、广州站、郑州站等。

2）一等站

截至 2020 年末，中国国家铁路车站共有一等站 280 个以上。具备下列三项条件之一者为一等站：

（1）日均上下车及换乘旅客在 15 000 人以上，并办理到发、中转行包在 1 500 件以上的客运站。

（2）日均装卸车在 350 辆以上的货运站。

（3）日均办理有调作业车在 3 000 辆以上的编组站。

办理综合业务的车站，具备下列三项条件中两项者为一等站：

（1）日均上下车及换乘旅客在 8 000 人以上，并办理到发、中转行包在 500 件以上。

（2）日均装卸车在 200 辆以上。

（3）日均办理有调作业车在 2 000 辆以上。

如：大连站、锦州站、丹东站等。

二、三、四等站不做详细介绍。只办理列车会让、越行的会让站与越行站，均为五等站。

1.1.2 铁路线路

1. 铁路线路种类

铁路线路按用途分为正线、站线、段管线、岔线及特别用途线。

1）正线

正线是指连接车站并贯穿或直股伸入车站的线路，可分为区间正线及站内正线，连接车站的部分为区间正线，贯穿或直股伸入车站的部分为站内正线。

2）站线

站线是指车站内除正线外，根据业务性质、运量大小及技术作业的需要而铺设的其他配线。站线包括以下几类：

（1）到发线，是指供列车到达、出发使用的线路。

（2）调车线，是指进行列车编组与解体作业使用的线路。

（3）牵出线，是指设在调车场的一端，并与到发线连接，专供车列解体、编组及转线等牵出使用的线路。

（4）货物线，是指专供办理货物装卸使用的线路。

（5）站内指定用途的其他线路，是指站内救援列车停留线、机车走行线、机车等待线、车辆站修线、轨道衡线、加冰线、换装线、货车洗刷线、驼峰迂回线等。

3）段管线

段管线是指机务、车辆、工务、电务专用，并由其管理的线路。如机务段内机车整备线、三角线，车辆段内车辆检修作业用的线路，以及工务、电务段内停留轨道车及其他车辆的线路。

4）岔线

岔线是指在区间或站内接轨，通往路内外单位（厂矿企业、砂石场、港湾、码头及货物仓库）的专用线路。

5）特别用途线

特别用途线包括安全线和避难线。

（1）安全线是为防止列车或机车车辆从一进路进入另一列车或机车车辆占用的进路而发生冲突的一种安全隔开设备。

（2）避难线是指在长大下坡道上能使失控列车安全进入的线路。

2. 车站线路线间距

相邻两线路中心线之间的距离叫作线间距。线间距一方面要保证行车安全及车站工作人员进行有关作业的安全和便利，另一方面还要考虑通行超限货物列车和在两线间装设行车设备的需要。线间距取决于下列各项因素：

（1）机车车辆限界；

（2）建筑限界；

（3）超限货物装载限界；

（4）设置在相邻线路间有关设备的计算宽度；

（5）在相邻线路间办理作业的性质。

《技规》中规定，在客货共线的车站，铁路直线地段区间及站内两相邻线路中心线间的最小距离应符合表 1–1 中的规定，曲线地段的线间距相应加宽。

表 1–1　铁路线间距表

<table>
<tr><th>序号</th><th colspan="4">名　称</th><th>线间最小距离/mm</th></tr>
<tr><td rowspan="3">1</td><td rowspan="3">区间双线</td><td colspan="3">v≤120 km/h</td><td>4 000</td></tr>
<tr><td colspan="3">120 km/h＜v≤160 km/h</td><td>4 200</td></tr>
<tr><td colspan="3">160 km/h＜v≤200 km/h</td><td>4 400</td></tr>
<tr><td>2</td><td colspan="4">三线及四线区间的第二线与第三线</td><td>5 300</td></tr>
<tr><td>3</td><td colspan="4">站内正线</td><td>5 000</td></tr>
<tr><td rowspan="7">4</td><td rowspan="7">站内正线与相邻到发线</td><td colspan="3">无列检作业</td><td>5 000</td></tr>
<tr><td rowspan="6">有列检作业或上水作业</td><td rowspan="2">v≤120 km/h</td><td>一般</td><td>5 500</td></tr>
<tr><td>改建特别困难</td><td>5 000</td></tr>
<tr><td rowspan="2">120 km/h＜v≤160 km/h</td><td>一般</td><td>6 000</td></tr>
<tr><td>改建特别困难</td><td>5 500</td></tr>
<tr><td rowspan="2">160 km/h＜v≤200 km/h</td><td>一般</td><td>6 500</td></tr>
<tr><td>改建特别困难</td><td>5 500</td></tr>
</table>

续表

<table>
<tr><th>序号</th><th colspan="2">名　　称</th><th>线间最小距离/mm</th></tr>
<tr><td>5</td><td colspan="2">到发线间或到发线与其他线</td><td>5 000</td></tr>
<tr><td>6</td><td colspan="2">站内线间设有高柱信号机时，相邻两线（含正线）均需通行超限货物列车</td><td>5 300</td></tr>
<tr><td>7</td><td colspan="2">站内线间设有高柱信号机时，相邻两线（含正线）只有一条通行超限货物列车</td><td>5 000</td></tr>
<tr><td rowspan="2">8</td><td rowspan="2">牵出线与其相邻线</td><td>调车作业繁忙车站</td><td>6 500</td></tr>
<tr><td>改建困难或仅办理摘挂取送作业</td><td>5 000</td></tr>
</table>

注：线间有建（构）筑物或有影响限界的设施，最小线间距按建筑限界计算确定。既有线列车最高运行速度提速到 140～160 km/h 时，可保持 4 m 线间距。

1.1.3　车站线路和道岔编号

为便于车站生产指挥作业的联系和对设备的维修管理，应对站内线路和道岔进行统一编号。同一车站或车场内的线路和道岔不得有相同的编号。

1. 车站线路编号方法

站内正线用罗马数字编号（如Ⅰ、Ⅱ、Ⅲ等），其他线路用阿拉伯数字编号（如 1、2、3 等）。

（1）单线区段内的车站：由靠近站房的线路起，向站房对侧依次顺序编号；位于站房左右或后方的线路，在站房前的线路编完号后，再由正线方向起，向远离正线方向顺序编号，如图 1－1 所示。

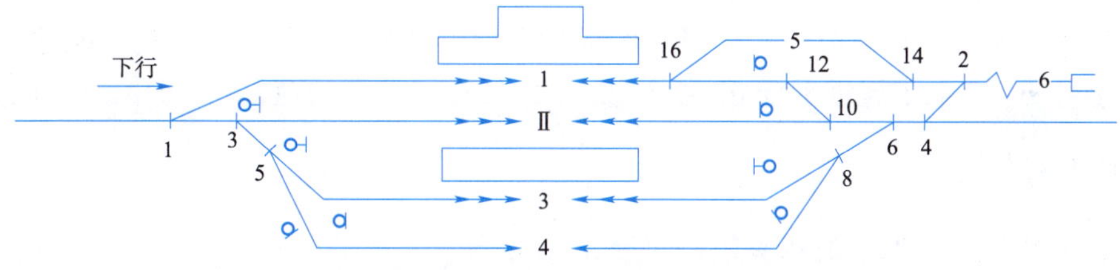

图 1－1　单线车站线路及道岔编号示意图

（2）双线区段内的车站：从正线起，按列车运行方向分别向外顺序编号，下行编单数，上行编双数，如图 1－2 所示。

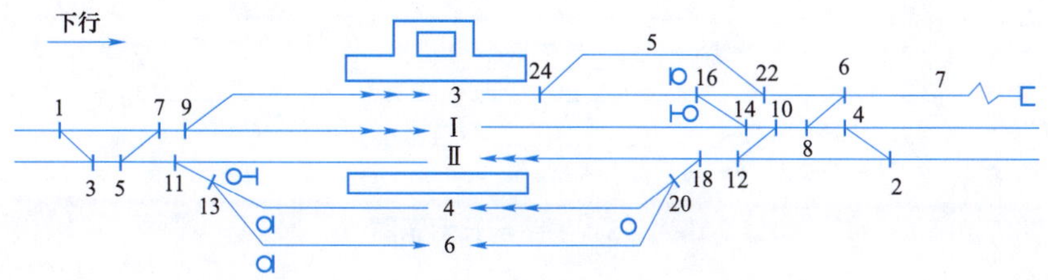

图 1－2　双线车站线路及道岔编号示意图

（3）尽端式车站：站房位于线路一侧时，从靠近站房的线路起，向远离站房方向顺序编号，如图 1–3 所示；站房位于线路终端时，面向终点方向由左侧线路起顺序向右编号，如图 1–4 所示。

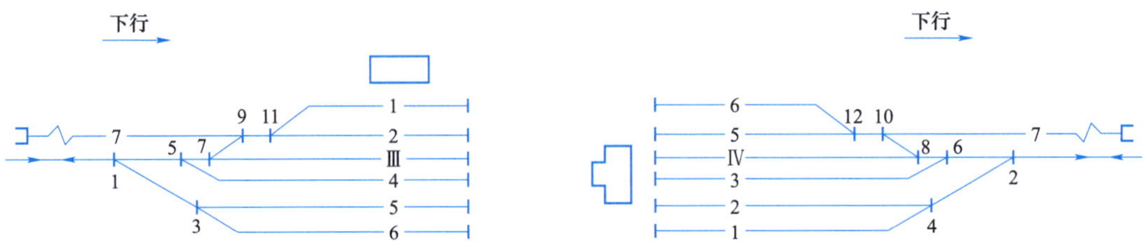

图 1–3　站房位于线路一侧的尽端式车站示意图　　图 1–4　站房位于线路终端的尽端式车站示意图

（4）多车场车站：应按车场分别编号。车场靠近站房（信号楼）时，从靠近站房（信号楼）的线路起，向站房（信号楼）对侧顺序编号；车场远离站房时，顺公里标增加方向从左向右顺序编号；在线路编号前冠以罗马数字表示车场，如Ⅰ场 3 道写为Ⅰ3 道，Ⅱ场 4 道写为Ⅱ4 道。

2. 道岔编号方法

道岔用阿拉伯数字进行编号，一般遵循以下原则：

（1）从车站两端由外向内、由主（主要进路）到次（次要进路）依次编号。

（2）以站房中心划分上、下行区域，当站房远离车站中心时，以车站或车场中心线划分。下行列车进站一端用单数，上行列车进站一端用双数。

（3）同一条渡线或梯线上的道岔，应编为连续的单号或双号。

（4）尽端式线路上的道岔，向线路终点方向顺序编号。当车站一端衔接两个及以上方向，既有上行又有下行时，应按主要方向编号。

（5）当车站有数个车场时，每一车场的道岔必须单独编号。为区别车场，左边第一位数字表示车场号码，如 103 表示Ⅰ场 03 号道岔。不包括在各车场的道岔，用十位及个位数编号。

1.1.4　线路有效长

车站线路的长度分为全长和有效长两种。

线路全长是指车站线路一端的道岔基本轨接头至另一端道岔基本轨接头的长度。如为尽头式线路，则指道岔基本轨接头至车挡的长度，如图 1–5 所示。线路全长减去该线路上所有道岔的长度，叫作铺轨长度。确定线路全长，主要是为了设计时便于估算工程造价，比较设计方案。站内正线铺轨长度已在区间正线合并计算，故不另计全长。

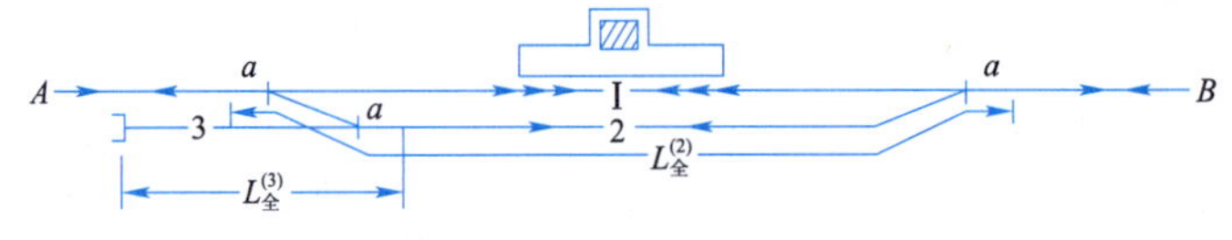

图 1–5　线路全长示意图

线路有效长是指在线路全长范围内可以停留机车车辆而不妨碍信号显示、道岔转换及邻线行车的部分。确定线路有效长，主要是为了确定线路的容车数。线路有效长起止范围主要由下列因素确定：

（1）警冲标；

（2）道岔的尖轨始端（无轨道电路时）或道岔基本轨接头处的钢轨绝缘（有轨道电路时）；

（3）出站信号机（或调车信号机），客运专线车站到发线上不设出站信号机时，应为出站信号机对应的钢轨绝缘；

（4）车挡（为尽头式线路时）。

确定线路有效长，主要视线路的用途及其连接形式而定，如图1-6所示。

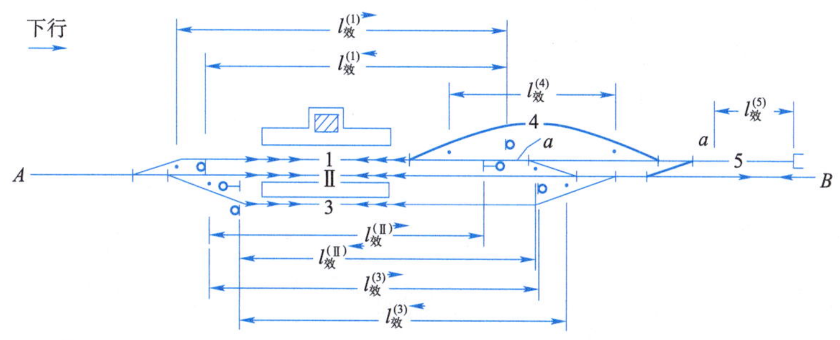

图1-6 车站线路有效长示意图

我国铁路采用的货物列车到发线有效长按1 050 m、850 m、750 m及650 m等标准选用。开行组合列车为主的铁路可采用大于1 050 m的到发线有效长。

任务1.2 铁路信号基础

任务引入

兰新线海拔最高车站信号改造工程顺利开通

2020年6月18日3:44，经过中铁电气化局集团三公司信号分公司80余人历时侧线90 min、正线160 min的奋战，圆满完成了兰新线海拔最高车站——打柴沟站信号专业计算机联锁改造工程。

兰新线信号专业计算机联锁改造工程包括更新头坝河、打柴沟、富强堡3站及武威南驼峰场室内外联锁设备改造。其中，打柴沟站位于甘肃省武威市天祝县打柴沟镇，东临金强河，西靠马牙雪山，海拔2 600 m，全年平均气温1 ℃，是全线海拔最高的车站。而车站处于营业线，室外更换联锁设备等工作也全部要在凌晨0:00—2:00的施工天窗点内进行，同时因高海拔带来的昼夜温差和强紫外线，使得施工人员始终处在白天穿单衣戴斗笠、夜间裹棉袄的特殊施工环境中，施工难度极大。

铁路信号联锁设备是指在信号机、道岔和进路之间通过技术手段建立的一种相互制约关系，能够极大提升车站行车和调车作业，以保证列车行驶安全。简单来说，就是在一条线路上有了行驶的列车，那么这条线路上或与这条线路有关的其他行车就会被限制，或者被直接停止，以保证此列车的行车安全。旧的联锁设备为手动按键式，但随着计算机技术的推广应用，极大简化了行车调度的流程与相应效率。此次打柴沟站计算机联锁改造就是针对计算机联锁设备的一次升级和换代。

兰新铁路建于1952—1962年，东起甘肃省兰州市，西至新疆维吾尔自治区阿拉山口市，全长2 423 km，是构成中国西北地区铁路网络的重要组成部分，为“一带一路”的发展做出了卓越的贡献。此次信号专业改造工程顺利开通，更进一步提升了车站及所属区段的行车安全系数和行车办理效率，也为“丝绸之路”提升运能打好了基础。

请思考：

1. 铁路信号有哪些种类？信号基本颜色及意义是什么？
2. 接发列车工作中常用的信号机有哪些？分别设置在什么位置？
3. 车站的联锁设备有哪些？如何操纵？

知识准备

1.2.1 铁路信号种类

以人识别信号的方式来分，铁路信号分为听觉信号和视觉信号。

1. 听觉信号

听觉信号是指以不同声响设备发出声响的强度、频率、声响长短和数目等特征表示的信号，如：号角、口笛、机车鸣笛、响墩等。

2. 视觉信号

视觉信号是指以不同颜色的灯光、旗帜、标牌等提供的指示信号，如：信号机、信号灯、信号旗、信号牌、信号表示器、火炬等。

视觉信号分为固定信号、移动信号、手信号三种。固定信号是指安装在地面或机车上固定不动的信号，如信号机、机车信号。移动信号是指根据施工防护或其他需要在地面上临时设置的可移动的信号牌、信号灯等显示的信号。手信号是指车务人员手握的信号旗、手提的信号灯等。

1.2.2 铁路信号基本颜色及含义

铁路信号所采用的颜色以红、黄、绿三种为基本颜色，除三种基本灯光外，信号机上还有蓝灯和月白色灯，信号表示器还有紫色灯、透明白灯等。

不同颜色的灯光用不同的符号和代号来表示，各种灯光的符号和代号如表1-2所示。

表1-2 铁路信号灯光的符号和代号

表示	颜色				
	红灯	黄灯	绿灯	白灯	蓝灯
符号	●	⊘	○	◎	◉
代号	H	U	L	B	A

铁路信号灯光基本含义是红色表示停车，黄色表示注意或减速运行，绿色表示按规定速度运行，月白色表示允许调车或引导信号，蓝色表示禁止调车或容许信号。但是为了提供更

加明确具体的信号显示，铁路信号的显示意义不仅以灯光的颜色不同来区分，还以灯光的数目和不同组合来区分，有时还以稳定灯光和闪光显示方式不同来区分。灯光符号外加四个点表示稳定灯光点亮，如“◌”表示绿色稳定灯光点亮；如果灯光符号外的每一角变为双点，则表示该灯光闪光。

1.2.3　常见信号机

1. 进站信号机

在每一个车站接车线路的入口必须装设进站信号机。进站信号机应设在距进站最外方道岔尖轨尖端（顺向为警冲标）不小于 50 m 的地点，如因调车作业或制动距离的需要，可以向站外方向移设，但一般不得超过 400 m。

设置进站信号机的目的就是防护车站。进站信号机是车站与区间的分界点，只有进站信号开放，才能允许列车进入站内。以进站信号机的不同显示，指示列车的不同运行条件。并且进站信号机开放后，与之敌对的其他信号机不得开放，即与敌对信号机发生联锁关系。

铁路车站进站信号机的灯光配列基本相同，即从上至下的灯位排列为：黄、绿、红、黄、白，如图 1-7 所示。

2. 出站信号机

在车站的正线和到发线上，应装设出站信号机。在电气集中车站，出站信号机都兼作调车信号机，因此称其为出站兼调车信号机。

出站信号机的设置位置依据其内方道岔的方向确定，大多数出站信号机的内方为顺向道岔，在两线路中间距离两线路中心不小于 2.0 m 的位置设警冲标，出站信号机应设在每一发车线的警冲标内方，距警冲标 3.5～4.0 m 的位置，如图 1-8 所示。有的股道出站信号机内方第一个道岔为对向道岔，则出站信号机设在对向道岔为尖轨尖端外方对应的基本轨轨缝的位置。

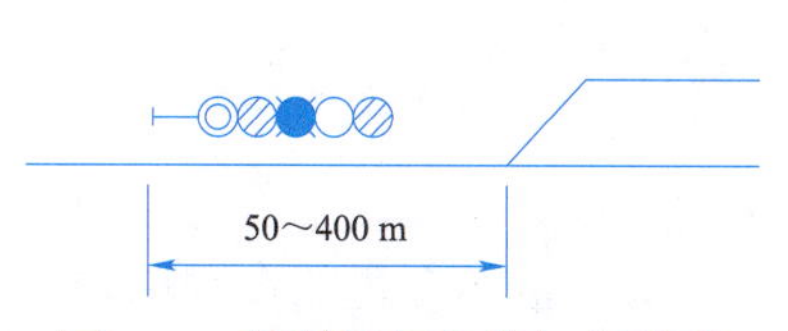

图 1-7　进站信号机的灯光配列

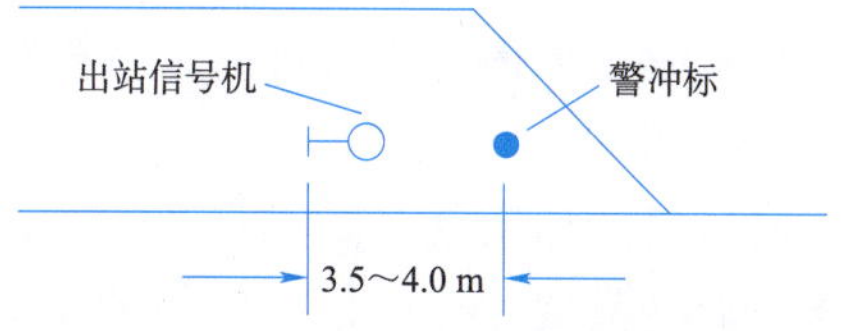

图 1-8　出站信号机的设置

出站信号机的作用就是防护发车进路和区间，同时也指示列车在站内的停车位置，即机车的最突出部分不准越过未开放的出站信号机。出站信号机的允许灯光显示作为列车占用区间的凭证，同时指示列车的运行条件。出站信号机开放后，其他与之敌对的信号机不得开放，即与敌对信号机发生联锁关系。

3. 通过信号机

在自动闭塞区段，将区间划分成若干个小段，每一小段称为一个闭塞分区。在每一闭塞分区的入口设置一架通过信号机，用以防护闭塞分区。在高速铁路自动闭塞区间，由于列车运行速度高，人工辨认地面信号显示已非常困难，因此取消了区间地面通过信号机，而由列控系统自动控制列车运行。

四显示通过信号机自上而下的灯位排列为绿、红、黄，各种灯光的显示意义如下：

（1）一个绿色灯光，准许列车按规定速度运行，表示运行前方至少有三个闭塞分区空闲。

（2）一个绿色灯光和一个黄色灯光，准许列车按规定速度运行，要求注意准备减速，表示运行前方有两个闭塞分区空闲。

（3）一个黄色灯光，要求列车减速运行，按规定限速要求越过该信号机，表示运行前方有一个闭塞分区空闲。

（4）一个红色灯光，要求列车应在该信号机前停车。

自动闭塞区段区间通过信号机的灯光显示随着列车的运行自动变换，四显示自动闭塞区间列车位置与通过信号机的关系如图 1–9 所示。

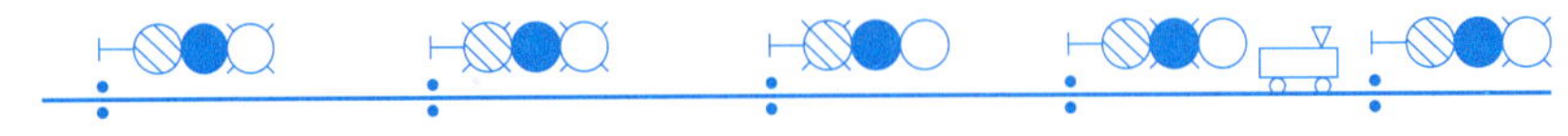

图 1–9　四显示自动闭塞区间列车位置与通过信号机的关系

4. 预告信号机

预告信号机的作用就是预告主体信号机的显示。列车运行速度不超过 120 km/h 的区段，预告信号机与其主体信号机的安装距离不得小于 800 m；当预告信号机的显示距离不足 400 m 时，其安装距离不得小于 1 000 m。

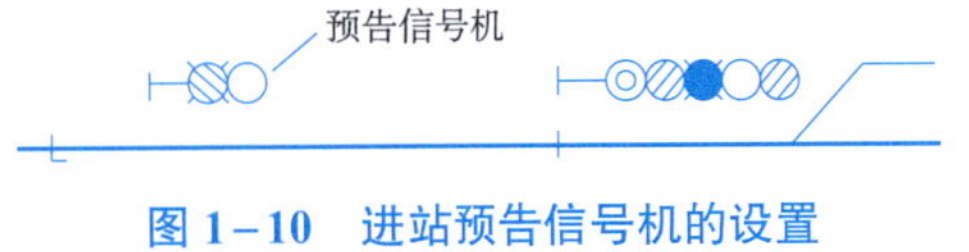

图 1–10　进站预告信号机的设置

进站预告信号机的设置如图 1–10 所示。对应进站信号机及线路所通过信号机设置的预告信号机显示如下：

（1）一个绿色灯光，表示主体信号机在开放状态。

（2）一个黄色灯光，表示主体信号机在关闭状态。

主体信号机在开放状态是指主体信号机显示允许灯光，包括绿灯、一绿一黄、黄灯、双黄及黄闪黄等信号显示。

主体信号机在关闭状态是指主体信号机在未开放状态，包括主体信号机显示红灯、引导信号，甚至有时主体信号机灭灯时，预告信号机也显示黄灯。

5. 调车信号机

调车信号机的作用就是防护调车进路，指示调车作业。设置调车信号机的目的就是满足站内调车作业的需要，一般规模较小的中间站设置的调车信号机不多，而在规模较大的中间站、区段站、编组站，设置调车信号机的数量很多。除各正线、到发线的出站信号机兼作调车信号机外，与车站集中区连接的岔线及咽喉区中间均设有调车信号机。一般采用矮柱信号机，显示距离不得小于 200 m。

6. 驼峰信号机

在规模较大的编组站或区段站，为了提高列车解体和编组的效率，建有驼峰调车场。在驼峰的峰顶平台设有驼峰信号机。驼峰信号机的作用就是指示机车车辆推峰作业。

驼峰信号机的灯位配置为黄、绿、红、白四个灯光，显示下列信号：

（1）一个绿色灯光，准许机车车辆按规定速度向驼峰推进。

（2）一个绿色闪光灯光，指示机车车辆加速向驼峰推进。

（3）一个黄色闪光灯光，指示机车车辆减速向驼峰推进。

（4）一个红色灯光，不准机车车辆越过该信号机或指示机车车辆停止作业。

（5）一个红色闪光灯光，指示机车车辆自驼峰退回。

（6）一个月白色灯光，指示机车车辆到峰下。

（7）一个月白色闪光灯光，指示机车车辆去禁溜线。

1.2.4 信号机的名称

为便于设计、施工和维护，各个地面固定信号机都应具有唯一的名称或编号，下面分别加以说明。

1. 进站信号机

进站信号机以所指示的列车运行方向的汉语拼音字头命名，如：上行进站信号机用 S 表示，下行进站信号机用 X 表示。当车站的一端有多个接车线路口，设有多架进站信号机时，对于多个接车线路的主要接车口，直接用 S 或 X 表示；而对于其他接车线路口，则在 S 或 X 的下方另加下标予以区分。例如，某站下行咽喉设有三架进站信号机，除 X 表示下行进站信号机外，东郊方向的进站信号机用 X_D 表示，下行反方向进站信号机用 X_F 表示。

2. 出站信号机

出站信号机以列车的运行方向命名，以所在的股道编号为下标，如 S_{II}、X_4 等。线群出站信号机应以所属的股道号为下标，如 X_1～X_4。有多个车场的出站信号机下标为车场和股道的组合号，如 $S_{\text{II}4}$。

3. 通过信号机

自动闭塞区段的通过信号机的名称以该信号机所在地点坐标公里数和百米数命名，下行为奇数，上行为偶数，如：在 100 km+350 m 处设置通过信号机，下行方向的编号为 1003，上行方向的编号为 1004。

半自动闭塞区间的通过信号机及区间正线有分歧道岔的通过信号机，以 T 命名，以运行方向为下标，如 T_S、T_X。

4. 预告信号机和接近信号机

预告信号机第一个字母为 Y，接近信号机第一个字母为 J，后面均缀以主体信号机的名称，如 YX_D、JX。

5. 调车信号机

调车信号机用 D 表示，在右下角缀以顺序号。从列车到达方向顺序编号，上行用双号，下行用单号，如：下行咽喉 D_1、D_3 等，上行咽喉 D_2、D_4 等。有若干个车场时，以百位数表示车场，如 I 场的 D_{101}、D_{103}。当同一个咽喉调车信号机超过 50 架时，则超出部分的调车信号机编为 D_{1101}、D_{2100}，其中千位表示车场号。

6. 驼峰信号机

驼峰信号机用 T 表示，在右下角缀以推送线的顺序号，如 T_1、T_2。

1.2.5 车站联锁设备

1. 进路的概念及种类

列车和调车车列在车站范围运行所经过的径路，称为进路。进路按作业性质分为列车进路和调车进路，列车进路分为接车进路、发车进路和通过进路。

在电气集中车站，轨道区段是进路的基本组成单元，建立进路时要对轨道区段的空闲状态进行检查。每条进路必须有相应的信号机来防护，从防护该进路的信号机至进路的终点，就是一条进路的范围。每一条进路都有确定的范围，包括若干个轨道区段，下面以图 1–11 为例分别介绍各种进路及其范围。

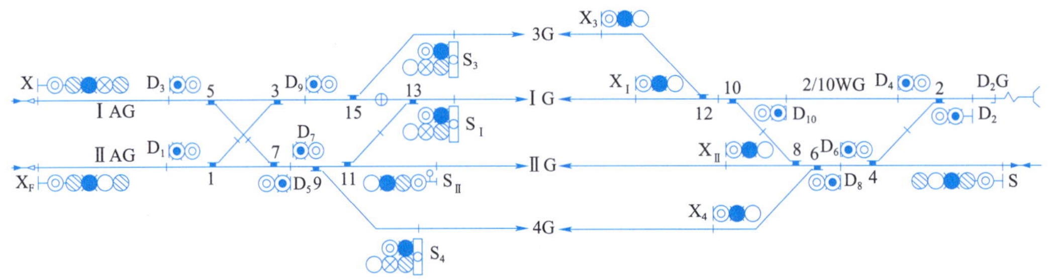

图 1–11　车站信号设备平面布置图

1）接车进路

接车进路是指列车从区间（或车场）进入站内（或另一车场）所经过的路径，接车进路的范围是从进站信号机至同方向的出站信号机（或进路信号机），包括咽喉区内有关道岔区段、无岔区段和到发线。例如，下行Ⅰ道接车进路，由下行进站信号机 X 至下行Ⅰ道出站信号机 X_{I}。

2）发车进路

发车进路是指列车由车站（或车场）驶出，进入区间（或另一车场）所经过的路径，发车进路的范围是从出站信号机至反方向的进站信号机（区间双方向运行）或站界标（区间单方向运行）或阻拦的进路信号机，包括咽喉区内有关道岔区段、无岔区段，并不包括到发线。例如，上行Ⅰ道发车进路，由上行Ⅰ道出站信号机 S_{I} 至下行咽喉发车口的站界，即 X_F 信号机处。

3）正线通过进路

正线通过进路指列车经正线不停车通过车站（或车场）的进路。一条经道岔直向位置的正线接车进路与正线发车进路的叠加即为正线通过进路。例如，上行通过进路，由上行进站信号机 S 至上行发车口 X_F 信号机，包括上行Ⅱ道接车进路和上行Ⅱ道发车进路。

4）调车进路

调车进路是指调车车列在站内进行调车作业时所经过的路径。调车进路的起点都是防护该进路的调车信号机，但向不同去向调车时其进路的终点不同。向咽喉区内某一信号点调车时，进路的终点为阻拦的调车信号机；向到发线调车时，进路的终点为阻拦的出站兼调车信号机或进路信号机；向牵出线、停车线等尽头线调车时，进路的终点为土挡；向设有进站信号机的接车线路口调车时，进路的终点为反方向的进站信号机；向区间单方向运行的发车线路口调车时，进路的终点为站界标；向某一专用线或其他线路方向调车时，进路的终点一般为反方向的高柱调车信号机或规定的专用线或其他线路与车站的分界点。

调车进路有短调车进路和长调车进路之分。建立一条调车进路，如果只需开放一架调车信号机，则称该进路为单元调车进路或短调车进路。如果建立一条调车进路，需开放两架或两架以上同方向调车信号机，即一条调车进路由两段或两段以上的单元调车进路组合而成，则称该进路为长调车进路。长调车进路与短调车进路，不是指进路长度的长与短，而是指调车进路中同方向调车信号机是一架还是多架。

2. 联锁设备

1）联锁设备的含义

要实现联锁关系的核对和检查，必须有一套安全可靠的自动控制系统，即车站联锁控制系统，也称车站联锁设备，简称联锁设备。联锁设备的任务就是安全可靠地控制车站联锁区域内的信号、道岔和进路，并实现它们之间的相互制约关系。

按照联锁控制的方式不同，联锁设备分为非集中联锁和集中联锁。所谓非集中联锁就是室内和室外对车站的信号机、道岔和进路分散控制。所谓集中联锁就是对车站的信号机、道岔和进路（包括轨道电路）在室内进行集中控制和监督，而用电气方法实现控制监督的设备则称为电气集中联锁设备。目前，铁路现场广泛应用的联锁设备主要有两种：一是应用多年的以继电器为核心的继电集中联锁设备；二是以计算机为核心的计算机联锁设备。这两种设备实际上都属于电气集中联锁设备，但习惯上人们把继电集中联锁称为电气集中。我国铁路车站的继电集中联锁设备的电路型号大多为6502，即6502电气集中联锁设备。

2）电气集中联锁设备

电气集中联锁车站的信号设备分室外和室内两部分。室外设备电气集中联锁车站和计算机联锁车站相同，主要有色灯信号机、电动或电液转辙机、轨道电路和电缆线路及箱盒设备。信号楼内的主要设备有控制台、区段人工解锁按钮盘、继电器组合架、电源屏和分线盘。控制台用于控制和监督道岔、进路和信号机。设有控制台的信号楼或行车室就是车站的控制中心。区段人工解锁按钮盘是辅助设备，设于控制台所在房间，主要在更换继电器或停电后，用它使设备恢复正常状态；另外，在道岔区段因故障不能解锁时，用它办理区段故障人工解锁，或在设备发生故障时，用它实现对信号的强制关闭。继电器组合架是实现联锁控制的核心设备，设于机械室，用于安放控制和监督用的各种继电器。电源屏能不间断地供给整个电气集中用的各种交直流电源。

3）计算机联锁设备

计算机联锁系统主要由人机对话设备、联锁控制计算机系统（简称主机）、输入输出通道与接口、继电器结合电路及其监控对象（信号机、道岔、轨道电路）等部分组成。计算机联锁设备的功能主要有联锁控制功能、显示功能、记录储存和故障诊断功能等。

联锁控制功能如下：

（1）对进路的控制：能够实现进路的自动选排、锁闭及解锁。

（2）对信号的控制：能够实现信号的自动开放、关闭及防止信号因故关闭后的自动重复开放。

（3）对道岔的控制：能够实现对道岔的单独操纵、单独锁闭及单独封锁。

显示功能如下：

（1）站型显示：在显示器上，平时用蓝色的线条显示出车站的站型，当道岔位置改变时，显示器上的道岔开通方向会随之改变。进路锁闭时，相关的线条变为白色；有车占用时，相关的线条变为红色。

（2）现场信号设备状态显示：显示器上不但能清晰地显示道岔的位置，还能显示轨道区段和信号机的各种状态。

（3）按钮操作提示：值班员按下某一按钮后，在显示器上有相应的提示，以确认操作动作是否正确。

（4）系统的工作状态、故障报警显示：在屏幕上，不但能够显示系统的工作状态，而且当系统发生故障时，显示器上还有报警提示。

计算机联锁系统最突出的优点是储存容量大，具有较强的记忆功能，系统不但能够及时地提供当前的信息显示，而且还能提供历史的信息。

记录储存和故障诊断功能如下：

（1）自动记录功能：计算机联锁系统能够随时自动记录值班员的操作、现场信号设备的动作、车列的运行情况。上述所有的信息均保存不少于 48 小时或一个月（甚至更长的时间），需要查询设备的动作或分析系统的故障时，可随时调用记忆期限内任意时刻的各种信息。

（2）提供图像作业再现功能：计算机联锁系统不但能保存信息，而且可以将记忆期限内任一时间的作业情况重新再现。根据需要可以选择快进、步进和正常三种再现速度。

（3）集中监测报警功能：计算机联锁系统一方面能够自动监测系统自身运行的状况；另一方面，在室外信号机、道岔或轨道电路信号设备发生故障或参数异常时，及时给出报警提示，以便及时处理。

1.2.6 6502 电气集中联锁设备操纵和表示方法

1. 进路的建立与解锁

（1）排列基本进路的方法是：顺序按下始端、终端进路按钮。

（2）除对应单置调车信号机（设在咽喉区岔群中的单个信号机）设置的调车按钮外，对应其他信号机设置的进路按钮，既可作始端又可兼作同性质反方向进路的终端按钮使用。单置调车按钮只能作同方向的终端，不能作反方向的终端。

（3）办理正线通过作业时，可分别排列正线接车和正线发车进路，也可以先按下通过按钮，再按下发车进路的终端按钮，一次排成通过进路。

（4）列车或车列经过进路时，进路分段顺序自动正常解锁。各区段的正常解锁一般采用三点检查法，即本区段区段解锁，要检查前一区段被占用、出清，本区段占用、出清和下一区段占用。但列车进路第一区段解锁，一般只能实现两点检查。

2. 道岔单独控制

（1）单独操纵道岔至定位（或反位）时，要同时按下道岔按钮和总定位（或总反位）按钮。

（2）需要单独锁闭道岔时，拉出道岔按钮，按钮上表示灯亮红灯。在排列进路时，该道岔不能转动。恢复道岔按钮，解除单独锁闭。

3. 重复开放信号

信号开放的过程中，因故关闭，当故障恢复后若进路仍在锁闭状态，可按下进路始端按钮使信号重新开放。

4. 取消进路和人工解锁

（1）进路未选出前，按钮表示灯闪光，进路排列表示灯亮灯期间，可按下总取消按钮取消记录。

（2）在进路始端按钮表示灯亮稳定灯光后，要取消进路应同时按下总取消按钮和进路始端按钮。

（3）在进路处于预先锁闭状态时，办理取消解锁，应同时按下总取消按钮和进路始端按钮，使信号关闭，进路立即解锁。

（4）当进路处于接近锁闭状态时，办理人工解锁，必须登记、破封按下总人工解锁按钮，同时按下进路始端按钮，进路经延时后解锁。接车进路及有正线通过作业的发车进路，延时 3 min，其他发车进路和调车进路延时 30 s。在延时期间，对应的延时解锁表示灯红灯点亮。一个咽喉区同时只能有一条进路进行人工解锁。

5. 区段故障解锁与强制手段关闭信号

（1）当发生停电恢复或漏解锁等故障使区段不能按进路方式解锁时，在确认本区段空闲的条件下，进行登记后，一个人破封按下控制台上的总人工解锁按钮，另一个人同时破封按下区段人工解锁盘上要解锁区段的事故按钮，该区段立即解锁。

（2）当设备发生故障，以正常手续不能关闭信号时，在进行登记后，可以一个人破封按下控制台上的总人工解锁按钮，另一个人同时破封按下进路中任一区段的事故按钮，使信号强制关闭。

信号设备认知

任务 1.3　列车基础知识

任务引入

中欧（厦门—俄罗斯）建发班列首列冷链出口专列正式发车

2022 年 10 月 19 日，中欧（厦门—俄罗斯）建发班列首列冷链专列从厦门自贸片区海沧园区驶出，经满洲里口岸出境后，预计 15 天可抵达俄罗斯莫斯科，这是从福建省发出的首列出口冷链国际班列。

此趟冷链专列装载福建本地的冻鱿鱼片、秋葵条等优质海鲜蔬果产品，共约 906 t，承运货值近 3 000 万元，专列实现了从工厂源头到最终买家仓库的全程恒温运输，保证了现有技术下最大限度的货物冷鲜品质。

本次冷链专列采用国际领先的冷链集装箱，对集装箱配备标准量柴油油箱发电机制冷机组，并使用先进卫星导航实现全程跟踪定位，实现了在线监测集装箱内温度及湿度，实时监控货物状态，最大程度保证货物的品质及安全。此趟冷链专列的顺利开行，使得福建本土及周边地区的海鲜蔬果等冷鲜产品有了更高效便捷的对外物流通道，进一步突显建发班列保障外贸供应链、服务本地产业链的功能。

自 2017 年 8 月开通至 2022 年 9 月，中欧（厦门—俄罗斯）建发班列已累计发运 368 列，共 31 070 个标箱，承运货值近 70 亿元。

冷链专列的开通，是建发股份进一步响应国家“一带一路”倡议，深耕供应链运营的又一重要标志，是进一步促进中俄农产品贸易交流合作的重大成果。下一步，建发股份将不断创新，全面提升中欧班列综合服务能力，优化服务方案，为厦门市打造对外开放新高地，为服务国家“一带一路”建设作出更大贡献。

请思考：

1. 铁路列车有哪些种类？中欧班列属于哪一类？
2. 铁路列车的车次是如何编订的？
3. 除了中欧班列，我国还有哪些特色列车？

知识准备

1.3.1 列车的含义

列车是指编成的车列并挂有机车及规定的列车标志。动车组列车为自走行固定编组列车。一般来说，列车必须具备三个条件：按有关规定编成的车列、挂有牵引本次列车的机车、有规定的列车标志。单机、大型养路机械及重型轨道车，虽未完全具备列车条件，但在发往区间时，因其在办理闭塞及接发列车手续、在区间被迫停车后的防护及处理、服从行车调度指挥，以及发生铁路交通事故的分类与处理等方面，均具有与列车相同的性质，所以也应按列车办理。

旅客列车的尾部标志应使用电灯，动车组以外的旅客列车尾部标志灯的摘挂、保管，由车辆部门负责。对中途转向的动车组以外的旅客列车应有备用标志灯，以备转向时使用。

1. 按规定编成的车列

列车是铁路旅客、货物运输的载体，是铁路完成运输任务的主要形式。为保证列车运行安全、提高运输效率，列车必须在重量、长度、车辆编挂等方面符合规定的条件。列车应按《技规》、列车编组计划和列车运行图规定的编挂条件、车组、重量或长度进行编组。

（1）编入列车中的机车车辆的技术条件、装载危险货物的车辆的隔离、关门车编挂要求、机车编挂方法、单机挂车及超限货物车辆编挂等，应符合《技规》有关规定。

（2）列车的种类、列车中车辆的去向、编组内容、车组和车辆的编挂位置，应符合列车编组计划的规定。动车组以外的旅客列车按列车编组表编组，机车后第一位编挂一辆未搭乘旅客的车辆作为隔离车。行李车、邮政车、发电车等非乘坐旅客的车辆应分别挂于机车后第一位和列车尾部，起隔离作用；在装设集中联锁的区段，设有列车运行监控装置时，旅客列车可不挂隔离车。如隔离车在途中发生故障摘下时，可无隔离车继续运行。局管内旅客列车经铁路部门批准，可不隔离。军用列车的编组，按有关规定办理。

（3）列车长度及重量应符合列车运行图的规定。列车重量是指整个列车中不包括牵引机车在内的所有机车、车辆的自重与货物装载重量的总和。列车重量应根据机车牵引力、区段内线路状况及其设备条件确定。编组超重列车时，编组站、区段站应得到机务段调度员的同意，在中间站应得到司机的同意，并均须经列车调度员准许。列车长度应根据运行区段内各站到发线的有效长，并须预留 30 m 的附加制动距离来确定。

2. 牵引机车

工作机车应挂于列车头部，正向运行（牵引小运转、路用、救援列车的机车除外）；无转向设备的，可逆向运行。双机或多机牵引时，本务机车的职务由第一位机车担当。

补机原则上应挂于本务机车的前位或次位，在特殊区段或须途中返回时，经铁路部门批准，可挂于列车后部。当后部补机不接软管时，依据铁路部门规定的保证安全的办法操作。

3. 列车标志

列车应在头部和尾部分别显示不同的列车标志。列车标志的显示方式，昼间与夜间相同，昼间可不点灯，其显示方式如下：

（1）列车牵引运行时，机车前端一个头灯及中部两侧各一个白色灯光，如图 1–12 所示。列车尾部两个侧灯，向后显示红色灯光，向前显示白色灯光；挂有货物列车列尾装置时，为列尾装置向后显示红白相间的反射标志和一个红色闪光灯光，如图 1–13 所示。动车组以外的旅客列车尾部加挂客车时，侧灯位置不作调整，最后一辆客车的制动软管、总风软管须吊起。

图 1–12　列车牵引运行时头部列车标志

图 1–13　列车牵引运行时尾部列车标志

（2）列车推进运行时，列车前端两个侧灯，向前显示红色灯光，向后显示白色灯光；挂有货物列车列尾装置时，为列尾装置向前显示红白相间的反射标志和一个红色闪光灯光，如图 1–14 所示。机车后端中部两侧各一个红色灯光，如图 1–15 所示。

图 1–14　列车推进运行时前端列车标志

图 1–15　列车推进运行时后端列车标志

（3）列车后端挂有补机时，机车后端标志与第 2 款同。

（4）单机运行时，机车前端标志与第 1 款同；后端标志与第 2 款同。

（5）调车机车及机车出入段时，机车前端标志与第 1 款同；机车后端标志与第 2 款同。

（6）轨道车运行时，前端一个白色灯光，后端一个红色灯光，如图 1–16 所示。

图 1-16　轨道车运行时列车标志

1.3.2　列车的分类及运行等级

1. 列车按运输性质分类

（1）旅客列车：是指以客车（包括代用客车、动车组）编组的，专门运送旅客、行李、包裹、邮件的列车，包括动车组列车，特快、快速、普通旅客列车，旅游列车，临时旅客列车，通勤列车等。

（2）特快货物班列：是指使用行李车或邮政车等客车车辆，根据需要编组，整列装载行李、包裹和邮件等的列车。有固定发到站、固定的车次和运行线、明确的开行周期和运行时刻，按客车化模式组织开行的货物班列。从装车站到卸车站全程紧密衔接，确保快捷、及时运送行李、包裹、邮件及其他快运货物等。

（3）军用列车：是指专为运送军事人员或军用物资而开行的列车，以客车（含自备客车、代用客车）编成的军用列车，接发列车和运行按旅客列车办理。

（4）货物列车：是指以运送货物的车辆编组的，专门运送各种货物及排送空货车开行的列车，包括直达、直通、区段、摘挂、小运转、冷藏、自备车及超限列车等。

① 技术直达列车：在技术站编成的、经过一个及其以上编组站不解体的列车。

② 直通列车：在技术站编成的、经过一个及其以上区段站不解体的货物列车。

③ 区段列车：在技术站编成的、在两相邻技术站间开行且在区段内的中间站不进行车辆摘挂作业的货物列车。

④ 摘挂列车：在技术站编成的、在两相邻技术站间开行且在区段内的中间站需进行车辆摘挂作业的货物列车。

⑤ 小运转列车：在技术站与邻接区段规定范围内的几个中间站间开行（运行距离不足一个区段）的列车，称为区段小运转列车；在枢纽内各站间开行的货物列车，称为枢纽小运转列车。

⑥ 冷藏列车：利用机械冷藏车专门运送鲜活、易腐等需要保持特定温度的货物的列车。

⑦ 自备车列车：为运输大宗、固定的货物往返运行于特定区段内，全部以企业自备车编组而成的列车。

⑧ 超限货物列车：编挂有装载超限货物车辆的且具有超限货物列车车次的列车。

（5）路用列车：是指不以营业为目的，专为运送铁路自用物资或设备而开行的列车。例如，试验列车，运送铁路器材、路料的列车，因施工、检修需要开行的轨道车、接触网作业车、大型养路机械车组等。

此外，还有为特殊目的而开行的特殊用途列车，如专运、救援列车等。

2. 列车运行等级

根据《技规》的规定，现行的列车运行等级顺序如下：

（1）动车组列车；

（2）特快旅客列车；

（3）特快货物班列；

（4）快速旅客列车；

（5）普通旅客列车；

（6）军用列车；

（7）货物列车；

（8）路用列车。

开往事故现场救援、抢修、抢救的列车，应优先办理。特殊指定的列车运行等级，应在指定时确定。

1.3.3　列车车次及运行方向

1. 列车车次

为便于组织铁路运输的各项工作，各类列车均应有固定车次范围，每一列车均应编有相应的车次。根据车次，可以辨别该列车的种类、性质、等级和运行方向。我国铁路现行的列车车次编订表如表 1–3 所示。

表 1–3　列车车次编订表

<table>
<tr><th>顺号</th><th colspan="2">列车分类</th><th>车次范围</th><th>顺号</th><th>列车分类</th><th>车次范围</th></tr>
<tr><td>一</td><td colspan="3">旅客列车</td><td>5</td><td>空车直达列车</td><td>87001～87998</td></tr>
<tr><td rowspan="3">1</td><td colspan="2">高速动车组旅客列车</td><td>G1～G9998</td><td>6</td><td>技术直达列车</td><td>10001～19998</td></tr>
<tr><td rowspan="2">其中</td><td>直通</td><td>G1～G4998</td><td>7</td><td>直通货物列车</td><td>20001～29998</td></tr>
<tr><td>管内</td><td>G5001～G9998</td><td>8</td><td>区段货物列车</td><td>30001～39998</td></tr>
<tr><td>2</td><td colspan="2">城际动车组旅客列车</td><td>C1～C9998</td><td>9</td><td>摘挂列车</td><td>40001～44998</td></tr>
<tr><td rowspan="3">3</td><td colspan="2">动车组旅客列车</td><td>D1～D9998</td><td>10</td><td>小运转列车</td><td>45001～49998</td></tr>
<tr><td rowspan="2">其中</td><td>直通</td><td>D1～D4998</td><td>11</td><td>重载货物列车</td><td>71001～77998</td></tr>
<tr><td>管内</td><td>D5001～D9998</td><td>12</td><td>自备车列车</td><td>60001～69998</td></tr>
<tr><td rowspan="3">4</td><td colspan="2">直达特快旅客列车（160 km/h）</td><td>Z1～Z9998</td><td>13</td><td>超限货物列车</td><td>70001～70998</td></tr>
<tr><td rowspan="2">其中</td><td>直通</td><td>Z1～Z4998</td><td>14</td><td>保温列车</td><td>78001～78998</td></tr>
<tr><td>管内</td><td>Z5001～Z9998</td><td>四</td><td>军用列车</td><td>略</td></tr>
</table>

续表

顺号	列车分类		车次范围
5	特快旅客列车（140 km/h）		T1～T9998
	其中	直通	T1～T3998
		管内	T4001～T9998
6	快速旅客列车（120 km/h）		K1～K9998
	其中	直通	K1～K4998
		管内	K5001～K9998
7	普通旅客列车		1001～7598
	（1）普通旅客快车（120 km/h）		1001～5998
	其中	直通	1001～3998
		管内	4001～5998
	（2）普通旅客慢车		6001～7598
	其中	直通	6001～6198
		管内	6201～7598
8	通勤列车		7601～8998
9	临时旅客列车（100 km/h）		L1～L9998
	其中	直通	L1～L6998
		管内	L7001～L9998
10	旅游列车（120 km/h）		Y1～Y998
	其中	直通	Y1～Y498
		管内	Y501～Y998
二	特快货物班列（160 km/h）		X1～X198

顺号	列车分类			车次范围
五	单机和路用列车			
1	单机			
	其中	客车单机		50001～50998
		货车单机		51001～51998
		小运转单机		52001～52998
2	补机			53001～54998
3	动车组检测、确认列车			
	（1）动车组检测列车			DJ1～DJ8998
	其中	300 km/h 检测列车		DJ1～DJ998
		其中	直通	DJ1～DJ400
			管内	DJ401～DJ998
		250 km/h 检测列车		DJ1001～DJ1998
		其中	直通	DJ1001～DJ1400
			管内	DJ1401～DJ1998
	（2）动车组确认列车			DJ5001～DJ8998
	其中		直通	DJ5001～DJ6998
			管内	DJ7001～DJ8998
4	试运转列车			55001～55998
	其中	普通客、货列车		55001～55300
		300 km/h 以上动车组		55301～55500
		250 km/h 动车组		55501～55998

续表

顺号	列车分类		车次范围
三	货物列车		
1	快运货物列车		
	（1）快速货物班列（120 km/h）		X201～X398
	（2）货物快运列车（120 km/h）		X2401～X2998 X401～X998 注 1
	其中	直通	X2401～X2998
		管内	X401～X998
	（3）中欧、中亚集装箱班列，铁水联运班列		X8001～X9998
	其中	中欧、中亚集装箱班列（120 km/h）	X8001～X8998
		中亚集装箱	X9001～X9500
		铁水联运班列	X9501～X9998
	（4）普通货物班列		80001～81998
2	煤炭直达列车		82001～84998
3	石油直达列车		85001～85998
4	始发直达列车		86001～86998

顺号	列车分类		车次范围
5	轻油动车、轨道车		56001～56998
6	路用列车		57001～57998
7	救援列车		58101～58998
8	回送客车底列车		
	其中	有火回送动车组车底	001～00100
		无火回送动车组车底	00101～00298
		无火回送普速客车底	00301～00498
		回送图定客车底	图定车次前冠以数字“0”
		因故折返旅客列车	原车次前冠以“F”

表中字母 G、C、Z、D、T、K、L、Y、X、DJ、F 分别读作“高”“城”“直”“动”“特”“快”“临”“游”“行”“动检”“返”

注 1：货物快运列车车次范围规定：

直通（X2401～X2998），其中：哈尔滨局 X2401～X2430，沈阳局 X2431～X2480，北京局 X2481～X2510，太原局 X2511～X2540，呼和浩特局 X2541～X2570，郑州局 X2571～X2600，武汉局 X2601～X2630，西安局 X2631～X2660，济南局 X2661～X2690，上海局 X2691～X2740，南昌局 X2741～X2770，广州局 X2771～X2810，南宁局 X2811～X2840，成都局 X2841～X2890，昆明局 X2891～X2920，兰州局 X2921～X2950，乌鲁木齐局 X2951～X2970，青藏公司 X2971～X2990。

管内（X401～X998），其中：哈尔滨局 X401～X430，沈阳局 X431～X480，北京局 X481～X510，太原局 X511～X540，呼和浩特局 X541～X570，郑州局 X571～X600，武汉局 X601～X630，西安局 X631～X660，济南局 X661～X690，上海局 X691～X740，南昌局 X741～X770，广州局 X771～X810，南宁局 X811～X840，成都局 X841～X890，昆明局 X891～X920，兰州局 X921～X950，乌鲁木齐局 X951～X970，青藏公司 X971～X990。

注 2：各局的零散货物车辆，可挂入直达、直通、区段货物列车中。挂有装运跨局零散货物快运车辆的列车，在基本车次前加字母“X”。如：X28002 次。

注 3：旅客列车车次在全路范围内、货物列车车次在各铁路局范围内不得重复，旅客列车车次由国铁集团确定。

注 4：各铁路局管内车次不足时，需向国铁集团申请，不得自行确定；不得超出表中规定范围擅自编造、自造使用车次。

为确保列车车次全路统一性及有关行车设备和信息系统正常运行，列车车次编排仅限于使用大写汉语拼音字母和阿拉伯数字。列车编用车次，旅客列车在全路范围、货物列车在铁路局管内不得重复，旅客列车车次由国铁集团确定。各铁路局不得超出上述车次规定范围擅自编造、自造使用车次。

季节性、特定时间段开行的动车组、临时旅客列车，可使用相应等级图定车次。

2. 列车运行方向

1）列车上、下行方向的规定

列车运行，原则上以开往北京方向为上行，远离北京方向为下行。在支线上运行的列车，以开往干线为上行，以远离干线为下行。全国各线的列车运行方向，以国铁集团的规定为准；但枢纽地区的列车运行方向，由各铁路局规定。列车须按规定编定车次，上行列车编为双数，下行列车编为单数。在个别区间，使用直通车次时，可与规定方向不符。

2）列车正、反方向运行的规定

我国铁路列车在区间运行，采用左侧行车制，即列车在区间运行时，牵引机车司机的位置及铁路信号的设置位置均在列车运行方向的左侧（特殊情况除外，如既有线改造时有的线路双线反方向的进站信号机设于右侧）。

在单线区段双向运行，即上、下行列车在同一条区间正线上往复运行，铁路信号分别设置在上、下行列车运行方向的左侧。在双线区段单向运行，即上、下行列车分别固定在左侧正线上、下行线路（上行列车走上行线，下行列车走下行线）上运行。根据左侧行车的规定，出发列车在区间运行方向左侧方向线路上行驶，称为双线正方向运行；反之，在运行方向右侧线路上行驶，称为双线反方向运行，如图 1-17 所示。

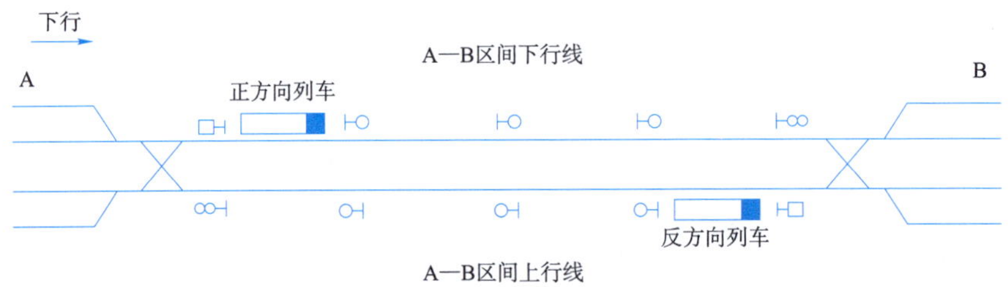

图 1-17 列车正、反方向运行示意图

项目自测

理论考核

一、选择题

1. 铁路营业站分为（ ）。

A. 客运站 B. 货运站 C. 客货运站 D. 编组站

2. 铁路车站按技术作业分为（　　）。

A. 中间站　　B. 区段站　　C. 编组站　　D. 货运站

3. 进站信号机应设在距进站最外方道岔尖轨尖端（顺向为警冲标）不小于（　　）m 的地点。

A. 30　　B. 50　　C. 60　　D. 100

4. 对应进站信号机及线路所通过信号机设置的预告信号机显示一个绿灯表示（　　）。

A. 主体信号机在开放状态　　B. 主体信号机在关闭状态

C. 预告信号机在开放状态　　D. 预告信号机在关闭状态

5. 铁路线路按用途分为（　　）。

A. 正线、到发线、岔线、段管线、特别用途线

B. 正线、站线、岔线、段管线、专用线

C. 正线、到发线、调车线、货物线、站修线

D. 正线、站线、岔线、段管线、特别用途线

6. 影响有效长的因素有（　　）。

A. 警冲标　　B. 信号机　　C. 道岔　　D. 车挡

7. 每一条线路发车端的（　　）应该设置出站信号机。

A. 右侧　　B. 左侧　　C. 前方　　D. 后方

8. 车站列车进路包括（　　）。

A. 接车进路　　B. 发车进路　　C. 调车进路　　D. 通过进路

9. 供货车集结、停放的线路称（　　）。

A. 安全线　　B. 牵出线　　C. 调车线　　D. 货物线

10. 供机车在站内走行用的线路是（　　）。

A. 机车走行线　　B. 安全线　　C. 调车线　　D. 到发线

11. 供列车到达、出发用的线路称为（　　）。

A. 调车线　　B. 到发线　　C. 货物线　　D. 牵出线

12. 单线铁路车站到发线一般均应按（　　）设计。

A. 双进路　　B. 部分单进路　　C. 单进路　　D. 部分双进路

13. 我国铁路采用的货物列车到发线有效长度是（　　）。

A. 700 m　　B. 800 m　　C. 850 m　　D. 1 000 m

14.（　　）是防止列车或机车车辆进入另一列车或机车车辆进路的一种隔开设备。

A. 段管线　　B. 站线　　C. 安全线　　D. 正线

15. 供解体或编组货物列车用的是（　　）。

A. 到发线　　B. 货物线　　C. 检修线　　D. 调车线

16. 双线车站线路编号时，下行正线一侧编（　　）。

A. 复数　　B. 双数　　C. 单数　　D. 单双数

17. 车站道岔的编号原则中，各端道岔应（　　）编制。

A. 由外向内　　B. 由内向外　　C. 由主及次　　D. 由站房一侧向对侧

18. 车站道岔编号时，以车站（　　）划分成两端，各端分别编制。

A. 正线　　B. 中心线　　C. 到发线　　D. 特殊用途线

19. 多车场车站，各车场单独编号，左边第一位数字表示（　　）。

A. 车站　　B. 正线　　C. 车场　　D. 道岔

20. 警冲标设在两会合线路间，距每线中心线（　　）处。

A. 2.5 m　　B. 2 m　　C. 4 m　　D. 3 m

21. 单线铁路中间站至少应设（　　）条到发线，以使车站具有三交会的条件。

A. 1　　B. 2　　C. 3　　D. 4

二、简答题

1. 什么是车站？车站有哪些作用？
2. 车站是如何分类的？车站的等级如何确定？
3. 铁路线路的种类有哪些？
4. 车站线路和道岔编号的原则有哪些？
5. 什么是线路有效长？确定线路有效长的因素有哪些？
6. 什么是线间距？确定线间距的主要因素有哪些？
7. 铁路信号基本颜色有几种？分别代表什么含义？
8. 常见的信号机有哪几种？设置位置及显示意义分别是什么？
9. 什么是进路？进路分为哪几类？
10. 6502 电气集中联锁设备如何建立和解锁进路？
11. 道岔如何单独控制？
12. 如何取消进路和人工解锁进路？二者分别在什么情况下使用？
13. 什么是列车？列车如何分类？列车等级是如何规定的？
14. 列车车次及运行方向是如何规定的？

实践训练

一、进路设计

某中间站平面示意图如下：

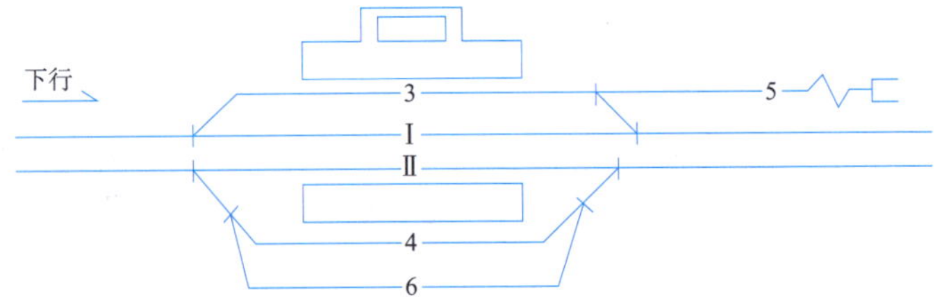

1. 请在图上设计该站的到发线进路（该站不是规定的超限货物列车会让站）。
2. 请在图中添加合适的渡线，使两个方向的旅客列车均能停靠基本站台。

二、6502 控制台操纵方法

实践任务 1　单线半自动闭塞车站办理闭塞的程序

×年×月×日，扬子站待发列车 31003 次将于 8:30 出发，车站值班员于 8:20 与嘉陵站办理闭塞，应如何操作？

【任务分析】

扬子站车站值班员通过控制台上闭塞表示灯的显示（接车、发车表示灯均灭灯）及《行车日志》确认扬子站至嘉陵站区间空闲后，办理闭塞的程序为：

（1）扬子站车站值班员用闭塞电话向嘉陵站请求 31003 次闭塞。

（2）嘉陵站车站值班员确认区间空闲后同意 31003 次闭塞。

（3）扬子站按下控制台下行发车端闭塞按钮，发车表示灯亮黄灯，电铃鸣响。

（4）嘉陵站接车表示灯亮黄灯，电铃鸣响。

（5）嘉陵站按下控制台下行接车端闭塞按钮，接车表示灯变为绿灯。

（6）扬子站发车表示灯同时由黄灯变为绿灯，电铃鸣响。

（7）扬子站车站值班员在停止影响进路的调车作业后，排列 31003 次发车进路，开放出站信号机。

（8）31003 次出发压上扬子站出站轨道电路区段，出站信号即自动关闭，发车表示灯变为亮红灯。

（9）嘉陵站接车表示灯亮红灯，电铃鸣响。

（10）嘉陵站车站值班员在停止影响进路的调车作业后，排列 31003 次接车进路，开放进站信号机。

（11）31003 次列车压上嘉陵站进站轨道电路区段，接车表示灯和发车表示灯均亮红灯；确认列车整列到达后，按下复原按钮，接车表示灯和发车表示灯均熄灭。

（12）扬子站发车表示灯红灯熄灭，电铃鸣响。

（13）嘉陵站车站值班员通知扬子站 31003 次到达时刻。

实践任务 2　单线半自动闭塞车站人工复原的办理

×年×月×日嘉陵站 31102 次列车开往扬子站，扬子站轨道电路故障，不能办理 31102 次到达复原，应如何处理？

【任务分析】

人工复原办理的有关规定：

下述情况，须经列车调度员命令准许，启开故障按钮铅封，办理人工复原，并在《行车设备检查登记簿》内登记。

（1）列车到达后，因轨道电路故障不能办理到达复原时，经双方联系并确认列车已全部到达，经列车调度员命令准许，由接车站车站值班员用故障按钮办理人工复原。

（2）闭塞机停电后恢复供电时，闭塞机呈闭塞状态，在确认区间空闲后，由两端站任一端车站登记、破封，使用故障按钮办理人工复原。

（3）列车因故退回原发车站，由于不可能压上接车站的轨道电路，从而造成不能正常办理闭塞复原。此时发车站应将事由通知接车站，在发车站确认列车整列返回，通知接车站按下人工复原按钮，办理人工复原。

根据上述规定，31102 次列车到达扬子站后，因轨道电路故障不能办理到达复原时，经扬子站和嘉陵站双方站联系并确认 31102 次列车已全部到达，扬子站与嘉陵站区间空闲后，经列车调度员命令准许，由扬子站车站值班员启开故障按钮铅封，使用人工复原按钮办理人工复原，确认闭塞表示灯熄灭，并在《行车设备检查登记簿》内登记。

项目 2　接发列车工作认知

项目概述

本项目以“安全优质、兴路强国”“新时代小东精神”“零违章、零违纪、零事故”等行业特色精神为切入点，利用生动的案例作为任务引入，学习《铁路技术管理规程》、《铁路行车组织规则》（简称《行规》）、《车站行车工作细则》（简称《站细》）、《铁路运输调度规则》（简称《调规》）等接发列车相关规章及作业标准，以及列车进路及道岔管理等接发列车作业基础知识，为后面学习具体办理各种情况下的接发列车作业打好基础。同时注重让学生感受铁路文化浸润，树立岗位意识，养成吃苦耐劳、踏实肯干、任劳任怨的职业品质。

教学目标

★ 知识目标

1. 理解行车规章的重要性。
2. 掌握铁路行车规章的种类。
3. 理解《技规》《行规》《站细》三级规章相互的关系。
4. 了解行车工作的基本要求。
5. 熟悉《技规》对行车工作人员任职条件的要求。
6. 熟悉《技规》对行车工作人员岗位纪律的要求。
7. 熟悉铁路行车时刻的规定。
8. 掌握行车组织工作的基本原则。
9. 掌握列车调度员的职责。
10. 熟悉调度命令的发布情况。
11. 掌握接车进路的含义。
12. 掌握发车进路的含义。
13. 掌握通过进路的含义。
14. 熟悉道岔管理范围的规定。
15. 掌握道岔定位的含义。
16. 掌握道岔的定位原则。
17. 熟悉非集中联锁道岔扳动程序。
18. 熟悉集中联锁道岔操纵程序。

★ 能力目标

1. 能讲清铁路行车规章的种类及相互关系。
2. 能说明铁路对行车工作人员任职条件及岗位纪律的要求。
3. 能讲清行车组织工作的基本原则。
4. 能明确列车调度员的职责范围。
5. 能根据不同站型图说明接车进路、发车进路及通过进路的起止范围。
6. 能根据道岔定位原则判定道岔的定位及反位。
7. 会手摇道岔并确认道岔开通的位置。
8. 能综合运用专业知识，通过利用专业书籍、互联网精品课资源等搜集信息。
9. 能与小组成员和教师进行知识交流和沟通，表述和展示学习成果。

★ 素质目标

1. 树立爱国爱路情怀，弘扬以社会主义核心价值体系为指引的新时代铁路精神。
2. 树立“交通强国，铁路先行”的大局意识，“路兴我兴，路衰我耻”的职业信仰。
3. 坚持“安全优质”发展理念，以高度的责任心、严谨务实的作风，确保铁路运输安全畅通。
4. 传承铁路人艰苦奋斗、勇挑重担、脚踏实地、任劳任怨的工作作风和劳动品质。
5. 遵章守纪，树立“一点不差，差一点也不行”的责任理念，养成良好的安全作业习惯。
6. 强化质量标准、岗位作业标准与作业流程，落实安全生产责任。
7. 培养团结协作能力，具备岗位责任意识和奉献精神。
8. 具有强烈的时间观念，严谨认真的工作态度。
9. 能客观、公正地开展自我评价及对小组成员的评价。

任务 2.1　接发列车规章与标准

任务引入

《铁路技术管理规程》的前世今生

我国铁路《铁路技术管理规程》的编制工作始于新中国成立后，第一版《技规》于 1950 年 1 月出版，以后随着中国铁路的不断发展，历经十一次修订。《技规》的每一次修订都是一次生产实践和科学研究的总结。因此，《技规》的编制和修订是铁路技术管理的一项非常重要的工作，涉及铁路的方方面面。随着铁路运输科技水平和管理水平的不断发展，《技规》的内容也将进一步得到充实和完善。

在 2013 年铁路管理体制改革前，铁道部属于国务院政府部门，《技规》主要依据《中华人民共和国铁路法》《铁路运输安全保护条例》等有关法律法规制定，以铁道部部令颁布执行，是铁路技术管理的基本法规，铁路其他规章和规范性文件及各部门、各单位制定的技术管理文件等，都必须符合《技规》的规定。在铁道部没有明令修改以前，任何部门、单位、个人都不得违反《技规》的规定。

随着铁路管理体制改革，为加强中国铁路总公司技术管理，确保国家铁路能够提供安全正点、方便快捷、高速高效的运输服务，根据国务院机构改革和职能转变方案，中国铁路总公司在铁道部第 10 版《技规》《铁路 200～250 km/h 既有线技术管理办法》《铁路客运专线技术管理办法》等基础上，制定形成了中国铁路总公司第 1 版《技规》，于 2014 年 6 月 29 日发布，2014 年 11 月 1 日起正式施行。

与前 10 版《技规》相比，中国铁路总公司《技规》的最大变化是分为高速铁路部分和普速铁路部分两册，填补了我国高速铁路基本技术规章的空白，对铁道部涉及高速铁路的 8 个技术规章进行全面清理，新增加了高速铁路内容，并独立成册。每册分别包含总则、技术设备、行车组织、信号显示、附图、附件、缩写词对照表、计量单位符号等几个部分。

2017 年 9 月 4 日，中国铁路总公司发布了第 10 版《技规》的第一次修订内容，自 2017 年 11 月 1 日起施行。

从发展历程来看，在铁路体制改革前后，《技规》在国家铁路技术管理中具有统领作用，并根据铁路技术设备的变化与行车组织方式的创新进行定期修订，同时，在修订过程中基本保持了篇章结构的稳定性与延续性。

今后《技规》修订时，应适应铁路运输组织改革创新需要，适应设施设备、修程修制改革要求，注重与国家及行业法规、标准协调一致，以保障铁路运输安全，不断提升运输效率。同时，应进一步加强《技规》国际化工作的推进，以满足铁路运营“走出去”的要求。

请思考：

1. 中国铁路总公司编制的《技规》有哪些重大变化？
2. 铁路行车规章体系还包含哪些规章？
3. 铁路行车规章体系中的规章之间有什么联系？

知识准备

2.1.1 行车规章的重要性

2019 年 6 月 18 日，经国务院批准同意，中国铁路总公司改制成立中国国家铁路集团有限公司（简称“国铁集团”）。国铁集团是经国务院批准、依据《中华人民共和国公司法》设立、由中央管理的国有独资公司。

规章制度是用人单位制定的组织劳动过程和进行劳动管理的规则和制度的总和，是国家机关、社会团体、企事业单位等制定的有关行政管理、生产操作、学习和生产等方面的各种法规、章程、规范、细则和制度的总称，也称为内部劳动规则，是企业内部的“法律”。

铁路运输生产规章制度是铁路部门为了安全、正点、优质、高效地完成客货运输任务、组织生产活动、约束生产行为的规范和准则。在铁路运输企业管理中，行车规章制度属于技术管理范畴。正确、合理地制定规章制度，全面、有效地在生产过程中实施规章制度，是企业技术管理的主要任务。规章制度的科学性、先进性及实施中的权威性、实效性是衡量企业管理水平的重要标志。铁路是现代化运输企业，是一个特殊的物质生产部门，同时也是一个特殊的社会服务部门。运输生产过程中对劳动对象所进行的加工，是一种特殊形式的物理加工，是靠人和运输设备的密切合作来完成的。在运输生产、服务和管理工作中，突出对人的管理，谋求人与人、人与物、人与环境的最佳结合。铁路行车技术管理是铁路企业管理的重要组成部分，制定统一的、科学的技术管理规章制度，并在运输生产过程中贯彻执行，是铁路企业技术管理的主要任务。

铁路是国民经济大动脉、国家重要基础设施和大众化交通工具，是综合交通运输体系骨干、重要的民生工程和资源节约型、环境友好型运输方式，在我国经济社会发展中的地位至关重要。铁路拥有大量的技术人员，分散在全国各地，在不同的地点和岗位上，共同为完成运输任务而发挥着各自的作用。因此，铁路各部门，尤其是铁路行车部门必须有严密的组织和分工，才能使运输生产安全、准确、迅速、协调地进行；必须有严格的规章制度和“一点不差，差一点也不行”的严肃认真的工作态度，才能使每一个工种、每一个职工在自己的职责范围内完成运输生产任务。高度集中、各个工作环节紧密联系和协同配合，是确保国家铁路畅通无阻、安全正点、方便快捷、高速高效的保证，也是铁路运输的特点。

铁路运输效率高、速度快、连续性强，要求铁路各部门、各单位、各工种的工作必须高度准确。铁路行车工作一旦组织不严、配合不当，某个环节或个人在工作中违反规章制度、疏忽或失职，就有发生事故的可能。铁路是一个大联动机，一个部门或工种的工作发生事故，必然影响到其他部门，打乱运行秩序或中断运输，事故还会造成人民财产损失或人身伤亡，给社会带来恶劣的影响。为此，必须加强铁路的技术管理，制定严密、科学的规章制度，保证各部门、各生产环节紧密配合、准确工作、质量良好地完成运输任务。安全生产是铁路改革和发展的重要前提和基础。安全和效率是铁路运输的两大永恒主题，又是一对既对立又统一的矛盾。铁路要确保“大联动机”协同动作、安全正点、方便快捷、高速高效，就必须加强行车技术管理。制定和执行铁路行车规章制度，对铁路运输工作的安全、效率与效益，对实现企业的目标管理，都起着重要的作用。

2.1.2　铁路行车规章种类

1. 铁路技术管理规程

《技规》《中华人民共和国铁路法》《铁路运输安全保护条例》等有关法律、法规及相关铁路规章和技术标准，是国家铁路技术管理的基本规章。《技规》的编制对铁路的基本建设、运输生产和安全管理都起着重要的作用，主要包括技术设备、行车组织、信号显示、对工作人员的要求等四个方面的内容。

《技规》规定了铁路的基本建设、产品制造、验收交接、使用管理及保养维修方面的基本要求和标准；规定了各部门、各单位、各工种在从事铁路运输生产时必须遵循的基本原则、责任范围、工作方法、作业程序和相互关系；规定了信号的显示方式和执行要求；明确了铁路工作人员的主要职责和必须具备的基本条件。

现行《技规》包括普速铁路和高速铁路两部分。普速铁路部分适用于 200 km/h 以下的铁路（仅运行动车组列车的铁路除外）；高速铁路部分适用于 200 km/h 及以上的铁路和 200 km/h 以下仅运行动车组列车的铁路；200 km/h 客、货共线铁路有关货运技术设备的要求参照普速铁路部分执行。

《技规》制定以后，铁路车、机、工、电、辆等生产部门根据本部门安全生产要求，以《技规》为基础，制定一系列的引申规章、制度。《技规》及其引申规章为铁路运输的安全生产起到了基础性的技术保障作用。

2. 铁路行车组织规则

《行规》是根据《技规》的规定，结合各铁路局的具体情况和广大职工生产实践经验制定的补充规则，是各铁路局行车组织的基本法规，针对本局技术设备、运输特点和工作水平的具体条件制定的行车组织办法。

《行规》主要内容包括:《技规》规定由各铁路局自行规定的事项;《技规》未作统一规定，又不宜由站、段等基层单位自行补充规定的行车办法：根据铁路局管内特殊地段的平、纵断面情况，信号、联锁、闭塞设备和机车类型等特点，对行车应规定的特殊要求和注意事项;本局在生产实践中普遍推广的先进经验和行之有效的安全生产措施等。

《行规》各章节内针对《技规》规定的有关条文按需要进行具体补充，使之更加切合实际条件，要求更加具体，便于操作执行。此外，根据各铁路局的具体情况和特殊要求还将该局制定的一些重要的有关行车工作的单项规定、办法、措施等作为附录，一并编入《行规》，以资遵守。

3. 车站行车工作细则

《站细》是车站贯彻执行《技规》和《行规》、加强车站技术管理、保证安全高效地进行行车组织工作的重要技术文件。

《站细》主要内容包括：车站的性质、等级和任务；车场用途及调车区划分，线路、道岔、调车设备，信号、联锁、闭塞设备，通信、照明、供电、给水设备，客、货运输设备的设置数量、使用条件和管理负责制度；车站日常作业计划编制、执行及生产管理制度；车站接发列车工作、调车工作及与行车有关的客运、货运、军事运输工作组织；车站各项技术作业过程和时间标准；装卸时间标准，货物作业停留时间，中转停留时间标准；车站通过能力和改编能力：以及其他有关事项和要求，并附注有坡度的车站线路平面图、进站信号机外制动距离内平纵断面图联锁图表及电气化区段接触网高度和分相分段绝缘器位置等资料。

4. 铁路运输调度规则

《调规》明确了运输调度的组织机构、职责范围工作制度和调度工作设备配置的基本要求，规定了运输调度日常工作必须遵循的基本原则、责任范围、工作方法、作业程序和相互关系，明确了运输调度人员招聘（选拔）、培训的基本条件和基本要求。

《调规》是各级运输调度管理的基本规则和工作标准。铁路各级运输调度及有关部门制定的规则、细则、标准和办法等，必须符合《调规》的规定。

铁路运输调度是铁路日常运输组织的指挥中枢，分别代表各级领导组织指挥日常运输工作。各级运输调度和运输有关人员对《调规》必须认真学习，严格执行。

5. 铁路交通事故调查处理规则

《铁路交通事故调查处理规则》（简称《事规》）是中国铁路总公司根据国务院颁布的《铁路交通事故应急救援和调查处理条例》进行制定的，适用于国家铁路、合资铁路、地方铁路、专用铁路、铁路专用线等发生事故的调查处理。《事规》明确了凡是铁路机车车辆在运行过程中发生冲突、脱轨、火灾、爆炸等影响铁路正常行车的事故，包括影响铁路正常行车的相关作业过程中发生的事故；或者铁路机车车辆在运行过程中与行人、机动车、非机动车、牲畜及其他障碍物相撞的事故，均为铁路交通事故（简称事故)。《事规》对事故分类和等级、事故的构成条件、事故报告、事故调查、事故责任判定和损失认定，以及事故的统计和分析等作出了具体的规定。

6. 作业标准

作业标准是指和直接生产活动有关的作业项目或程序，在内容、顺序、质量、时限、工具、动作、态度等方面所做的统一规定。它是对生产作业人员具有约束性的准则，其中有国家制定的国家标准、国铁集团制定的行业标准、铁路局制定的局定标准、各基层站段根据本单位具体情况制定的属于站段一级的标准。

铁路行车工作常用标准有铁道行业标准《接发列车作业》（TB/T 1500.1 至 TB/T 1500.8）（简称《接标》）、《车机联控作业》（TB/T 3059）（简称《控标》）、《铁路车站行车作业人身安全标准》（简称《安标》）等。

除上述规章、标准外，上级下达的与行车有关的文件、电报、规则、办法、命令等也是行车规章的重要组成部分。

2.1.3 《技规》《行规》《站细》的相互关系

《技规》是国铁集团根据有关法律、法规、规章和技术标准等制定，是铁路技术管理的基本规章，适用于国家铁路。铁路其他规章和规范性文件，以及各部门、各单位制定的技术管理文件等都必须符合《技规》的规定。《技规》是长期生产实践和科学研究的总结，将随着运输生产和科学技术的不断发展，逐步充实和完善。铁路职工必须认真学习、严格执行《技规》的有关规定，在国铁集团明令修改以前，任何部门、任何单位、任何人员都不得违反。

《行规》是铁路局制定的。根据《铁路法》的有关规定，铁路局是企业，所以《行规》是铁路局的企业内部规章，只适用于本铁路局。作为企业内部规章的《行规》不能违反《技规》的规定，如因作业、设备等特殊原因，无法执行《技规》的有关规定，须经国铁集团批准。

《站细》是由车站会同有关部门制定，报铁路局批准后执行。《站细》不能违反《技规》和《行规》的有关规定，如因作业、设备等特殊原因，无法执行《行规》的有关规定，须经铁路局批准。车站应将《站细》有关内容摘录分发给有关处所和单位。凡在车站参加作业的站、段、所等有关人员，均须熟悉和执行《站细》的有关规定。

《技规》和《行规》是国铁集团和铁路局跨部门的行车规章，《技规》侧重于基本的、统一的要求，《行规》侧重于对《技规》行车组织办法的延伸和补充。它们都很重要，但又不能代替全部规章，各站、段等基层单位行车岗位上运输生产活动的具体要求和作业方法等往往是通过《站细》作出具体规定的。因此，在铁路行车技术管理方面，可以概括地说，《技规》是基本规章，《行规》是《技规》的重要补充，而《站细》则是贯彻执行《技规》和《行规》的具体细则。

任务 2.2　接发列车岗位及工作内容

任务引入

货运枢纽“指挥官”：12 小时“钉”在岗位 护航南北畅达

地处杭州东北角的××编组站，是浙江省最大的铁路货运编组站，也是浙江铁路货运的枢纽。下行场作为编组站的一部分，平均每个班就有 120 趟列车从这里经过，平均每 5 min 就要办理一趟列车的接入或发出，加上还有大量货车的换挂和解编任务，负责指挥和调度列车的行车人员作为“大脑”和“指挥官”，每天都处于紧张忙碌的状态中，一刻不敢大意。

车站值班员肖××就是一名“90 后”的“指挥官”。他的工作场所就“蜗居”在调度大厅的一角，不足 10 m^2 的地方安置了 12 块电脑屏幕、1 台闭塞电话、1 部无线电话、2 台座机，这是他所有的“家当”。

“别看我们工作场地不大，可这几台电脑却安排着十余条股道的运用，我们每天与其他三个场子共同承担着近 13 000 节货物车辆的驶入开出。” 肖××说，他和搭档每天的工作就是根据列车运行图、日（班）计划、施工计划等，与列车调度员、司机和施工负责人进行联控，合理有序地安排列车通行。

“Ⅰ道出站信号好”“电力 37413 次××（站）Ⅲ场 26 道发车，下联线开放信号”……此起彼伏的电话铃声、细心紧凑的调度指挥、错综复杂的屏幕线条，短暂的几分钟内，肖××先后发出了十几条行车指令。

一个班有 12 个小时，一到岗就被“钉”在座位上协调指挥，饭菜是食堂送过来的，上厕所也要尽量避免，连站起来活动下筋骨都成了奢侈。这就是肖××的“假期日常”。

请思考：

1. 铁路接发列车工作的岗位有哪些？
2. 车站值班员主要的职责有哪些？
3. 车站值班员指挥行车时应依据哪些原则？

知识准备

2.2.1 行车工作基本要求

铁路行车组织工作，必须贯彻安全生产的方针，坚持高度集中、统一领导的原则。运输、机务、车辆、工务、电务、供电、信息、房建等部门要发扬协作精神，主动配合，紧密联系，协同动作，组织均衡生产，不断提高效率，挖掘运输潜力，完成甚至超额完成铁路运输任务。

行车工作必须坚持集中领导、统一指挥、逐级负责的原则。

局与局间由国铁集团，局管内各区段间由铁路局，一个调度区段内由本区段列车调度员统一指挥。

车站由车站值班员，线路所由线路所的车站值班员统一指挥。凡划分车场的车站，各车场由该车场的车站值班员统一指挥；车场间接发列车进路互有关联的行车事项，由指定的车站值班员统一指挥。

列车和单机由司机负责指挥。列车或单机在车站时，所有乘务人员应按车站值班员的指挥进行工作。

在调度集中区段，调度集中控制车站有关行车工作由该区段列车调度员直接指挥；当转为车站控制时，由车站值班员指挥。

2.2.2 铁路行车时刻

全国铁路的行车时刻，均以北京时间为标准，从 0:00 起计算，实行 24 小时制，即自 0:00 起至 24:00 止为一个行车工作日。而铁路各项指标的统计时刻，则以昨日 18:00 起至当日 18:00 止为一个统计工作日。

为保证全国铁路行车时刻准确和统一，铁路行车房舍内和办理行车工作的有关人员均应备有钟表。钟表的时刻应与调度所的时钟校对。调度所的时钟及各系统的时钟须定期校准。钟表的配置、校对、检查、修理及时钟校准办法，由各铁路局规定。

2.2.3　对行车工作人员的要求

1. 任职条件

行车有关人员，在任职、提职、改职前，必须按照铁路职业技能培训规范要求，进行拟任岗位资格性培训，并经职业技能鉴定和考试考核，取得相应职业资格证书和岗位培训合格证书后，方可任职。

在任职期间，须按照铁路职业技能培训规范等规定，定期参加岗位适应性培训和业务考试，考试不合格的，不得继续履职。

行车有关人员，在任职前必须经过健康检查，身体条件不符合拟任岗位职务要求的，不得上岗作业。在任职期间，要定期进行身体检查，身体条件不符合任职岗位要求的，应调整工作岗位。

2. 岗位纪律要求

铁路行车有关人员必须严格遵守和执行《技规》及有关行车规章制度，在自己的职责范围内，以对国家和人民负责的态度，保证安全生产。

对行车有关人员，应进行日常安全生产知识和劳动纪律的教育、考核，并有计划地组织好在职人员的日常政治和技术业务学习。

行车有关人员在执行职务时，必须坚守岗位，穿着规定的服装，佩戴易于识别的证章或携带相应证件，讲普通话。

行车有关人员，接班前须充分休息，严禁饮酒，如有违反，立即停止其所承担的任务。

驾驶机车、动车组、自轮运转特种设备的人员，必须持有国家铁路局颁发的驾驶证。变更驾驶机（车）型前，必须经过相应的技术培训并考试合格。

实习和学习驾驶机车、动车组、自轮运转特种设备和操纵信号或重要机械、设备及办理行车作业的人员，必须在正式值乘、值班人员的亲自指导和负责下，方准操作。

行车公寓是专为乘务人员服务的生产设施，应实行标准化管理；应有良好的通信、网络（铁路办公网）、叫班管理设备和乘务管理设备，有生活、服务、学习、文娱、健身等设施和接送乘务人员的交通工具；应保证乘务人员随到随宿，不间断地供给热食及开水；室内应有卫浴设施，经常保持适当的温度，具有整洁和安静的休息条件；室外应绿化、美化。

铁路各级领导应关心公寓工作，铁路局负责领导每半年应至少检查一次公寓工作。

2.2.4　行车组织工作原则

1. 安全生产的原则

在铁路行车工作中，必须坚持安全生产的原则，正确指挥列车运行。当得到有关危及行车安全的信息时，要正确、及时、妥善处理。以保证旅客列车的安全为重点，组织列车安全运行。各级行车调度人员应做到：

（1）熟悉有关站段及列车的技术设备、作业过程、各项技术作业标准及各站接发列车的有关规定，正确组织指挥列车运行。

（2）值班中要精力集中、坚守岗位，严格遵守规章制度，及时正确处理问题。

（3）遇有铁路交通事故、设备故障、自然灾害、天气不良、施工维修、临时限速（指未纳入运行揭示调度命令的限速，下同）、区间装卸等情况和对区间封锁、开通的处理，列车调度员要严格遵守有关规定，值班主任（值班副主任）应加强检查。

（4）遇有铁路车辆运行安全监控系统报警时，红外线、车辆、动车调度员应立即按规定进行处理；列车调度员接到报告后，必须确认车次，并按规定处理。

（5）当得到现场关于列车、线路等出现危及行车安全的报告时，应及时指示有关人员立即采取停车等安全措施，查明情况，妥善处理。

（6）超限超重货物车辆的挂运，必须纳入日（班）计划，根据超限超重货物运输确认电报和超限超重车辆挂运通知单确定的运行条件，由列车调度员发布调度命令。

（7）装载剧毒品货物车辆的挂运，必须纳入日（班）计划，重点布置、预报、交接，跟踪掌握。

（8）限速机车车辆，须根据限速机车车辆挂运电报及规章制度有关规定安排挂运。纳入日（班）计划的，按日（班）计划挂运、交接。未纳入日（班）计划的，铁路局管内须经调度所主任（副主任）准许后方可安排挂运；跨局交接时，由相邻铁路局计划调度员共同确认挂运电报及规章制度有关规定，并经两局调度所值班主任协商同意后方准安排交接。

2. 集中领导、统一指挥、逐级负责的原则

行车工作具有点多、线长、面广和多工种联合作业的特点，为使行车各部门、各工种能够步调一致、协同动作，只有坚持集中领导、统一指挥、逐级负责的原则，才能把各部门组成一个统一的整体，使各个工作环节环环相扣，紧密联系，保证运输生产安全、迅速、准确、协调地进行。

3. 联系协作的原则

铁路运输是国民经济中一个重要的生产部门，与各个方面都有广泛的联系，因此，必须树立全局观念和全心全意为人民服务的思想，发扬社会主义协作精神，运输、机务、车辆、工务、电务、供电、信息、房建等部门要主动配合，紧密联系，协同动作，共同完成铁路运输任务。

4. 统筹安排的原则

铁路不仅涉及的部门多、岗位工种多、工作人员多、作业环节多，而且不分昼夜、连续性强、时间性强。因此，无论是工作组织上还是设备运用、人员和时间安排上，都要统筹兼顾、精心安排，组织均衡生产。行车有关部门，必须不断提高计划质量，加强调度指挥工作，提高站段工作水平，积极总结和推广先进经验，改进作业组织，充分挖掘运输潜力，不断提高运输效率，保证全面完成甚至超额完成运输生产任务。

5. 按编组计划组织车流的原则

列车编组计划是全路的车流组织计划，列车的种类、列车中车辆的去向、编组内容、车组和车辆的编挂位置，应符合列车编组计划的规定。

列车编组计划在路网各站间合理分配列车编解任务，集中掌握并使用各站的运输设备和能力，既能保证各站所负担的编解任务与其设备能力相适应，又能考虑到各站之间的协调配合，起着统一分配路网各编组站改编能力的作用，是整个路网车站分工的战略部署。

列车编组计划的编制，应在加强货流组织的基础上，最大限度地组织成组、直达运输，

合理分配各编组站、区段站的中转工作，减少列车改编次数，提高车站作业效率。

6. 按图行车的原则

列车正点率是铁路运输产品质量的重要技术指标，也是铁路运输组织管理水平的综合反映。只有按图行车，才能保持正常的运输秩序，进而保证列车的正点率。

列车运行图是铁路行车组织工作的基础，所有与列车运行有关的铁路各部门，必须按列车运行图的要求，组织本部门的工作，以保证列车按运行图运行。

列车运行图应根据客货运量和区段通过能力确定列车对数，并符合下列要求：列车运行的安全；迅速、便利地运输旅客和货物；充分利用通过能力，经济合理地运用机车车辆和安排施工、维修天窗；做好列车运行线与车流的结合；各站、各区段间的协调和均衡；合理安排乘务人员作息时间。

机车周转图是机车运用工作的计划，应与列车运行图同时编制。

2.2.5　行车调度指挥

1. 列车调度员的职责

有关行车人员必须执行列车调度员命令，服从调度指挥。列车调度员是所辖区段日常运输工作的组织者和指挥者，对组织有关人员实现列车运行图、编组计划和运输方案，以及完成运输工作的数量指标和质量指标负有重大责任。列车调度员必须做到：

（1）检查各站执行列车运行图和编组计划的情况，及时发布有关行车命令和口头指示。

① 检查始发站是否按列车运行图和列车编组计划规定的时刻、重量、长度、内容编组列车，有无违反车辆编挂限制的情况。

② 检查各中间站是否按规定接发列车和进行车辆摘挂作业，发现问题应及时纠正处理。

③ 检查机车、机车乘务员等准备情况。

（2）严格按列车运行图指挥行车，遇列车发生晚点时，应积极采取措施，组织有关人员恢复正点。

列车调度员应随时掌握列车运行情况，有预见地指挥列车运行，设法消除产生列车晚点的因素。遇列车晚点时，应与有关人员加强联系，采取如组织司机“赶点”、变更会让站、组织快速作业、组织列车反方向运行等措施，尽可能恢复列车正点。

（3）注意列车在车站到发及区间内的运行情况，正确、及时地处理临时发生的问题，防止行车事故。

① 对旅客列车，超长、超限、限速、续行列车及晚点列车，应重点掌握，防止列车运行事故。

② 遇行车技术设备临时发生故障或天气不良时，及时向有关部门和人员发布相应的命令或口头指示，采取措施，以保证行车安全。

2. 调度命令的发布

各级调度在组织指挥日常运输工作中，对下级调度或站段、行车有关人员发布的有关完成日常运输生产的具体部署和指挥行车工作的指令，其中必须在《调度命令登记簿》上登记并编有号码的，称为调度命令。

须发布调度命令的情况如表 2-1 所示。

表 2-1　行车调度命令项目表

顺序	命令项目	受令者	
		司机	车站值班员
1	封锁、开通区间		○
2	向封锁区间开行救援列车、路用列车	○	○
3	临时变更或恢复原行车闭塞法	○	○
4	双线反方向行车、由双线改为单线或恢复双线行车	○	○
5	变更列车径路	○	○
6	发出在区间内停车或由区间返回的列车	○	○
7	开往区间内岔线的列车	○	○
8	发出临时由区间内返回后部补机的列车	○	○
9	列车需临时降弓运行	○	○
10	因行车设备故障、灾害或施工，以及列车中挂有限速的机车车辆等，需要使列车临时限速运行（纳入运行揭示调度命令或本务机车、动车组自身设备原因限速时除外）	○	○
11	动车组列车空调失效需打开部分车门限速运行	○	○
12	车站使用故障按钮、总辅助按钮		○
13	超长列车或列车挂有装载超限货物的车辆	○	○
14	单机附挂车辆	○	○
15	半自动闭塞区间，超长列车头部越过出站信号机（未压上出站方面的轨道电路）发车	○	○
16	在非到发线上接发列车	○	○
17	调度日（班）计划以外，临时加开或停运列车（单机除外）	○	○
18	双线区间在区间内进行跨线装卸作业时，对开入其邻线的列车	○	○
19	双线区间在区间内有除雪机、起重机工作时，对开入其邻线的列车	○	○
20	双线区间在区间内发生冲突、脱轨、火灾、爆炸事故，对开入其邻线的列车	○	○
21	列尾装置故障（丢失）的货物列车继续运行	○	○
22	改按天气恶劣难以辨认信号的办法行车或恢复正常行车	○	○
23	动车组列车转入或退出隔离模式（被救援时除外）	○	○
24	动车组列车在列控车载设备控车和列车运行监控装置控车之间人工转换	○	○
25	临时利用本务机车调车作业	○	○
26	利用天窗施工、维修作业		○
27	施工、维修作业较指定时间延迟结束		○

续表

顺序	命 令 项 目	受令者	
		司机	车站值班员
28	运行揭示调度命令与实际限速、行车方式或设备不符时	○	○
29	正线、到发线接触网停电或送电（接触网倒闸、跳闸后试送电、向中性区送电或弓网故障排查除外）		○
30	正线、到发线接触网停电后准许登顶作业	○	○
31	双管供风旅客列车运行途中改为单管供风	○	○
32	列车调度员认为有必要记录的上述以外的命令	有关人员	

注：1. 画○者为受令人员。

2. 天窗维修作业在指定的时间内完成并销记后，列车调度员不再发布维修作业结束恢复行车的调度命令。

3. 动车组列车改按列车运行监控装置方式运行需将列控车载设备隔离时，列车调度员仅发布改按列车运行监控装置方式行车的调度命令。

4. 因调车作业动车组控车模式转换，不发布调度命令。自动站间闭塞法行车转为半自动闭塞法行车及转回的调度命令，可不发给司机。

调度命令发布前，应详细了解现场情况，听取有关人员的意见，命令内容、受令处所必须正确、完整、清晰。使用计算机、传真机、调度命令无线传送系统发布调度命令时，必须严格遵守“一拟写、二审核（按规定需监控人审核的）、三签发（按规定需领导、值班主任签发的）、四发布、五确认签收”的发布程序。命令接受人员确认无误后应及时反馈回执。

CTC 设备的认知

调度集中 CTC

列控设备的认知

任务 2.3　列车进路与道岔管理

任务引入

“95 后”女“指挥家”　在信号楼里奏出“安全的乐章”

在中国铁路哈尔滨局集团有限公司哈尔滨车务段××站内，一列列“钢铁巨龙”以雷霆万钧之势直奔而来，又气势磅礴地呼啸远去。

“26011 次五场Ⅱ道通过，新香坊方向核对序列……”对讲机里传来铿锵的女声。声音的主人叫纪××，不仅是个“95 后”，同时她也是哈尔滨车务段××站唯一一名女车站值班员。只见她两手不停忙碌，一会儿用电话与火车司机联控，一会儿使用对讲机与室外作业人员联系，一会儿又用手指着显示屏上密密麻麻的信号安排列车进路……

××站作为拉滨线上的重要车站，作业量大，平均每天接发列车 200 余列。车站调车作业及列车通过、到达、始发等作业都是由车站值班员细心把控，其担负着车站运输行车指挥协调、组织管理的重要职责。因此，车站值班员是行车部门中工作强度最大的工种之一，加之昼夜颠倒的工作时间，连许多男同志都大呼“吃不消”。除了白班过后的短暂休息，在 24 小时内，纪××需要连续面对眼前的 12 块大屏幕长达 17 个小时。“我们这个工作需要每天工作高度集中，工作密度大，很多女同事对此望而却步。但是，我就是愿意挑战一下，谁说这个工作女人干不了？”纪××坚定地说道。

深知肩负的重任容不得半点马虎，没有过硬的业务技术是难以胜任本职工作的。纪××一有空闲时间就抱着岗位上的规章“啃”，并与同事积极讨论；常常在车站每月进行的非正常接发列车模拟演练中，把日常学习的业务知识与实作相结合，将演练不熟悉的作业程序和用语逐条逐句记下来；经常利用电务天窗时间研究设备的操作特性，不断提高应变能力。

正是这份坚持，让纪××干一样通一样，在成为车站值班员之前，她在难度极大的车务段行车系统内勤助力竞赛中过五关斩六将，顺利通过了理论统考、模拟台实作考、答辩，成为该岗位的第一名。“未来，我将不断努力超越自己，努力成为车站值班员中的第一名，将行车知识吃透，更好地为铁路工作作出自己的贡献。”纪××笑着说道。

请思考：

1. 什么是接发列车进路？
2. 列车进路由谁负责办理？
3. 对列车进路上的道岔如何控制？

知识准备

2.3.1 列车进路

1. 接车进路

接入停车列车时，由进站信号机起，至接车线末端警冲标或出站信号机止的一段线路，称为接车进路，如图 2-1 所示。

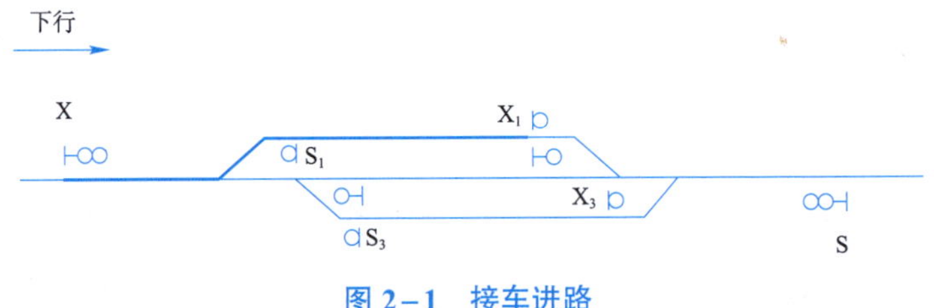

图 2-1 接车进路

2. 发车进路

发出列车时，由列车前端或出站信号机起至相对方向进站信号机（单线区段车站）或站界标（双线区段车站）止的一段线路，称为发车进路，如图 2-2 所示。

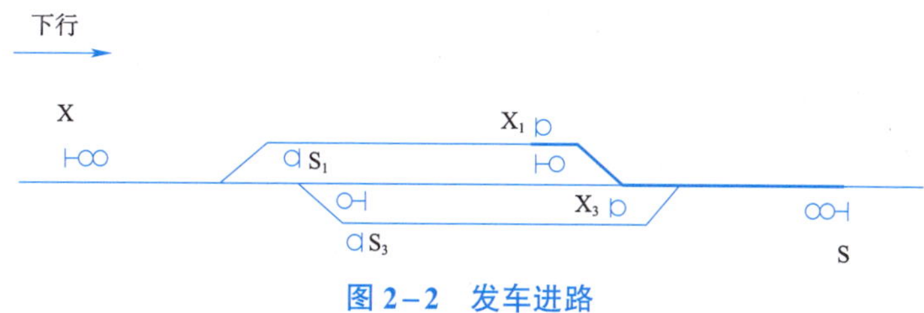

图 2–2 发车进路

3. 通过进路

列车通过时，该列车通过线两端进站信号机（单线区段车站）或进站信号机至站界标（双线区段车站）间的一段线路，称为通过进路，如图 2–3 所示。

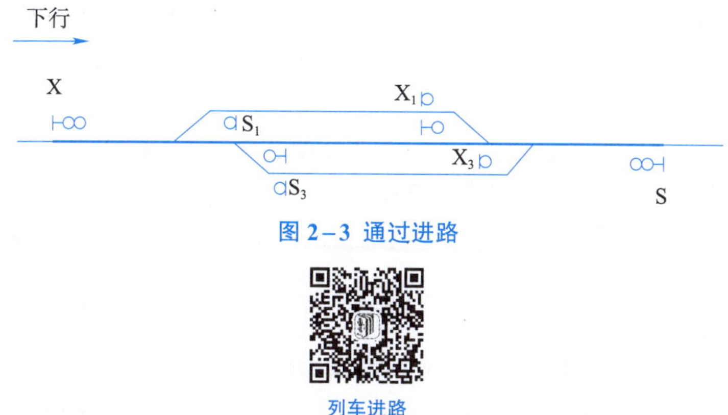

图 2–3 通过进路

列车进路

2.3.2 道岔管理范围

1. 车站管理的道岔

站内线路的道岔及车站与其他单位所管线路相衔接的道岔（包括防护道岔），由车站负责管理。

人工扳动的道岔或道岔组，应由值班扳道员一人负责管理。个别道岔无专人负责的，由指定的人员兼管。根据需要，可将数个道岔组组成道岔区，设扳道长领导道岔区的工作。

车站集中操纵的道岔，应由车站值班员负责，未设车站值班员的由信号长（员）负责。驼峰集中操纵的道岔，应由驼峰值班员负责。

道岔组、道岔区的范围划分，人工扳动道岔的清扫分工，道岔加锁的钥匙、电动转辙机手摇把管理办法，均应在《站细》内规定。电动转辙机手摇把，要实行统一编号、集中管理，建立登记签认制度。集中操纵道岔的清扫分工由各铁路局规定。

2. 区间正线上的道岔

岔线在区间与正线接轨，不但影响区间通过能力，危及行车安全，也不便于管理。为此，新建岔线不准在区间与正线接轨。现有区间岔线由辅助所管理。未设辅助所时，应由指定的车站管理。区间道岔与车站的闭塞机或有关信号机有联锁关系的，受指定车站的控制。

2.3.3 道岔定位

1. 道岔定位的概念

道岔除使用、清扫、检查或修理外，经常向某一线路开通的位置，叫道岔定位；向另一线路开通的位置叫道岔反位。

道岔定位是道岔管理的重要环节，是正确准备进路的辅助措施。使用完了，应及时恢复定位，避免错扳或忘扳。

2. 道岔的定位原则

（1）单线区段车站正线进站道岔，为由车站两端向不同线路开通的位置，如图 2–4 所示。

图 2–4　单线区段车站正线进站道岔定位

单线区段车站经常办理列车的会车，两端道岔开通不同线路，可以减少道岔的扳动次数。在办理相对方向同时接车时，也可防止任何一端列车一旦操纵不当冒进信号造成两列车进入同一线路。

（2）双线区段车站正线进站道岔，为各正线开通的位置，如图 2–5 所示。由于双线区段车站正线通过列车多，可以减少道岔扳动次数。

图 2–5　双线区段车站正线进站道岔定位

（3）区间内正线道岔及站内正线上其他道岔（引向安全线、避难线的除外），为正线开通的位置，如图 2–6 所示。

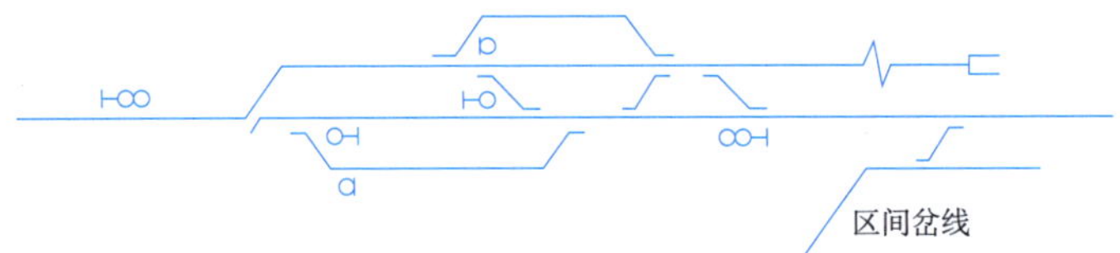

图 2–6　正线上的道岔定位（一）

由于区间正线及站内正线都是办理列车通过的线路，为减少扳动次数和保证通过列车的安全，规定以向正线开通位置为定位。

（4）引向安全线、避难线的道岔，为安全线、避难线开通的位置，如图 2–7 所示。

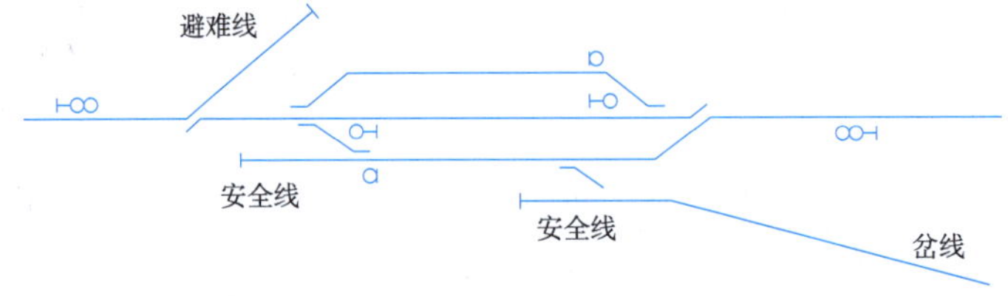

图 2–7　正线上的道岔定位（二）

岔线（段管线）与正线、到发线接轨时，应铺设安全线，其目的是防止岔线上的机车车辆与正线、到发线上的列车、机车车辆发生冲突；进站信号机外制动距离内进站方向为超过 6‰ 下坡道的车站，应在正线、到发线末端设置安全线，其目的是防止列车冲突；避难线是为了防止陡长坡道上失去控制的列车发生冲突或颠覆而设置的。所以规定引向安全线和避难线的道岔定位，为开通安全线、避难线位置。

（5）到发线上的中岔，为到发线开通的位置。

（6）其他由车站管理的道岔，车站规定其定位位置。

道岔是车站技术管理的重要内容，应在《站细》内记明。

集中操纵的道岔，在准备进路时，只需按压进路按钮，有关道岔都能自动转换到该进路开通位置。因此，使用完毕可不保持定位。引向安全线、避难线的道岔，在进路解锁后需单独操纵，必须使其开通于安全线、避难线的位置。段管线道岔的定位，由各段自行规定。

2 3.4　扳动道岔的程序

扳动道岔、操纵信号时，要眼看、手指、口呼，严格执行扳动道岔、操纵信号的程序。

1. 非集中联锁道岔扳动程序（简称扳道“四程序”）

“一看”：在扳动前，看所扳道岔是否需要扳动；看接车线是否空闲；看机车车辆是否越过警冲标。同时，扳动联动道岔时，还要看机车车辆是否越过另一端道岔。

“二扳”：需要扳动时，将道岔扳到所需位置。

“三确认”：确认道岔开通位置是否正确；闭止块是否落槽；尖轨与基本轨是否密贴；进路有关道岔位置是否正确。准备接发列车进路时，还要确认影响进路的调车作业是否停止。

“四显示”：确认无误后，方可向车站值班员汇报进路准备妥当或向要道人员显示股道号码和进路开通手信号。

2. 集中联锁道岔操纵程序

（1）进路式电气集中道岔、信号的操纵是按列车或调车运行方向，顺序按压进路的始、终端按钮，道岔即自动转换、锁闭进路，同时信号自动开放。

（2）电动道岔人工转换方法。电气集中联锁车站在停电或故障时需要用手摇把转换道岔，所需备品如图 2–8 所示。手摇道岔时，应到《站细》规定地点取来钥匙，将钥匙孔盖上的锁打开，使钥匙盖向下方转动，露出手摇把孔。将手摇把插入孔内，用手摇动 36～38 圈，听到“咔嚓”的声音后，即表示道岔已手摇到位，尖轨被锁闭。经过手摇的道岔不能自动恢复集中操纵。转辙机底壳内的安全接点是非自复式的，抽出手摇把后安全接点亦不能接通。即使恢复供电，该道岔的电动转辙机仍不能动作，使人工转换过的道岔不改变其开通方向，以保证进路正确。

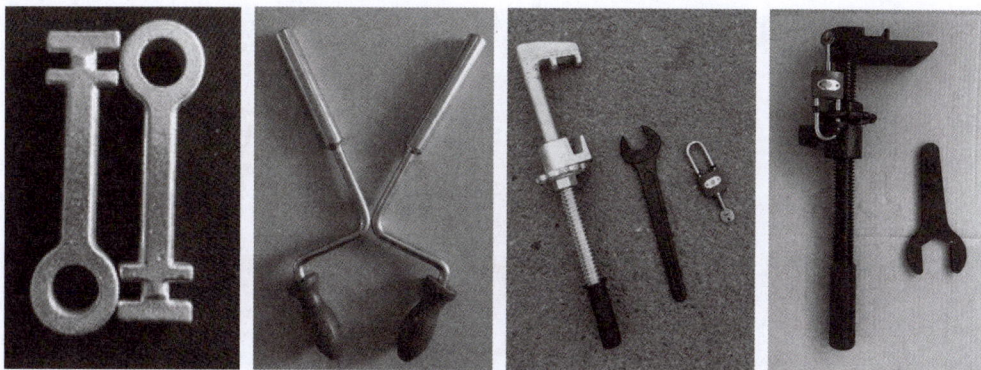

转辙机钥匙

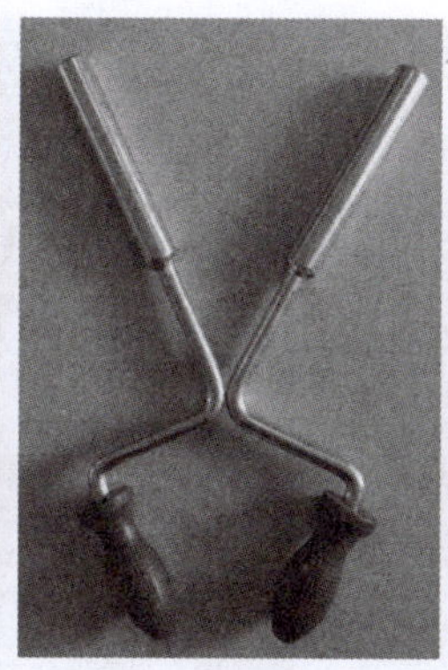

手摇把

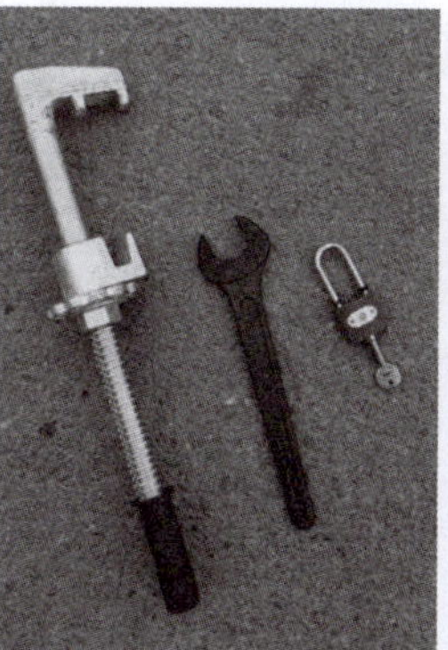

钩锁器及扳手

图 2–8　手摇道岔所需备品

铁路道岔钩锁器是以人工方法将道岔密贴轨（可动心轨）与基本轨（翼轨）紧固在一起，将斥离尖轨固定在某一位置，以锁闭进路，防止人为或错误扳动道岔的一种装置。钩锁器一般分为普通道岔钩锁器和交分道岔钩锁器。钩锁器由主钩、副钩、粗调定位挡铁组成。粗调定位挡铁的外侧增加了一个微调锁定螺母和一个钩扳手，主钩的钩头有两个大小不同的双齿。钩尾有一个纵向滑槽和一个横向挡位槽，粗调定位挡铁的外侧有与微调锁定螺母相配合的螺纹。钩锁一体钩锁器拆装方便，强度高，夹紧力大，适用于各种类型的道岔锁定，主要用于各种道岔及可动心轨道岔的锁闭。

使用钩锁器应先用钥匙打开锁闭装置，使螺母与活动钩分离，把螺母按顺时针方向旋转到位，再将钩锁器从基本轨底部穿过。铁路配件钩锁器将一端顶在尖轨腰部，另一端卡在基本轨底，按逆时针方向用扳手旋转螺母拧紧，再用钥匙锁闭螺母即可完成加锁。铁路配件钩锁器解锁时先用钥匙打开锁闭装置，再用扳手松开螺母即可取下收回。使用钩锁器锁闭道岔示意如图 2–9 所示。

图 2–9　使用钩锁器锁闭道岔示意图

停止手摇道岔后，由电务人员使用专用钥匙打开电动转辙机盖，经确认设备处于正常状态后，接通安全接点，钥匙孔盖恢复原来位置，手摇把孔被覆盖，人工转换停止。此时，对电动转辙机及钥匙盖加锁，当道岔操纵电路恢复后，即纳入集中操纵。道岔转辙机内部示意如图 2–10 所示。

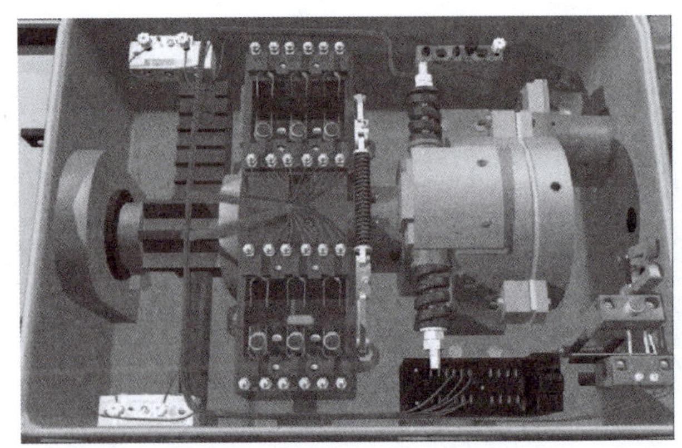

图 2–10　道岔转辙机内部示意图

项目自测

理论考核

一、选择题

1.（　　）是国家铁路技术管理的基本规章。

A.《铁路技术管理规程》　　B.《铁路行车组织规则》

C.《车站行车工作细则》　　D.《铁路运输调度规则》

2.（　　）是结合各铁路局的具体情况和广大职工生产实践经验制定的补充规则，是各铁路局行车组织的基本法规。

A.《铁路技术管理规程》　　B.《铁路行车组织规则》

C.《车站行车工作细则》　　D.《铁路运输调度规则》

3.（　　）是车站贯彻执行《技规》和《行规》，加强车站技术管理、保证安全高效地进行行车组织工作的重要技术文件。

A.《铁路技术管理规程》　　B.《铁路行车组织规则》

C.《车站行车工作细则》　　D.《铁路运输调度规则》

4. 铁路行车工作常用标准有（　　）。

A.《铁路调车作业标准》　　B.《接发列车作业》

C.《车机联控作业》　　D.《铁路车站行车作业人身安全标准》

5. 铁路各项指标的统计时刻，以昨日（　　）时起至当日（　　）时止为一个统计工作日。

A. 8　　B. 12　　C. 18　　D. 0

6. 接入停车列车时，由进站信号机起，至接车线末端警冲标或（　　）止的一段线路，称为接车进路。

A. 发车进路信号机　　B. 出站信号机

C. 站界标　　D. 接车进路信号机

7. 单线区段车站发出列车时，由列车前端或出站信号机起至（　　）止的一段线路，称为发车进路。

A. 发车进路信号机　　B. 对向道岔尖轨尖端

C. 对向进站信号机　　D. 站界标

8. 双线区段车站发出列车时，由列车前端或出站信号机起至（　　）止的一段线路，称为发车进路。

A. 发车进路信号机　　B. 对向道岔尖轨尖端

C. 对向进站信号机　　D. 站界标

9. 单线区段车站线路两端进站信号机间为（　　）。

A. 接车进路　　B. 发车进路　　C. 通过进路　　D. 调车进路

10. 双线区段车站进站信号机至站界标间的一段线路，称为（　　）。

A. 接车进路　　B. 发车进路　　C. 通过进路　　D. 调车进路

11. 站内线路的道岔及车站与其他单位所管线路相衔接的道岔（包括防护道岔），由（　　）负责管理。

A. 车站　　B. 调度人员　　C. 工务段　　D. 辅助所

12. 电气集中联锁车站在停电或故障时需要用手摇把转换道岔，所需备品是（　　）。

A. 转辙机钥匙　　B. 手摇把　　C. 钩锁器　　D. 扳手

二、简答题

1. 如何理解行车规章的重要性？铁路行车规章有哪些？
2. 请说明《技规》《行规》《站细》三级规章相互的关系。
3. 行车工作的基本要求有哪些？
4. 《技规》对行车工作人员任职条件及岗位纪律的要求有哪些？
5. 铁路行车时刻是如何规定的？
6. 行车组织工作的基本原则有哪些？
7. 列车调度员的职责有哪些？
8. 什么是接车进路、发车进路、通过进路？
9. 道岔管理范围是如何规定的？
10. 什么是道岔定位？道岔的定位原则有哪些？
11. 请说明非集中联锁道岔扳动程序。
12. 请说明集中联锁道岔操纵程序。

实践训练

一、确定单线车站列车进路起止范围

某单线车站平面示意图如下。请分别写出下行1道接车进路、下行3道接车进路、上行1道接车进路、上行3道接车进路、下行1道发车进路、下行3道发车进路、上行1道发车进路、上行3道发车进路、下行Ⅱ道通过进路、上行Ⅱ道通过进路的起止范围。

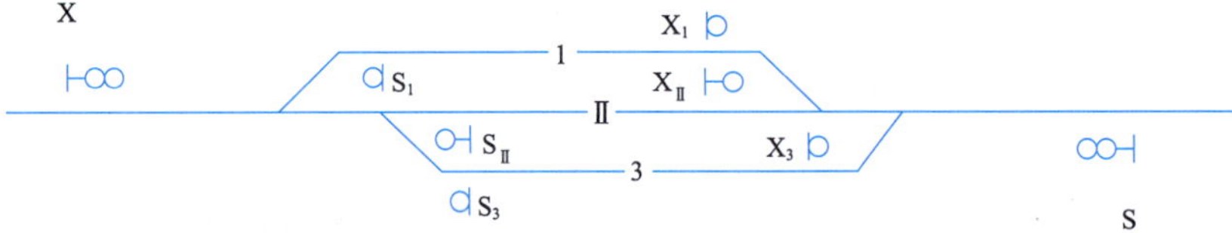

二、确定双线车站列车进路起止范围

某双线车站平面示意图如下。请分别写出下行3道接车进路、上行4道接车进路、下行3道发车进路、上行4道发车进路、下行Ⅰ道通过进路、上行Ⅱ道通过进路的起止范围。

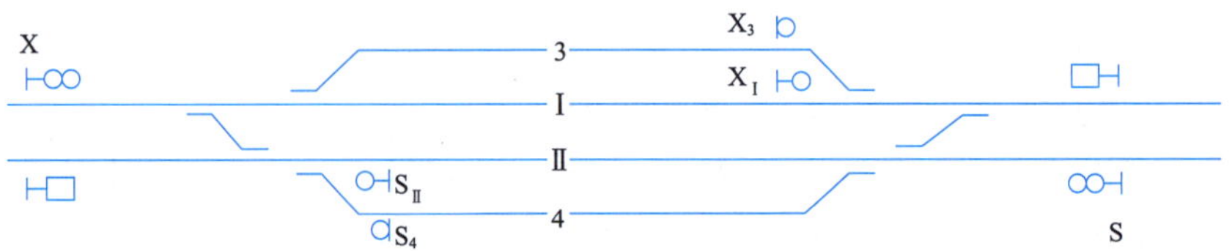

三、电动道岔人工转换

考核内容及评分标准如表 2-2 所示。

表 2-2　考核评分表

考核项目（所占分值比重）	评分标准					综合
	A——优	B——良	C——中	D——及格	E——不及格	
安全操作（10%）						
检查备品（10%）						
开锁（10%）						
转动手摇把（20%）						
确认道岔锁闭（20%）						
安设钩锁器（20%）						
确认开通方向（10%）						

项目 3　行车闭塞法

项目概述

本项目以铁路企业实际生产案例，结合行车岗位工作任务，分解知识点、技能点，学习铁路行车闭塞的基本方法和代用闭塞法，半自动闭塞车站及自动闭塞车站发车的行车凭证和办理程序，单线自动站间闭塞的设备特点及行车凭证，停止基本闭塞法改按电话闭塞法行车的六种情况，填发路票和红色许可证的方法等主要内容，并借助课程思政案例、行车事故警示案例，培养学生的爱国爱路情怀，爱岗敬业、勇于创新、甘于奉献的职业精神，为国家培养德智体美劳全面发展的“复合型”人才。

教学目标

★ 知识目标

1. 区间及闭塞分区的划分。
2. 行车闭塞法的概念及分类。
3. 半自动闭塞的办理程序。
4. 半自动闭塞发车的凭证。
5. 四显示自动闭塞区段行车凭证。
6. 绿色许可证的填发规定。
7. 电话闭塞法的使用时机。
8. 路票的填发规定。
9. 一切电话中断时的行车方法。

★ 能力目标

1. 能在单线半自动车站控制台上办理闭塞。
2. 能在单线半自动车站控制台上取消闭塞。
3. 能在单线半自动车站控制台上办理人工复原。
4. 能判定半自动闭塞发车进路通知书的使用时机，能正确填发半自动闭塞发车进路通知书。
5. 能判定绿色许可证的使用时机，能正确填发绿色许可证。
6. 能判定路票的使用时机，能正确填发路票。
7. 能判定红色许可证的使用时机，能正确填发红色许可证。

★ 素质目标

1. 坚持“安全优质”发展理念，以高度的责任心、严谨务实的作风，确保铁路运输安全畅通。

2. 培养学生爱岗敬业精神，树立遵章守纪、顾全大局的责任意识。

3. 磨炼意志，锤炼工匠精神，为社会输送德智体美劳全面发展的人才。

4. 树立“一点不差，差一点也不行”的责任理念，养成良好的安全作业习惯。

5. 强化质量标准、岗位作业标准与作业流程，落实安全生产责任。

6. 培养团结协作能力，具备岗位责任意识和奉献精神。

7. 具有强烈的时间观念、严谨认真的工作态度。

8. 能客观、公正地开展自我评价及对小组成员的评价。

任务 3.1　区间及闭塞分区的划分

任务引入

挑战极限　勇创一流——青藏铁路精神

1. 爱国奉献，挑战极限

2001 年 6 月 29 日，经过多轮论证，青藏铁路格尔木至拉萨段工程正式开工。十万筑路大军满怀建功立业的壮志，迅速集结，高擎“筑国脉、架金桥、扬国威、促团结”的旗帜，坚定地迈向“生命禁区”。在海拔 4 000 m 以上地段铺架，氧气瓶与钢轨、道钉、枕木一道，成为施工现场最为常见的物件。工人们常常背着 5 kg 重的氧气瓶施工，难受了就吸几口氧，缓一缓再接着干。在海拔 4 600 多 m 的昆仑山隧道工地，一年不到工人们就耗尽了约 12 万瓶氧气。

“艰苦不怕吃苦，风暴强意志更强，缺氧不缺精神，海拔高追求更高!”铁路建设者以惊人的毅力和勇气，冒严寒、顶风雪、战缺氧，挑战着生命的极限。彰显铁路人大无畏奉献精神、家国情怀、舍小我顾大国的政治站位，彰显新时代“安全优质、兴路强国”的铁路精神。

2. 攻坚克难，勇创一流

青藏铁路战高寒、斗冻土、护生态，成为工程难题，这是一场与恶劣环境的斗争、与技术瓶颈的较量，更是一场精神的淬炼。但中国铁路人创造了一流的勘察设计、一流的施工技术、一流的工程质量、一流的管理、一流的服务水平……青藏铁路以众多的“一流”绘就了世界铁路建设史上的奇迹。

中国铁路人用事实向全世界证明“兴路强国”举措，用技术完美诠释中国实力，彰显中国铁路技术世界领先地位。

3. 接续奋斗，再攀高峰

2021 年 6 月 25 日，全长 435 km、设计时速 160 km 的拉林铁路建成通车，西藏首条电气化铁路建成，同时“复兴号”实现对 31 个省区市全覆盖。青藏铁路顺利通车，预示中国铁路技术上取得质的飞跃，中国铁路标准立足于世界前列，为中国铁路带来无限荣光。

运用高新技术构建安全之路，管内干线全部使用分散自律式 CTC 调度集中系统，支线采用 TDCS 列车调度指挥系统，实现了运输调度指挥和管理的远程化、信息化、智能化。格拉段的 45 个车站中有 38 个实现了无人值守，最大限度地减少了作业人员。青藏线站间闭塞能实现虚拟自动闭塞和虚拟自动站间闭塞。

请思考：

1. 青藏铁路采用的是哪种行车闭塞法？
2. 自动闭塞的设备特点有哪些？

知识准备

列车运行是以车站、线路所所划分的区间及自动闭塞区间的通过信号机所划分的闭塞分区为间隔的。

3.1.1 区间的划分

1. 站间区间——车站与车站间

（1）在单线上，以进站信号机柱的中心线作为车站与区间的分界线，如图 3–1 所示。

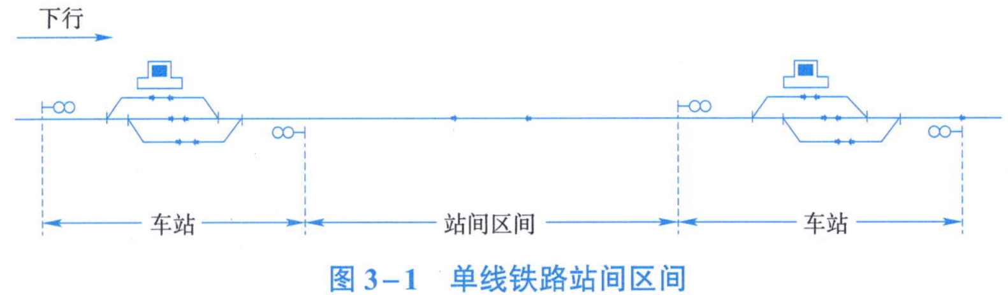

图 3–1 单线铁路站间区间

（2）在双线或多线区间上，分别以该线的进站信号机柱或站界标的中心线作为车站与区间的分界线，如图 3–2 所示。

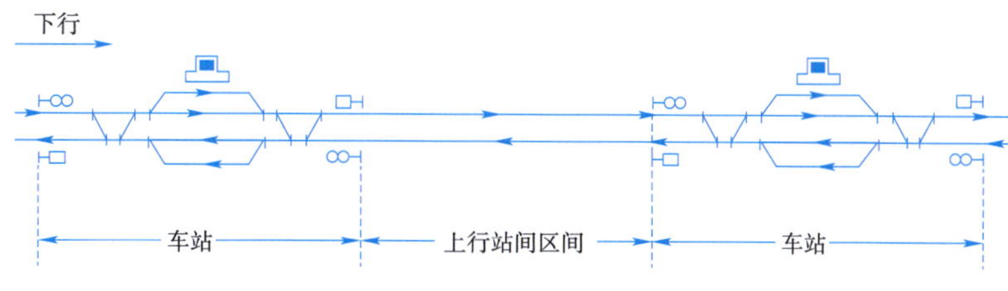

图 3-2　双线铁路站间区间

2. 所间区间——两线路所间或线路所与车站间

（1）单线所间区间：以该线上的通过信号机柱的中心线作为所间区间的分界线。设有进站信号机的线路所，所间区间的分界方法与站间区间相同，如图 3-3 所示。

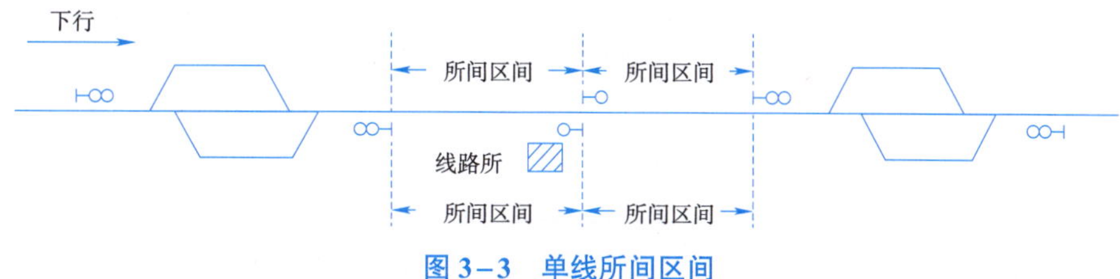

图 3-3　单线所间区间

（2）双线所间区间：划分方法与单线所间区间相同，如图 3-4 所示。

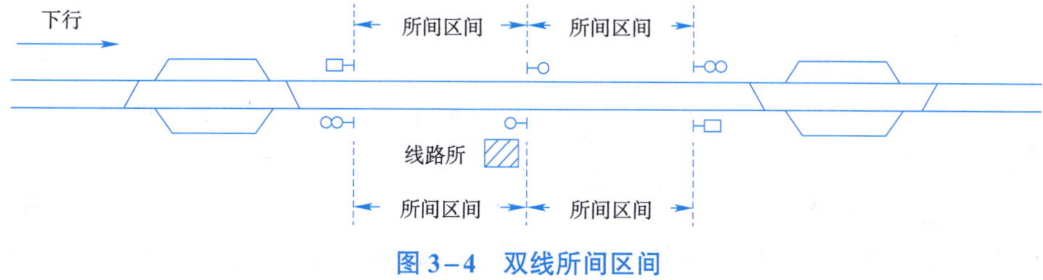

图 3-4　双线所间区间

3.1.2　闭塞分区的划分

自动闭塞区间同方向相邻的两架通过色灯信号机间，以该线上的通过色灯信号机柱的中心线作为闭塞分区的分界线。第一闭塞分区（或第一离去）为相对方向进站信号机（或站界标）至第一架通过色灯信号机，由出站信号机进行防护。

（1）单线闭塞分区，如图 3-5 所示。

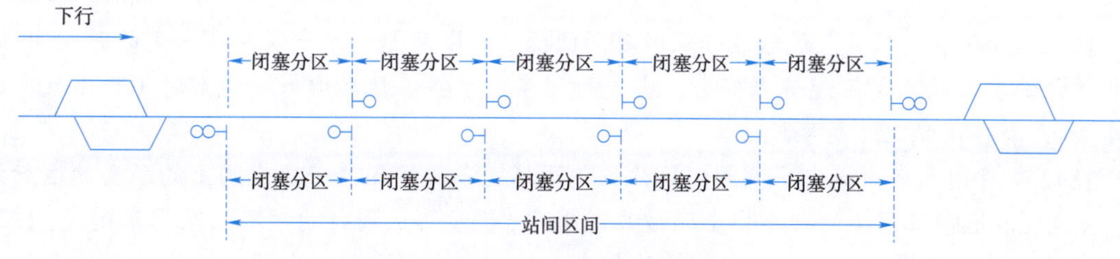

图 3-5　单线闭塞分区

（2）双线闭塞分区，如图 3-6 所示。

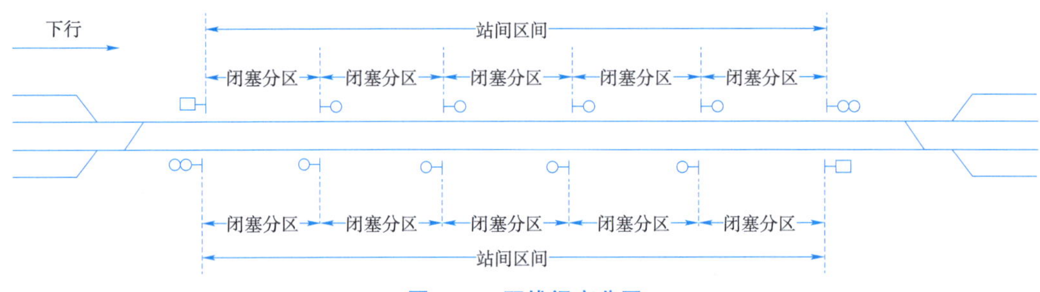

图 3-6　双线闭塞分区

3.1.3　区间状态

区间空闲、占用、封锁等统称区间状态。

1. 区间空闲

区间未被列车、机车车辆占用，且相邻两站未办妥闭塞手续及出站调车手续时，称为区间空闲。

2. 区间占用

区间被列车、机车车辆占用，或相邻两站已办妥闭塞手续及出站调车手续时，称为区间占用。

3. 区间封锁

由于施工或区间发生事故等原因，区间不能正常使用，根据调度命令进行封锁，除指定列车（如根据调度命令向封锁区间发出救援列车、路用列车等）外，禁止其他列车进入该区间，称为区间封锁。

根据《事规》有关规定，向占用区间或封锁区间发出列车，构成“向占用区间发出列车”的一般 C 类事故。列车前段越过出站信号机或警冲标即算。

任务 3.2　行车闭塞法认知

任务引入

闭塞控制技术与发展

19 世纪 40 年代以前，列车运行采用时间间隔法，即两趟列车出发时有一定的时间间隔，这种方法的主要缺点是不能确保安全。当先行列车由于特殊情况运行不正常时（晚点或中途停车等），有可能发生追尾事故。

1842 年英国人库克提出了空间间隔法，即两趟列车始终保持一段空间上的距离的运行方法，它能较好地保证列车的行车安全而被广泛采用，逐步形成现行的铁路区间闭塞制度。1876 年电话（电报）发明使用后，应用到铁路行车系统中就有了电话（电报）闭塞。区间两端车站值班员用电话或电报办理行车联络手续，由发车站填制路票，发给司机作为列车占用区间的凭证，形成了电话闭塞法。目前，中国铁路只在基本闭塞设备停用或发生故障时，才将电话闭塞作为代用闭塞法使用。

电话（电报）闭塞两站间没有设备上的锁闭关系，行车安全靠人工保证。1878 年英国人泰尔研制成功电气路牌机，1889 年发明了电气路签机。电气路签（牌）闭塞，只在单线区段早期使用，以路签或路牌作为列车占用区间的凭证，两端车站各装设同一型闭塞机，相互间有电气锁闭关系。当一个闭塞机中存放路签（牌）总数为偶数时，经车站双方共同操作，发车站值班员可取出一枚路签（牌），递交司机作为列车占用区间的凭证。列车在区间运行的过程中（即路签、路牌未放入闭塞机以前），两站闭塞机中不能再取出第二枚路签（牌）。电气路签（牌）闭塞的缺点为：办理手续烦琐，签（牌）还有可能丢失和损坏，因此区间通过能力低。中国铁路上电气路签（牌）闭塞已经淘汰。这个发展阶段称为人工闭塞阶段。

随着电气控制技术的发展，中国铁路信号技术人员研制成功了半自动闭塞设备。在车站的接发车方向上各装设一台与对方站有相互锁闭关系的半自动闭塞机，并以出站信号机开放作为列车占用区间的凭证。半自动闭塞法办理手续简便，效率高，在中国的单线铁路区间广泛使用。但由于区间不设轨道，列车到达接车站后是否整列出清区间，仍须通过人工检查才能确定。

随着铁路列车运行速度的提高和车流密度的加大，自动闭塞设备应运而生。利用通过信号机把区间划分为若干个装设轨道电路的闭塞分区，通过轨道电路将列车和通过信号机的显示联系起来，使信号机的显示随着列车运行位置而自动变换。在每个闭塞分区始端都设置一架防护该分区的通过色灯信号机，这些信号机平时显示绿灯，称为“定位开放式”；只有当列车占用该闭塞分区（或发生断轨故障）时，自动显示红灯，要求后续列车停车。采用自动闭塞，由于将两站之间的线路划分成若干个闭塞分区，可用最小运行间隔时间开行追踪列车，从而大大提高区间通过能力；整个区间装设了连续的轨道电路，可以自动检查轨道的完整性，提高铁路行车的安全度。

对于双线单向自动闭塞区段，由于每条线路上只允许一个方向列车运行，故只需要防护列车的尾部。控制信息可以始终按一个方向传输，反方向不设通过信号机。

列车反方向运行实际上是自动站间闭塞方式。自动站间闭塞就是两站之间的线路只有一趟列车运行，区间装设轨道电路或计轴设备，记录列车的进入或出清，列车进入区间能够自动构成闭塞，禁止两端车站再向区间发车，列车出清区间自动解除闭塞。由于自动站间闭塞能够监督检查区间运行的列车，因此在暂时不能改为自动闭塞的单线区段，正在装设长轨道电路和计轴设备，积极发展自动站间闭塞。

请思考：

1. 什么是闭塞？
2. 我国行车闭塞法的种类有哪些？
3. 各种行车闭塞法的适用情况是什么？

知识准备

3.2.1 行车闭塞法的概念

通过调度所或相邻车站、线路所、闭塞分区的设备或人为控制，使列车与列车相互间保持一定间隔，以保证列车安全运行的行车方法称为行车闭塞法。用于办理行车闭塞，保证达到闭塞技术要求的设备，称为闭塞设备。

采用不同的行车闭塞设备形成了不同的行车闭塞方法，但都应起到保证列车运行安全，提高区间通过能力的作用。

我国铁路采用空间间隔制组织列车运行。列车运行是以车站、线路所所划分的区间或自动闭塞区间的通过信号机所划分的闭塞分区作为间隔。

原则上不使用隔时续行办法，如必须使用时，由各铁路局规定。所谓必须使用时，是指在有特殊情况须要连续放行大量同方向列车时使用，如军事运输、紧急的救灾运输、双线区间一切电话中断时的行车等。采用这种行车方法，应根据具体情况规定采取保证安全的措施。

3.2.2 闭塞法的种类

1. 基本闭塞法

车站均需装设基本闭塞设备。行车基本闭塞法采用下列三种：

（1）半自动闭塞；

（2）自动站间闭塞；

（3）自动闭塞。

2. 代用闭塞法

当基本闭塞法不能使用时，采用代用闭塞法，即电话闭塞法。

电话闭塞法是在基本闭塞法不能使用的条件下，主要靠人工检查确认和联系制度来保证实现列车运行空间间隔的代用闭塞方法。使用电话闭塞法行车须有列车调度员的命令，并按有关电话闭塞法接发列车规定的程序、制度办理行车作业。

3.2.3 闭塞法的采用

1. 基本闭塞法

（1）在单线区段宜采用半自动闭塞，运输繁忙时经过技术经济比较，也可采用自动闭塞或自动站间闭塞。

（2）双线区段宜采用自动闭塞，若运量小且增长速度较慢或受其他条件限制时，也可采用半自动闭塞。

2. 代用闭塞法——电话闭塞

当基本闭塞设备发生故障或其他原因不能使用基本闭塞法时（如单线半自动闭塞出站信号机故障），为维持列车运行，应采用电话闭塞法。电话闭塞就是根据列车调度员停止基本闭塞法改按电话闭塞法的调度命令所采用的代用闭塞法。遇列车调度电话不通时，闭塞法的变更和恢复应由该区间两端站的车站值班员确认区间空闲后，直接以电话记录办理。列车调度电话恢复正常时，两端站车站值班员应及时向列车调度员报告。

3.2.4 行车制度中的发车权

1. 单线区间

1）单线半自动闭塞车站

单线半自动闭塞车站，必须在确认区间空闲的条件下，取得邻站同意接车的通知并与邻站办妥闭塞手续后才能取得发车权。

2）单线自动闭塞车站

（1）单线自动闭塞车站，当闭塞系统在发车位时，不需转换发车方向（即不需变更闭塞方向），发车站确认第一或第一、二或第一、二、三闭塞分区空闲，并向接车站预告后方可发出列车。

（2）单线自动闭塞车站，当闭塞系统不在发车位时，需变更闭塞方向，发车站必须确认区间空闲、得到列车调度员的同意、向接车站预告并办理规定的变更闭塞方向手续，才能取得发车权。

2. 双线区间

双线区间的行车，采用上、下行列车分别固定在上、下行线路上运行的办法。根据左侧行车的规定，出发列车在区间运行方向左侧线路上行驶时，称为双线正方向运行；反之，在运行方向右侧线路上行驶，称为双线反方向运行。双线区段的车站，发车权归正方向运行的发车站所有。

1）双线正方向

对双线自动闭塞的正方向，发车站只要确认第一或第一、二或第一、二、三闭塞分区空闲，并向接车站预告，即可发出正方向运行的列车。

对双线半自动闭塞车站，发车站必须确认正方向区间空闲、得到前次列车到达前方站的到达信号，并向接车站预告后，方可发出正方向运行的列车。

2）双线反方向

双线反方向运行属非正常行车，一般不采用。旅客列车仅在正方向区间的线路封锁施工、发生自然灾害或因事故中断行车等特殊情况下，经铁路局调度所值班主任准许，列车调度员发布调度命令，方可反方向运行；其他列车也仅限于整理列车运行时，经列车调度员命令准许，方可组织列车反方向运行。

（1）无双线双向闭塞设备的双线反方向。

发车站必须确认反方向区间空闲、取得列车调度员准许停止基本闭塞法改按电话闭塞法的调度命令及准许反方向行车的调度命令、取得邻站同意并与邻站办妥电话闭塞手续后，方可发出反方向运行的列车。

（2）有双线双向闭塞设备的双线反方向。

有双线双向闭塞设备时，不必改按电话闭塞，但发车站必须确认反方向区间空闲，取得列车调度员准许反方向行车的调度命令、取得邻站同意并根据反方向的闭塞设备情况办理相应的手续后，方可发出反方向运行的列车。

双线区间的行车，采用上、下行列车分别固定在上、下行线路上运行的办法。根据左侧行车的规定，出发列车在区间运行方向左侧线路上行驶，称为双线正方向运行；反之，在运行方向右侧线路上行驶，称为双线反方向运行。双线正方向有闭塞设备，发车权归发车站所有。发车站只要确认区间空闲（半自动）或第一闭塞分区空闲（自动），不必征得接车站同意，即可发出双线正方向运行的列车。

3.2.5　行车凭证

1. 行车凭证的种类

行车凭证是指列车从车站进入区间（或第一闭塞分区）的许可。采用不同的行车闭塞法，行车凭证也不同。行车凭证可分为基本凭证和书面凭证两大类。

1）基本凭证

基本凭证是按基本闭塞法行车时使用的行车凭证，即出站信号机或通过信号机显示的进行信号。不同的闭塞方式及不同的信号显示方式，其进行信号及含义有所不同。

2）书面凭证

书面凭证是当不能使用基本凭证的情况下所使用的行车凭证，如路票、绿色许可证、红色许可证、调度命令、车站值班员命令等。

2. 行车凭证的作用

（1）占用区间或闭塞分区的许可。这是凭证最主要的作用。

（2）指示列车运行条件。有的凭证指示列车运行方向，如出站信号机及进路表示器的显示，路票上的“反方向运行”章（两线或多线区间的线别章）等；有的指明运行速度、到达地点、时间，如向封锁区间开行路用列车的调度命令等；有的预告前方闭塞分区空闲与否，如自动闭塞区段的出站信号机和通过信号机的显示等。

（3）提醒注意事项。如绿色许可证上的未设出站信号机的线路上发出列车，提醒司机发车线路是非到发线，应引起注意，适当掌握速度；红色许可证上有提示前发列车是否到达前方站，提醒司机注意区间可能还未空闲，从而加强瞭望，掌握速度；调度命令指明路用列车到达前方站还是返回本站，提示司机注意在站界标处的引导手信号或反向进站信号机的显示等。

任务 3.3　半自动闭塞

任务引入

传承“小东精神”，创新新时代“铁路精神”

1948 年 12 月 1 日，小东站恢复运营。当时的铁路行车设备十分落后，转换道岔完全靠手扳转辙器，横竖两个拉刀口必须要对准，差一点也落不到位，很容易造成道岔尖轨与基本轨不密贴。扳道员刘国全每个班都要把自己负责的设备擦拭一遍，精心维护。工作十年间，他从未出现过任何差错，大家送给他一个实至名归的称号“刘安全”。在一次全站职工大会上，站长让他谈谈多年来的工作体会和经验，他憨厚地一笑，红着脸说：“我有啥可说的，就是扳道时一压到底，横竖两个拉刀口对准，保证一点也不能差，差一点也不中呗!”看似随口说出来的，但这个随口并不随意，他说出了对安全作业的体会，道出了安全生产的普遍规律。大家都觉得这句话说得又实在又在理，齐声叫好。后来，经过小东站干部职工的不断领悟和实践，形成了“一点不差，差一点也不行”的小东精神。

小东精神实质就是规矩意识的最集中体现，“一点不差”是最理想的工作状态和管理状态，而“差一点也不行”则是达到这个状态的最佳途径。

小东站全体职工正是在这种“一点不差，差一点也不行”的精神指引下，始终将安全生产放在至高无上的位置，在探索与实践中，将小东精神延伸为“党叫干啥就干啥，干啥就要干好啥”“让严的要求人人都一样，让铁的纪律时时都一样”“安全生产大于一切，从严管理寸步不让”“宁可脱掉几层皮，也要练成真本事”的理想信念。

小东精神闻名全路，车站曾荣获全国五一劳动奖状、全国模范职工之家、全国青年文明号、全路党支部“十面红旗”等 400 多项荣誉。小东精神“一点不差，差一点也不行”的精神经过一代又一代人的行动传承，逐渐发扬光大。

现今，中国铁路继续学习并传承小东精神，用新时代小东精神诠释中国铁路百年不变的企业文化，用新时代信息技术不断创新技能手段，用新时代管理制度不断完备创新管理体系，形成新时代“安全优质、兴路强国”的铁路精神，全国铁路人秉持“规章制度保平稳、信息科技创效益”企业文化，不断创造属于中国的高铁新时代。

请思考：

1. 不同类型的道岔都是如何转换的？
2. 半自动闭塞设备的办理程序是什么？
3. 区间采用半自动闭塞设备时，列车占用区间的行车凭证是什么？

知识准备

半自动闭塞是用出站信号机的开放作为列车占用区间的凭证；出站信号机只能在站间区间或所间区间办理闭塞后才能开放；当出发的列车压上出站方面的轨道电路区段后，出站信号机就会自动关闭。半自动闭塞是通过两个相邻车站的闭塞机、出站（线路所通过）信号机和轨道电路所构成的电气联锁关系的闭塞设备。

3.3.1 半自动闭塞设备的特点

半自动闭塞是用人工来办理闭塞及开放出站信号机，而由出发列车自动关闭出站信号机并实现区间闭塞的一种闭塞方式。使用继电器控制电路完成两个车站间信息的传递、检查和验证，并与车站出站信号机构成制约关系。

对于单线区段一般采用半自动闭塞，虽然半自动闭塞在安全和效率方面不如自动闭塞，但由于它有突出的技术经济效益，在一些运输不太繁忙的铁路线路（特别是单线铁路）上，仍然大量使用半自动闭塞设备。

1. 继电半自动闭塞的特点

半自动闭塞设备有 64D、64F 和 64Y 三种类型，由于我国的铁路线路多数还是单线铁路区段，大部分采用的是64D型继电半自动闭塞。64D型继电半自动闭塞是结合我国铁路运输生产的实际研制的，它的主要特点是：

（1）发车站和接车站间按照“请求—同意”方式共同办理闭塞，大多使用在单线区段，提高了设备的安全性和可靠性。

（2）不论车站的联锁类型如何，必须在进站信号机内方设置专用轨道电路区段，来反映列车出发和到达。

（3）在办理闭塞手续的过程中，两个车站间传递多种信息，且互相检查验证，从而提高了闭塞设备的安全性。

（4）办理闭塞手续后且进站、出站信号机开放前，可以进行站内调车、变更进路和取消闭塞等作业，因而提高了车站作业效率。

（5）闭塞电路设计严密，办理手续简便，使用的继电器和元件类型少、功耗低，可以用于无交流电源区段，能与各种车站信号设备相结合。

64D型继电半自动闭塞设备，适应我国铁路发展的实际和基本国情，得到了广泛的使用，它在保证行车安全、提高运输效率、改善劳动条件等方面发挥了显著的作用，在近一阶段内还将得到发展，和计轴设备结合将取得突出的技术经济效果。

2. 半自动闭塞的技术要求

为了保证行车安全，提高运输效率，对单线继电半自动闭塞设备分别提出了严格的技术要求。在保证行车安全方面的要求如下：

（1）单线继电半自动闭塞，只有在区间空闲时，由发车站发出请求发车信号，并收到接车站的同意接车信号之后，发车站的闭塞机才能开通，出站信号机才能开放。接车站发出同意接车信号后，闭塞机应处于闭塞状态。

（2）当列车出发进入发车轨道电路区段时，双方站的闭塞机均处于闭塞状态。

（3）列车到达接车站，进入并出清轨道电路区段，接车进路解锁并办理到达复原后，才能使双方站的闭塞机复原。

（4）闭塞机处于闭塞状态后，在接车站未发送到达复原信号或事故复原信号之前，当发生各种故障或错误办理时，均不能使接车站闭塞机复原，更不能使发车站闭塞机开通。

（5）发车站闭塞机开通并开放出站信号后，如果轨道电路发生故障，应使双方站闭塞机处于闭塞状态。列车到达接车站，如果轨道电路发生故障，允许使用事故按钮办理事故复原。

（6）继电半自动闭塞专用的轨道电路，其长度不少于25 m。半自动闭塞专用的轨道电路最好能避免人为无意分路的影响。

（7）继电半自动闭塞的外线，任何一处发生断线、接地、混线、混电及外电干扰故障时，或错误办理时，均应保证闭塞机不能错误开通。

（8）继电半自动闭塞与站间闭塞电话共用外线时，应保证电话振铃电流不干扰闭塞机的正常运用；使用闭塞机时，也不应降低通话质量和影响振铃信号。

（9）继电半自动闭塞电源设备停电恢复时，闭塞机应处于闭塞状态。只有两站值班员确认区间空闲后，用事故按钮才能使闭塞机复原。

3.3.2 64D型继电半自动闭塞设备构成

64D型继电半自动闭塞设备由半自动闭塞机、半自动闭塞专用的轨道电路、操纵和表示设备、闭塞电源、闭塞外线等部分组成。此外，在构成控制电路中还包括了车站的进、出站信号机的控制条件，它们之间以电线相连，借以实现彼此间的电气联系。为了实现闭塞设备之间的相互联系与控制，在相邻两车站上属于同一区间的两台闭塞机之间，用两条外线连接。64D 型继电半自动闭塞设备之间的联系如图 3－7 所示。

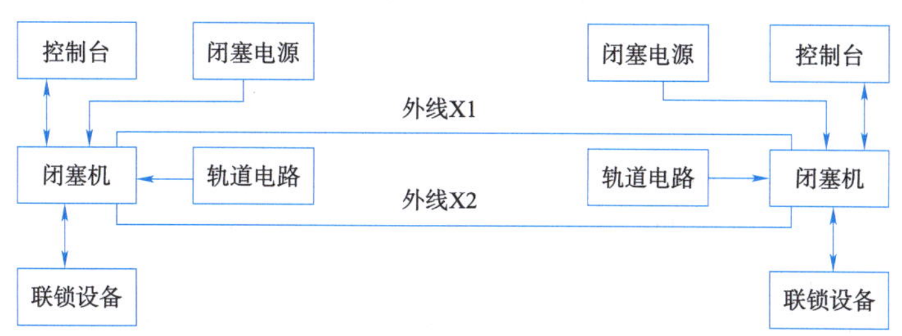

图 3－7　64D 型继电半自动闭塞设备之间的联系

1. 轨道电路

64D 型继电半自动闭塞，在每个车站两端进站信号机的内方需装设一段不小于 25 m 的轨道电路。其作用一是监督列车的出发，使发车站闭塞机闭塞；二是监督列车的到达，然后由接车站值班员办理到达复原，如图 3－8 所示。

图 3－8　64D 型继电半自动闭塞轨道电路设置

在电气集中联锁的车站，使用进站信号机内方第一区段的轨道电路作为半自动闭塞用轨道电路，将其轨道条件加在半自动闭塞机的轨道继电器电路中即可。

轨道电路（一）

轨道电路（二）

2. 操纵和表示设备

单线继电半自动闭塞的操纵和表示设备有按钮、表示灯、电铃和计数器等。这些元件安装在信号控制台上，如无控制台，则装设在专用的操纵箱上，该操纵箱安放在行车室车站值班员的办公桌上。

1）按钮

为了办理两站间的闭塞和复原，要设置以下按钮：

（1）闭塞按钮 BSA：二位自复式按钮，办理请求发车或同意接车时按下。对色灯电锁器联锁的车站，BSA 为三位自复式按钮。办理请求发车或同意接车时按下，办理到达复原或办理取消复原时拉出。

（2）复原按钮 FUA：二位自复式按钮，办理到达复原或办理取消复原时按下。

（3）事故按钮 SGA：二位自复式按钮，平时加铅封。当闭塞机因故不能正常复原时，破封按下，使闭塞机复原。色灯电锁器联锁的车站，SGA 为三位自复式按钮，经常处于中间位置。办理事故复原时拉出 SGA 按钮。

2）表示灯

表示灯是半自动闭塞的灯光信号，车站的每一个接发车方向各设继电半自动闭塞表示灯两组，表示办理过程和闭塞机的状态，给值班员视觉的提示，如图 3–9 所示。

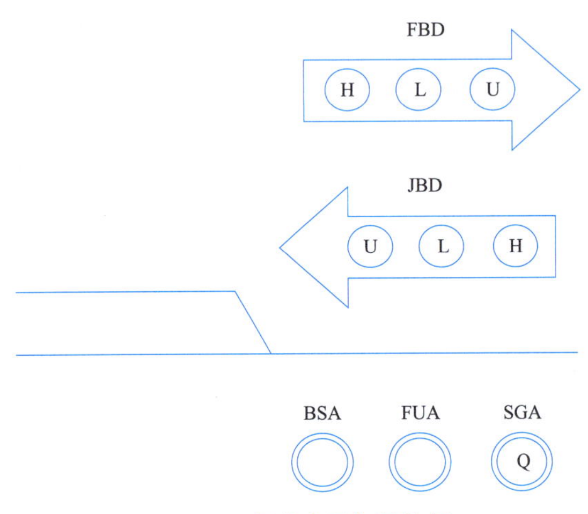

图 3–9　闭塞表示灯及按钮

（1）发车表示灯 FBD：由黄、绿、红三个光点式表示灯组成。表示灯经常熄灭，黄色表示灯点亮表示本站请求发车，绿色表示灯点亮表示对方站同意发车，红色表示灯点亮表示发车闭塞。

（2）接车表示灯 JBD：由黄、绿、红三个光点式表示灯组成。表示灯经常熄灭，黄色表示灯点亮表示对方站请求接车，绿色表示灯点亮表示本站同意接车，红色表示灯点亮表示接车闭塞。当接发车表示灯同时点亮红灯时，表示列车到达。

3）电铃

电铃是闭塞机的音响信号，鸣响表示闭塞信号在传递过程中，给值班员听觉提示。

4）计数器

计数器用来记录车站值班员办理事故复原时使用事故按钮的次数。每按下一次 SGA 按钮，计数器自动转换一个数字。因为事故复原是在闭塞设备发生故障时的一种特殊复原方法，当使用事故按钮使闭塞机复原时，行车安全完全由车站值班员人为保证，因此必须严加控制。使用时要登记，用后要立即加封，而且由计数器自动记录使用的次数。

3. 闭塞机

闭塞机是闭塞设备的核心，由继电器和电阻、电容器等元器件组成。64D 型继电半自动闭塞机每台使用 13 个继电器，它们构成继电电路，完成闭塞作用。

4. 闭塞电源

闭塞电源应连续不间断地供电，且应保证继电器的端电压不低于工作值的 120%，以保证闭塞机的可靠动作。64D 型继电半自动闭塞采用直流 24 V 电源，可用交流电源整流后供电，也可以用干电池等供电。

5. 闭塞机外线

继电半自动闭塞的外线是与站间闭塞电话线共用的，但随着干线电缆（光缆）线路的发展，最好将闭塞机外线和闭塞电话线分开。

3.3.3　列车占用区间的行车凭证

1. 正常情况下的行车凭证

正常情况下的行车凭证为出站信号机或线路所通过信号机显示的允许运行信号进入区间。

开放出站信号机或通过信号机前，双线区段必须得到前次列车到达前方站的到达信号，单线区段必须得到接车站的同意闭塞信号。

发车站办理闭塞手续后，列车不能出发时，应将事由通知接车站，取消闭塞。

2. 特殊情况下的行车凭证

（1）半自动闭塞区段，遇超长列车头部越过出站信号机而未压上出站方面的轨道电路发车时，行车凭证为出站信号机显示的允许运行信号，同时还要发给司机准许列车头部越过出站信号机发车的调度命令。

（2）遇发车进路信号机故障或超长列车头部越过发车进路信号机发车时，列车越过发车进路信号机的行车凭证为半自动闭塞发车进路通知书（附件 9），如图 3－10 所示。

附件 9　半自动闭塞发车进路通知书

半自动闭塞发车进路通知书

第________号

1. 在列车头部越过发车进路信号机的情况下，准许第________次列车由________线发车。

2. 在________发车进路信号机故障的情况下，准许第________次列车越过该发车进路信号机。

站（站名印）车站值班员（签名）

年　　月　　日填发

注：1. 白色纸，复写一式两份，司机一份，存根一份；　　（规格 90 mm×130 mm）
　　2. 不用的字句抹消。

图 3－10　半自动闭塞发车进路通知书

3.3.4 64D 型继电单线半自动闭塞设备使用

1. 办理闭塞程序

64D 型继电单线半自动闭塞设备的控制台如图 3-11 所示。

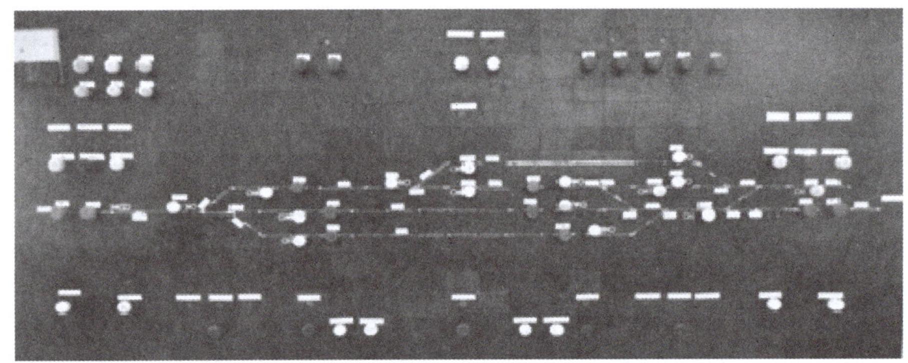

图 3-11 单线半自动闭塞设备控制台

64D 型继电单线半自动闭塞设备接发列车作业办理过程简要程序如表 3-1 所示。

表 3-1 单线半自动闭塞作业程序

发车站	接车站
1. 车站值班员用闭塞电话向接车站请求发车	
	2. 车站值班员同意接车
3. 按一下闭塞按钮，发车表示灯亮黄灯，电铃鸣响	
	4. 接车表示灯亮黄灯，电铃鸣响
	5. 按一下闭塞按钮，接车表示灯变为亮绿灯
6. 发车表示灯变为亮绿灯，电铃鸣响。车站值班员在发车进路准备妥当后开放出站信号机	
7. 列车出发进入发车轨道电路区段，出站信号即自动关闭，发车表示灯变为亮红灯	
	8. 接车表示灯亮红灯，电铃鸣响。在进路准备妥当后，开放进站信号机
	9. 列车进入接车轨道电路区段，接车表示灯和发车表示灯均亮红灯
	10. 确认列车整列到达后，按下复原按钮，接车表示灯和发车表示灯均熄灭
11. 发车表示灯红灯熄灭，电铃鸣响	
	12. 通知邻站列车到达时刻

2. 取消闭塞

1）出站信号机开放前

（1）发车站已按下闭塞按钮，两端站表示灯亮黄灯时。

（2）接车站同意接车，已按下闭塞按钮，两站表示灯亮绿灯时。

上述两种情况，发车站按下复原按钮，闭塞机复原。

2）集中联锁的车站出站信号机开放后

经两端站联系，确认列车未出发，发车站关闭出站信号机（总人解+进路始端，有延时），按下复原按钮，闭塞机复原。

3. 人工复原

半自动闭塞下述情况，须根据列车调度员命令，使用故障按钮，办理人工复原，并在《行车设备检查登记簿》内登记。

（1）列车到达后，因接车站轨道电路故障不能办理到达复原时，经双方联系并确认列车已全部到达，由接车站车站值班员用故障按钮办理人工复原。

（2）闭塞机停电后恢复供电时，闭塞机呈闭塞状态，在确认区间空闲后，由两端站任一端车站登记、破封，使用故障按钮办理人工复原。

（3）列车因故退回原发车站，由于不可能压上接车站的轨道电路，从而造成不能正常办理闭塞复原。此时发车站应将事由通知接车站，在发车站确认列车整列返回后，通知接车站按下故障按钮，办理人工复原。

3.3.5　64F 型继电双线半自动闭塞设备使用

1. 办理闭塞程序

64F 型继电双线半自动闭塞设备控制台如图 3－12 所示。

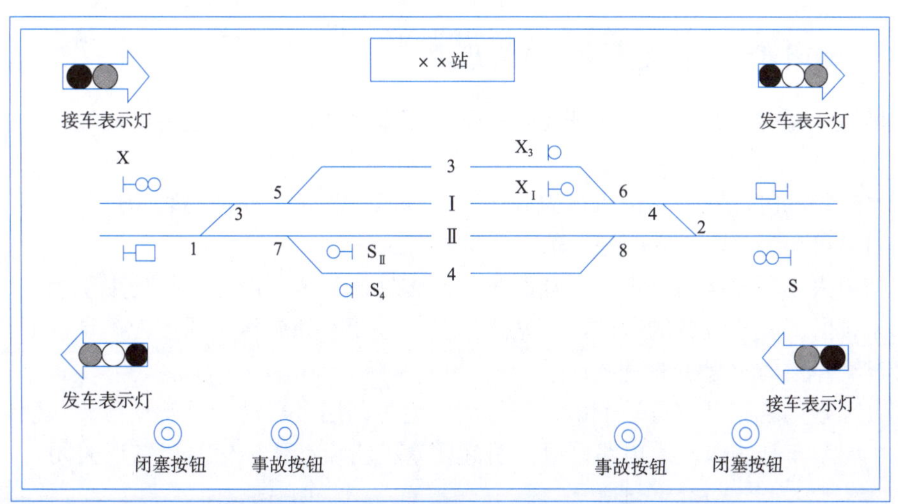

图 3－12　双线半自动闭塞设备控制台

64F 型继电双线半自动闭塞设备接发列车作业办理过程简要程序如表 3－2 所示。

表 3-2 双线半自动闭塞作业程序

发车站	接车站
1. 车站值班员确认发车表示灯灭灯，向接车站预告发车	
2. 车站值班员开放出站信号机，发车表示灯亮绿灯	
3. 列车出发进入发车轨道电路区段，发车表示灯亮红灯	
	4. 接车表示灯亮红灯，电铃鸣响。在进路准备妥当后开放进站信号机
	5. 列车进入接车轨道电路区段，接车表示灯亮黄灯，电铃鸣响
6. 发车表示灯亮黄灯	
	7. 确认列车整列到达，车站值班员发送到达复原信号，按下复原按钮，接车表示灯黄灯熄灭
8. 发车表示灯黄灯熄灭	

2. 取消闭塞

电气集中联锁的车站，开放出站信号机后需取消闭塞时，经双方联系后，确认列车未出发，先关闭出站信号机，再按复原按钮，发车表示灯熄灭，闭塞机复原。

3. 人工复原

当闭塞机停电又恢复供电、轨道电路故障、列车因故退回原发车站等原因而引起闭塞机不能正常复原时，经双方站确认区间空闲后，应根据列车调度员命令，由接车站登记、破封，拉出事故按钮，使接、发车站的接、发车表示灯均亮黄灯。然后，再由接车站拉出闭塞按钮（或按下复原按钮），两端站表示灯均灭灯，闭塞机复原，并在《行车设备检查登记簿》内登记。

3.3.6 半自动闭塞设备在使用中的注意事项

（1）操纵按钮时必须稳定，保证完全按下，闭塞机传送信号、电铃鸣响过程中不要操纵按钮。

（2）办理闭塞时，双方站值班员应确认闭塞表示灯显示，当两站表示灯显示不一致时，应停止使用半自动闭塞，并立即通知信号工区检修。

（3）使用人工复原按钮办理人工复原时，双方站值班员应严格执行使用手续。

（4）未设区间检查设备的车站，车站值班员办理闭塞和到达复原前应确认区间空闲，防止区间有车辆停留而引起事故。

（5）办理好闭塞、开放进站或出站信号后，避免利用半自动闭塞轨道电路区段进行调车作业，防止调车车列进入轨道电路区段，引起闭塞机错误动作和信号机错误关闭。

双线半自动闭塞

半自动闭塞办理闭塞程序

任务 3.4 自动站间闭塞

任务引入

增强国际交流，传播中国铁路文化

中国交通享誉国际，高铁技术在国际上处于领先，中国铁路已成为新时代中国人的主要交通工具，带动中国经济迅猛发展。中国秉承着共同发展、构建人类命运共同体的目标，帮助肯尼亚等国家修建高铁。

2017 年以中国铁路标准设计修建的第一条“巨龙”在肯尼亚大地上飞奔驰骋，全长 480 km，设 32 个车站，将内罗毕至蒙巴萨原本十多个小时的车程缩短至四个半小时，给肯尼亚当地人创造了更多的就业机会，便利了人们出行，大大拉动了肯尼亚国民经济。中国大量铁路技术人员奔赴肯尼亚，从技术支持、政策支持、人员支持多方面提供保障，以“师带徒”方式手把手传授实践技能，以“面对面”方式组织技术技能培训，以“岗对岗”方式输出管理方式，全方位输出中国铁路标准，尽快完成属地化进程。

肯尼亚蒙巴萨—内罗毕标轨铁路采用中国国铁Ⅰ级、单线、客运 120 km/h、货运 80 km/h 的技术标准，综合考虑肯尼亚的运输需求、人文、环境，闭塞类型采用自动站间闭塞。

肯尼亚人民非常感谢中国，这也促使了两国国民经济交流的日渐频繁，促进了两国的友谊邦交，充分体现了大国外交风范，诠释了中国人民支持“人类命运共同体”的决心。

请思考：

1. 自动站间闭塞与半自动闭塞有什么区别？
2. 自动站间闭塞主要有哪些设备构成？
3. 区间采用自动站间闭塞设备时，列车占用区间的行车凭证是什么？

知识准备

计轴自动站间闭塞是将计轴设备与64D型继电半自动闭塞结合构成的新型闭塞方式。当计轴闭塞设备故障停用计轴闭塞法时，可转换到64D型继电半自动闭塞方式。与集中联锁设备结合使用，采用轨道检查装置自动检查区间空闲，列车以站间区间为间隔运行；发车站办理发车进路后即自动构成站间闭塞，列车到达接车站或返回发车站出清区间后，自动解除闭塞。轨道检查装置主要有计轴设备和区间轨道电路。

3.4.1 单线计轴自动站间闭塞设备构成

1. 计轴器

计轴器是统计列车通过铁路线路某一点（计轴点）车轴数量的检测设备。在一个区段的两端设置计轴点，其目的一是通过核对两计轴点的车轴数是否相等，可以检查计轴点之间线路是否空闲；二是通过记录列车通过计轴点的时间，可以判定列车的运行速度。

1）计轴器的组成

计轴器由传感器（磁头）、电子连接箱、计数比较器（目前使用微机系统）等部分组成。其中两组传感器安装在同一侧钢轨上，发送磁头安装在钢轨外侧，接收磁头安装在钢轨内侧，如图3-13所示。当车辆轴数的信息需要远距离传输时，还需设置计轴信息的传输设备。

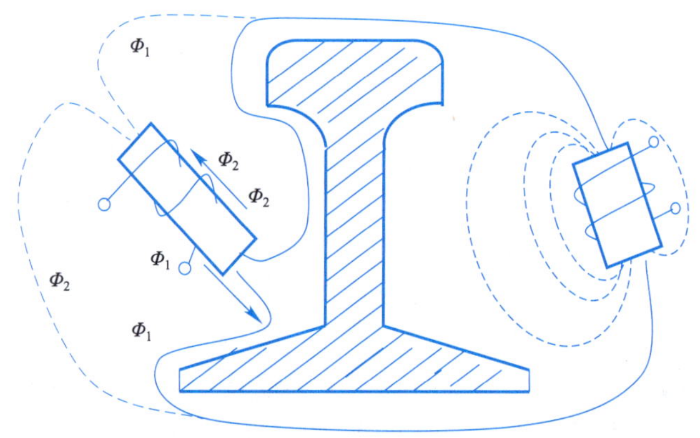

图3-13 传感器的安装

2）计轴器的基本工作原理

当列车或调车车列的轮对进入轨道传感器作用区时，微机开始计轴，轮对经过传感器磁头时，向微机传送轴脉冲，开始计数。对进入防护区段的轮轴数进行加轴运算，对离去防护区段的轮轴数进行减轴运算，实现计轴的目的，同时也能够判定列车的运行方向。

2. 轨道电路

区间轨道电路由四部分组成，即两端站各自靠近进站信号机一段的轨道电路为二接近，接近信号机外的轨道电路为一接近，在控制台上设置两个接近表示光带，通过轨道电路对区间占用、线路是否良好进行检查。在这四段轨道电路都空闲时，排列发车进路，开放出站信号，自动完成闭塞；在列车到达前方站（返回发车站）四段轨道电路都空闲，计轴器轴数显示为零后，自动开通区间；当区间任何一段轨道电路处于占用或故障状态时，不能开放出站信号机，不能构成站间闭塞；列车虽已到达前方站（返回发车站），但不能解除闭塞开通区间；出站信号机开放后列车未出发，如果区间轨道电路因故障等原因处于占用状态时，出站信号便自动关闭。

3. 车站控制台有关按钮和表示灯

在原来 64D 型继电半自动闭塞和联锁设备办理方法不变的情况下，增加以下功能设备：

（1）计轴停用按钮：二位自复式带铅封，用于闭塞方式转换。当需停止使用计轴设备时，由两端站值班员破封同时按下该按钮，同时相应计数器计数一次，系统按 64D 型继电半自动闭塞方式工作。

（2）计轴使用按钮：二位自复式带铅封，用于闭塞方式转换。当计轴设备故障恢复正常后，由两端站值班员破封同时按下该按钮，同时相应计数器计数一次，系统按计轴自动站间闭塞方式工作。

（3）计轴复零按钮：二位自复式带铅封，用于办理计轴复零。当两端站同时按下该按钮后，同时相应计数器计数一次，相应的计轴设备故障消除，然后复原。

（4）计轴停用表示灯：该表示灯点亮红灯，表示系统按 64D 型继电半自动闭塞方式工作。

（5）计轴使用表示灯：该表示灯点亮白灯，表示系统按计轴自动站间闭塞方式工作。

（6）区间空闲表示灯：该表示灯点亮白灯，表示系统按计轴自动站间闭塞方式工作且区间处于空闲状态。

（7）区间占用表示灯：该表示灯点亮红灯，表示系统按计轴自动站间闭塞方式工作且区间处于占用（或计轴设备故障）状态。

（8）计轴复零表示灯：设于计轴复零按钮上，当按下计轴复零按钮，该表示灯闪亮 13 s 后灭灯，相应计轴设备故障消除，复零。

（9）轴数显示器：计轴轴数显示器的不同显示状态，可以反映当前区间不同的状况，具体如下：

① 区间空闲：当区间空闲时，计轴轴数显示为“0000”；

② 如轴数显示器显示有正轴数，表示有物体由站内经计轴器进入区间；

③ 如轴数显示器显示有负轴数，表示有物体由区间经计轴器进入站内。

（10）计轴恢复使用电铃：在 64D 型继电半自动闭塞方式下，区间空闲且计轴设备恢复正常，该电铃将长时间鸣响。此时，车站值班员应报告列车调度员，改按计轴自动站间闭塞方式行车，按下计轴使用按钮，电铃停止鸣响。

（11）接近表示光带：进站信号机外设置两段接近轨道电路，靠近进站信号机一段的轨道电路为二接近，接近信号机外的轨道电路为一接近，同时车站控制台进站信号机外设置两个接近表示光带。

3.4.2　自动站间闭塞特点

（1）自动站间闭塞是在半自动闭塞基础上发展起来的新型闭塞方法，区间两端车站的出站信号机和轨道检查装置构成联锁关系，采用轨道检查装置自动检查区间空闲，列车以站间区间为间隔运行，通过办理发车进路和检查列车出清区间的方式，自动实现区间闭塞和区间开通。

（2）轨道检查装置主要有计轴设备和区间长轨道电路。

计轴设备通过设置在区间两端站的计轴磁头，对进入区间和车站的列车轴数进行记录，并经过传输线路将两端站所记录的轴数进行核对。当两端站记录的轴数一致时，即确认列车整列到达，区间空闲，自动开通区间。发出由区间返回的列车时，由发车站自行检查。当计轴设备记录进入区间的列车轴数不一致时，即判定区间占用，当计轴设备发生故障不能正常计轴或判定区间占用时，不能自动解除闭塞。

区间长轨道电路由三部分组成，包括上、下行接近区段轨道电路（双线位接近和发车区段轨道电路）和中间区段轨道电路，通过轨道电路对区间是否占用、线路是否良好进行检查。在这三段轨道电路都空闲时，排列发车进路，开放出站信号机，自动完成闭塞；在列车到达前方站（返回发出站）三段轨道电路都空闲后，自动开通区间。当区间任何一段轨道电路处于占用状态时，不能开放出站信号机，自动办理闭塞；列车虽已到达前方站（返回发车站），但不能解除闭塞开通区间，出站信号机开放后，如果区间轨道电路因故障等原因处于占用状态时，便自动关闭。

（3）使用自动站间闭塞法发出列车时，由于列车按站间间隔运行，列车凭出站信号机或线路所通过信号机显示的允许运行信号进入区间。

（4）由于自动站间闭塞发车前不需办理闭塞手续，排列发车进路开放出站信号后，即可发出列车，同时列车按站间间隔行车。因此发车站办理发车进路前，须确认区间空闲和接车站未办理同一区间或线路发车进路，否则不能开放信号，形成自动闭塞。为使接车站做好接车准备工作，发车站应向接车站预告。

自动站间闭塞区间，发车站办理预告后即是“区间闭塞”，接车站必须做好接车准备。如果列车预告后因特殊情况不能发出时，发车站必须通知接车站取消预告，避免长时间占用区间，方便接车站进行其他作业，也能为其他列车运行提供条件。

任务 3.5　自 动 闭 塞

任务引入

沈丹铁路完成电气化改造　告别“内燃机时代”

2019 年沈丹铁路既有线的电气化改造工程完成，投资约 57 亿元，改造沈阳—丹东（含辽阳—本溪）段铁路既有线共 407 km。有着百年历史的沈丹铁路，告别了“内燃机时代”，进入电气化时代。

沈丹铁路电气化改造后，大大提高了列车运行速度和运输能力，同时节约了能源，降低了运输成本。电力机车不仅减轻铁路运输对生态环境的影响，而且系统稳定性、安全性、运能都将大大提高，乘客乘坐舒适度也会提升。改造后的沈丹线牵引质量达到 4 000 t，较改造前的 2 000 t 翻了一番。由此计算，改造后的沈丹线年货物运输能力由 1 500 万 t 提高至 3 000 万 t 以上，大大提高了货物运输能力和通过能力，丹东作为东北三省及蒙东地区出海大通道的地位将得到显著提升。

此次电气化改造涉及通远堡、林家台、长虹、中兴、一面山、凤凰城、汤山城、五龙背共 8 座车站的到发线。因铁路货运能力提高，原有的到发线不能满足扩大运能后货运列车的装卸作业需要，需要将原有车站的到发线有效长度延长至 850 m。其中，一面山站、汤山城站、五龙背站还将考虑预留复线设计。

丹东是“一带一路”和东北东部地区对外开放的重要节点城市，对沈丹铁路既有线的改造，将大大释放物流潜力，优化交通运输结构，对于丹东港提升吞吐能力、东北地区物资进出口总量、东北地区经济竞争力有着重要意义。抢抓这一重大基础设施建设机遇，强化集装箱、快捷、重载等运输网络，形成高效率的货运物流大能力通道，扩大有效供给，加快发展以丹东港为重点的港口商贸物流建设，打造铁路物流集散基地，为发展开放型经济、建设开放型城市奠定坚实基础。

丹东港开启筑梦“一带一路”新航道

请思考：

1. 复线改造后应采用何种闭塞方法？
2. 自动闭塞主要有哪些设备构成？
3. 区间采用自动闭塞设备时，列车占用区间的行车凭证是什么？

知识准备

自动闭塞是根据列车运行及有关闭塞分区状态，自动变换通过信号机显示，而司机凭信号的显示行车的闭塞方法，是在列车运行过程中自动完成闭塞作用的。在自动闭塞区段，将一个站间区间划分为若干个闭塞分区，由装在每个闭塞分区始端的通过信号机进行防护（第一闭塞分区由出站信号机防护）。由于闭塞分区都设有轨道电路，从而能反映出列车占用或线路发生故障情况。通过色灯信号机在列车占用或出清闭塞分区时，能自动地转换显示，以指示追踪列车的运行。

3.5.1　自动闭塞设备的特点

双线单方向自动闭塞如图 3-14 所示，它将一个区间划分为若干小段——闭塞分区，在每个闭塞分区的起点都装设通过信号机用以防护其后方的闭塞分区。每个闭塞分区内都装设轨道电路（或计轴器等列车检测设备），通过轨道电路将列车和通过信号机的显示联系起来，根据列车运行及有关闭塞分区的状态使通过信号机的显示自动变换。因为闭塞作用的完成不需要人工操纵，故称为自动闭塞。

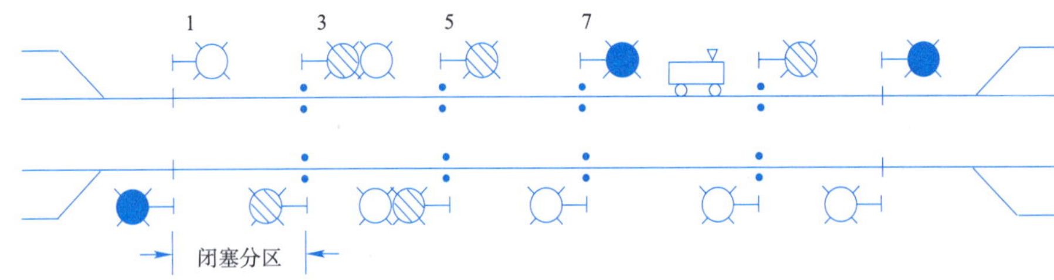

图 3－14　双线单方向自动闭塞

（1）四显示自动闭塞区段的车站控制台上有邻近区间的三个闭塞分区占用情况表示，即第一、第二、第三接近及第一、第二、第三离去。当列车进入第一接近、第二接近或第三接近区段时，电铃发出短时间音响信号，接近表示灯亮灯，以提醒车站值班员注意，准备接车。出站信号机的开放受第一离去及第二离去分区占用的限制。

（2）双线自动闭塞区段的车站发车时，车站值班员不需办理闭塞手续，发车前，检查确认进路道岔位置正确，影响进路的调车作业已经停止后方可开放出站信号机，交付行车凭证，即可发车。为便于接车站做好接车准备，应向接车站通报列车车次、出发时刻及有关注意事项。

（3）单线自动闭塞区段上的发车方向一经确定，发车站得到列车调度员准许后，按下发车按钮，发车站就可以连续发出列车。为保证列车运行秩序或不影响某些重要列车的运行，车站值班员在转换发车方向之前，除确认站间区间空闲外，还须得到列车调度员的同意，方可办理转换手续。

（4）在自动闭塞区段，车站的进站和出站信号机的开放，仍需要车站值班员在控制台上来操纵。

装有自动按钮的车站，若连续运行通过列车时，可以将进路开通正线并开放出站信号机和进站信号机后，再把控制台上的自动按钮按下，则进站、出站信号机均纳入自动闭塞系统，其显示同区间通过信号机。

3.5.2　自动闭塞的优点

自动闭塞不需要办理闭塞手续，并可开行追踪列车，既保证了行车安全，又提高了运输效率。与半自动闭塞方式相比，有以下优点：

（1）由于两站间的区间允许续行列车追踪运行，大幅度地提高了行车密度，显著地提高了区间通过能力。

（2）由于不需要办理闭塞手续，简化了办理接发列车的程序，在提高了通过能力的同时，又大大减轻了车站值班人员的劳动强度。

（3）由于区间线路装有轨道电路，当闭塞分区有机车、车辆占用或钢轨折断时，都可使防护该闭塞分区的通过信号机自动地显示停车信号。通过信号机的显示能直接反映运行列车所在位置及线路状态，因而确保了列车在区间运行的安全。

由于自动闭塞具有明显的技术经济效果，所以广泛应用于各国铁路（尤其是双线铁路）。更由于自动闭塞便于和列车自动控制、行车指挥自动化等系统相结合，已成为现代铁路必不可少的基础设备。

3.5.3 自动闭塞的技术要求

为了保证列车的运行安全，自动闭塞必须满足下列技术要求：

（1）自动闭塞区段的通过信号机应不间断地检查所防护的闭塞分区的空闲及占用情况。

（2）自动闭塞设备应能保证当闭塞分区被占用或采用轨道电路传输信息的设备失效时，防护该闭塞分区的通过信号机应自动关闭。当进站或通过信号机灭灯时，其前方一架通过信号机应自动显示红灯。

在双向运行的自动闭塞区段，当一个方向的出站及通过信号机开放后，则相反方向的出站及通过信号机应不能开放，其反方向通过信号机应在灭灯状态；当设备故障、错误办理或外电干扰时，应不出现敌对发车。

（3）自动闭塞通过信号机应采用经常点灯方式。

（4）当采用轨道电路传输信息时，必须采用闭路式轨道电路。除符合轨道电路技术标准外，应能保证轨道电路极限长度尽量满足最大闭塞分区长度，其设计传输长度应不大于计算长度的80%；自动闭塞应有与本轨道电路信息相同的连续式机车信号，当技术发展需要信息量增多，本制式难以满足要求时，可叠加其他信息；应具备抗迷流、抗交流和直流断续干扰、抗邻线及其他干扰的防护性能；当轨道电路的钢轨绝缘破损时，通过信号机不应错误地显示允许信号。

（5）自动闭塞通过信号机的设置，除应满足《列车牵引计算规程》的有关规定外，还应能保证其运行间隔时分按三个闭塞分区排列，列车应经常在绿灯下运行。当采用四显示自动闭塞时，可按有关规定执行；三显示自动闭塞分区最小长度，应满足列车制动距离；在车站正线上信号机之间的距离均应满足自动闭塞分区规定要求。

3.5.4 列车进入闭塞分区的行车凭证

1. 正常情况下的行车凭证

使用自动闭塞法行车时，列车进入闭塞分区的行车凭证为出站或通过信号机显示的允许运行的信号。

自动闭塞区段的车站，办理发车前应向接车站预告；单线自动闭塞区段的车站，还须得到列车调度员的同意（列车调度员已下达列车运行调整计划时除外）。已向接车站预告，但列车不能出发时，发车站须通知接车站取消预告。

2. 遇下列情况发车的行车凭证

（1）自动闭塞区段遇下列情况发车的行车凭证见表 3-3。

表 3-3 自动闭塞区段特殊情况行车凭证表

列车出发情况	行车凭证	发给行车凭证的依据	附带条件
1. 出站信号机故障时发出列车 2. 由未设出站信号机的线路上发出列车 3. 超长列车头部越过出站信号机发出列车	绿色许可证（附件 2）	1. 监督器表示第一个闭塞分区空闲，不表示时为接到前次列车到达邻站的通知或前次列车发出后不少于 10 min 的时间 2. 确认道岔位置正确及进路空闲 3. 单线须取得对方站确认区间内无迎面列车的电话记录号码	从监督器上不能确认第一个闭塞分区空闲时，车站应发给司机书面通知（附件 8），司机以在瞭望距离内能随时停车的速度，最高不超过 20 km/h，运行到第一架通过信号机，按其显示的要求执行

续表

列车出发情况	行车凭证	发给行车凭证的依据	附带条件
4. 发车进路信号机发生故障时发出列车	绿色许可证（附件 2）	确认道岔位置正确及进路空闲	列车到达次一信号机按其显示的要求执行
5. 超长列车头部越过发车进路信号机发出列车			
6. 自动闭塞作用良好，监督器故障时发出列车	出站信号机显示的允许运行的信号		与邻站车站值班员及本站信号员联系
7. 双线双向闭塞设备的车站，反方向发出列车		1. 区间占用表示灯表示区间空闲 2. 双线反方向行车的调度命令	反方向发车进路表示器显示正确（进路表示器故障时通知司机）

注：在四显示区段，因设备不同，执行上述条款困难的，可按铁路局规定办理。

（2）绿色许可证的使用。绿色许可证是自动闭塞区段的特殊行车凭证，当出发列车不能或无法取得出站或发车进路信号机的正常显示时，发给列车绿色许可证（附件 2），允许列车占用第一闭塞分区；列车进入第一闭塞分区以后的运行，仍按其运行前方的通过信号机的显示执行。绿色许可证如图 3－15 所示。

附件 2　绿色许可证

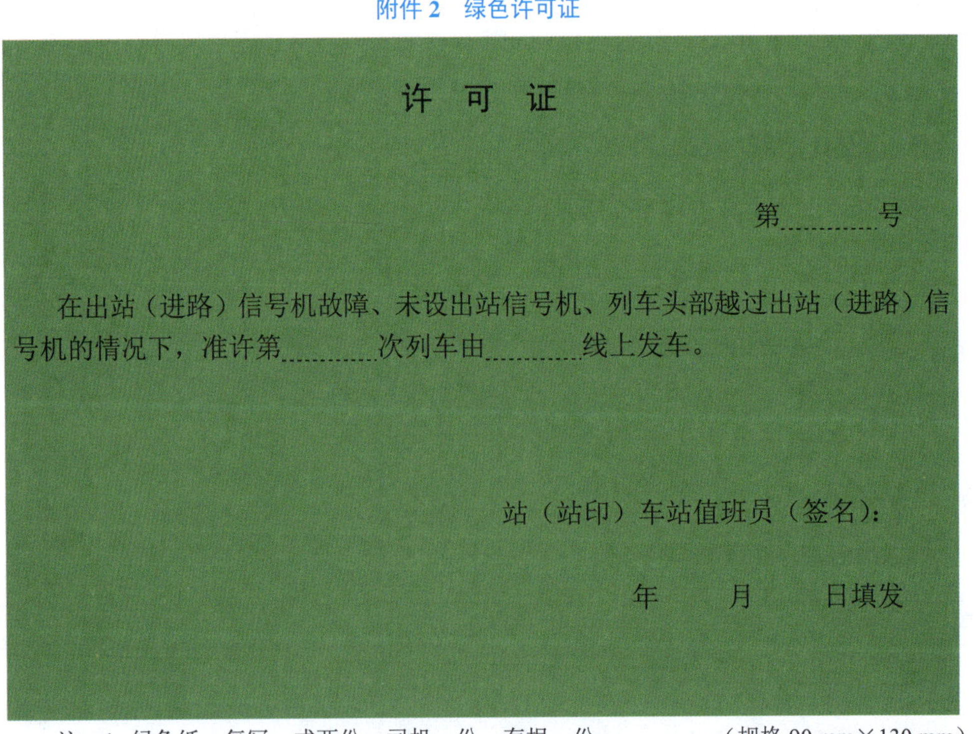

许　可　证

第______号

在出站（进路）信号机故障、未设出站信号机、列车头部越过出站（进路）信号机的情况下，准许第______次列车由______线上发车。

站（站印）车站值班员（签名）：

年　　月　　日填发

注：1. 绿色纸，复写一式两份，司机一份，存根一份；　（规格 90 mm×130 mm）
2. 不用的字句抹消。

图 3－15　绿色许可证

3.5.5 区间通过色灯信号机显示停车信号（包括显示不明或灯光熄灭）时的行车办法

1. 通过色灯信号机显示红色灯光的原因

（1）通过色灯信号机显示红色灯光的原因可能是：前方闭塞分区有列车或机车、车辆占用；钢轨折断、轨道电路短路。

（2）显示不明可能是天气不良造成或通过信号机乱显示。

（3）灯光熄灭可能是灯泡断丝或松动，也可能是临时断电。

因此，列车进入前方闭塞分区有发生事故的可能，也有不危及行车安全的可能。为不打乱运行秩序，除司机确认或通过无线电话联系，得知前方闭塞分区有列车不能进入外，其他情况则应制定相应的行车办法。

2. 行车办法

（1）自动闭塞区间通过信号机显示停车信号（包括显示不明或灯光熄灭）时，列车必须在该信号机前停车，司机应使用列车无线调度通信设备通知车辆乘务员（随车机械师）停车等候 2 min。若该信号机仍未显示允许运行的信号时，即以遇到阻碍能随时停车的速度继续运行，最高不超过 20 km/h，运行到次一通过信号机（进站信号机），按其显示的要求运行。在停车等候同时，必须与车站值班员、列车调度员联系，如确认前方闭塞分区内有列车时，不得进入。

（2）装有容许信号的通过信号机，显示停车信号时，准许铁路局规定停车后起动困难的货物列车，在该信号机前不停车，按上述速度通过。当容许信号灯光熄灭或容许信号和通过信号机灯光都熄灭时，司机在确认信号机装有容许信号时，仍按上述速度通过该信号机。

（3）装有连续式机车信号的列车，遇通过信号机灯光熄灭，而机车信号显示允许运行的信号时，应按机车信号的显示运行。

（4）司机发现通过信号机故障时，应将故障信号机的号码通知前方站（列车调度员）。车站值班员（列车调度员）发现或得到区间通过信号机故障的报告后，在故障修复前，对尚未进入区间的后续列车，按规定办法组织行车。

任务 3.6 电 话 闭 塞

任务引入

停基改电 使用路票发车案例

【案例概况】

×月×日 4:49，E 站下行进站信号机故障，6:16 自然恢复，6:53 电务销记，影响 K1015 次该站引导信号接车（5:00 停，5:18 开）及 88544 次使用路票发车。

【案例经过】

4:54，E 站报告进站信号不能开放，道岔正常。列车调度员询问原因，车站不清楚，列车调度员布置车站通知电务、值班干部现场检查。

4:55，列车调度员布置 E 站值班干部现场检查道岔，准备引导接车。

4:57，列车调度员布置E站使用钩锁器加锁后引导接车。

5:00，列车调度员调整阶段计划，安排各站组织列车运行。

5:01，E站报告道岔正常，接通光带正常。

5:09，列车调度员布置E站现场准备进路，人工加锁完毕后向列车调度员报告。

5:14，E站报告现场道岔已人工加锁，进路准备完毕，列车调度员要求接通光带进行确认，布置车站在操纵台上对道岔单操锁闭。

5:15，列车调度员发布第52017号K1015次引导接车调度命令。

5:23，K1015次到达E站1道。

5:28，E站准备88544次开车时信号不能开放，列车调度员指示现场人工加锁，进路准备完毕后报告，准备使用路票发车。

5:31，列车调度员与E站、D站确认区间空闲后发布E站至D站间“停基改电”，88544次使用路票发车的调度命令。

5:44，E站使用路票开88544次，5:56到达D站。

6:14，E站使用路票开88546次，6:26到达D站。

6:16，E站报告工务销记设备正常。

6:33，E站报告电务人员还未到现场，工务销记内容为“工务检查E站下行接近咽喉，设备良好，准许使用”。

6:53，E站报告电务人员销记“经试验良好，准许使用”。

【案例评析】

基础知识掌握不清，人为增加现场作业环节。

E站进站信号机故障，不能开放，但道岔正常，可以开放引导信号，属于有联锁状态，不需再使用钩锁器人工加锁及单独锁闭。只有在无联锁时才依次采用调车进路锁闭道岔、单操锁闭、人工加锁（钩锁器）等锁闭进行加锁。

由于列车调度员对行车基础知识掌握不清，先是要求车站使用钩锁器人工加锁，再要求车站在控制台上单独锁闭，最后使用引导信号接车。这种“极左”的“安全”意识，看似更加安全，但实际上既耽误接发列车，又增加了现场人员作业环节，存在人身安全隐患，且如果钩锁器使用不当会产生行车安全隐患。反映出列车调度员对基本行车知识掌握不清，一知半解，亟待加强非正常处置及有关行车基础知识的学习。

请思考：

1. 哪些情况需要“停基改电”？
2. 区间采用电话闭塞法发车时，列车占用区间的行车凭证是什么？

知识准备

3.6.1　电话闭塞的特点

电话闭塞是当基本闭塞设备不能使用时，由两端站（线路所）值班员利用站间行车电话以发出电话记录号码的方式办理闭塞的一种方法。

电话闭塞不论单线或双线，均按站间区间办理。由于没有设备控制，全凭制度约束来保证闭塞作用，因此办理手续必须严格。为保证同一区间在同一时间内不会用两种闭塞法，在停用基本闭塞法改按电话闭塞法或恢复基本闭塞法行车时，均须根据列车调度员的命令并确认区间空闲后方准采用。遇列车调度电话不通时，闭塞法的变更或恢复，应由该区间两端站的车站值班员确认区间空闲后，直接以电话记录办理。列车调度电话恢复正常时，两端站车站值班员应及时向列车调度员报告。

3.6.2　改按电话闭塞法的情况

遇下列情况，应停止使用基本闭塞法，改按电话闭塞法行车：

（1）基本闭塞设备发生故障导致基本闭塞法不能使用，自动闭塞区间内两架及以上通过信号机故障或灯光熄灭时。

① 自动闭塞设备发生故障导致基本闭塞法不能使用，不能保证列车按自动闭塞方式行车时，应停止使用，改按电话闭塞法行车。自动闭塞区间两架及其以上通过信号机发生故障或灯光熄灭，如按《技规》第 316 条组织行车，势必造成列车在区间一再停车，不仅会降低列车运行速度，而且危及行车安全。因此，遇两架及其以上通过信号机故障或灯光熄灭时，改按电话闭塞法行车。

② 半自动闭塞设备故障，如：出站信号机内方轨道电路故障、出站信号机故障或灯光熄灭，由于不能形成半自动闭塞控制条件或不能开放出站信号机作为列车占用区间的行车凭证，因此，应停止使用，改按电话闭塞法行车。

③ 自动站间闭塞设备故障，导致自动站间闭塞、半自动闭塞法均不能使用时，如不能开放出站信号机作为列车占用区间的行车凭证，应停止使用，改按电话闭塞法行车。

（2）无双向闭塞设备的双线区间反方向发车或改按单线行车时。

无双向闭塞设备的双线区间反方向发车时，由于反方向无闭塞设备，必须改按电话闭塞法行车。无双向闭塞设备的双线区间改按单线行车时，虽然正方向闭塞设备可以使用，但反方向行车时无闭塞设备保证安全，办理上容易混淆，极易引发错误，所以也要停止使用基本闭塞法，改按电话闭塞法行车。

（3）发出由区间返回的列车，或发出挂有由区间返回后部补机的列车时。

发出由区间返回的列车时，在其返回前，车站无法从设备上控制不再向该区间放行列车，为防止人为失误造成严重后果，应停止使用基本闭塞法，改按电话闭塞法行车。发出挂有由区间返回后部补机的列车，车站无法从设备上控制在列车到达前方站后、补机返回前不再向该区间放行列车，为防止人为失误造成严重后果，应停止使用基本闭塞法，改按电话闭塞法行车。

（4）自动站间闭塞、半自动闭塞区间，由未设出站信号机的线路上发车，或超长列车头部越过出站信号机并压上出站方面轨道电路发车时。

自动站间闭塞、半自动闭塞列车占用区间的行车凭证，为出站信号机显示的允许运行的信号。由未设出站信号机的线路上发车，或超长列车头部越过出站信号机并压上出站方向轨道电路发车时，因无法取得占用区间的行车凭证，须改按电话闭塞法行车。

（5）在夜间或遇降雾、暴风雨雪，为消除线路故障或执行特殊任务，开行轻型车辆时。

轻型车辆装有绝缘车轴，不能通过轨道电路确定其位置，为确保安全，轻型车辆仅限昼间封锁施工作业时使用，此时不按列车办理；同样为确保安全，在夜间或遇降雾、暴风雨雪等天气不良、瞭望条件不好的情况下，为消除线路故障或执行特殊任务须使用轻型车辆时，应按列车办理，此时应停止使用基本闭塞法，改按电话闭塞法行车。

（6）自动站间闭塞设备故障，半自动闭塞设备良好时，可根据调度命令改按半自动闭塞法行车。

部分自动站间闭塞是在半自动闭塞的基础上，增加了计轴设备自动检查区间空闲，从而实现了自动站间闭塞。此时，仅计轴设备故障停用，半自动闭塞设备仍作用良好时，可使用另一基本闭塞法——半自动闭塞法组织列车运行，但必须得到列车调度员准许并发布调度命令。

3.6.3 占用区间的行车凭证

1. 行车凭证

使用电话闭塞法行车时，列车占用区间的行车凭证为路票（附件 1），如图 3-16 所示。当挂有由区间返回的后部补机时，另发给补机司机路票副页。

附件 1 路票

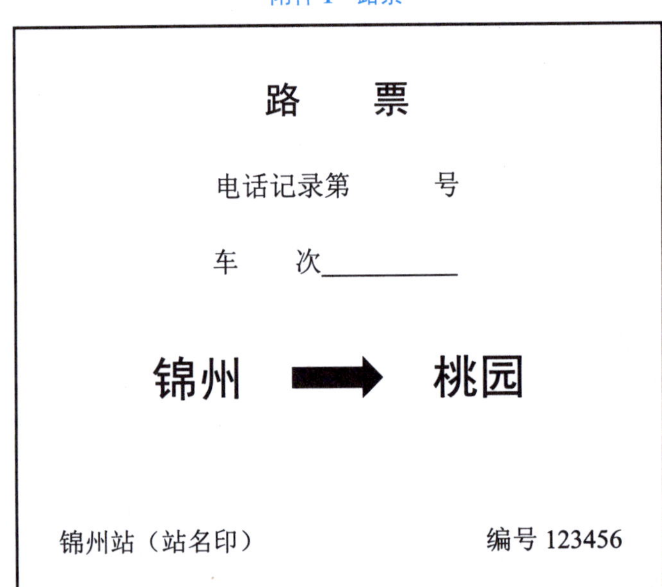

路　　票

电话记录第　　　号

车　　次＿＿＿＿＿＿

锦州 ➡ 桃园

锦州站（站名印）　　　　编号 123456

（规格 75 mm×88 mm）

注：1. 路票为预先印好区间（即站名）和编号的硬卡片；
　　2. 加盖㊖字戳记者，为路票副页。

图 3-16 路票

2. 填发路票的条件

（1）单线或双线反方向发车（正方向首列发车）时，根据《行车日志》查明区间已空闲，并取得接车站承认的电话记录号码，在发车进路准备妥当后，方可填发路票。

（2）双线正方向发车（首列除外）时，根据收到的前次发出的列车到达的电话记录号码，在发车进路准备妥当后，即可填发路票。

3.6.4 路票的填写

1. 电话记录号码的使用

办理电话闭塞时，下列各项应发出电话记录号码，并记入《行车日志》：

（1）承认闭塞；

（2）列车到达，补机返回；

（3）取消闭塞；

（4）单线或双线反方向越出站界调车。

电话记录号码自每日 0:00 起至 24:00 止，按日循环编号，编号办法由各铁路局规定。

2. 路票的使用、填写方法

（1）路票应由车站值班员或指定的助理值班员填写。

（2）对于填写的路票，车站值班员应根据《行车日志》的记录，进行认真核对，确认无误，并加盖站名印后，方可送交司机。

（3）双线反方向行车使用路票时，应在路票上加盖“反方向行车”章；两线、多线区间使用路票时，应在路票上加盖“××线行车”章。

任务 3.7　一切电话中断时的行车

任务引入

雷击造成一切电话中断行车案例

在行车设备发生的故障中，发生一切电话中断的情况甚是少见，大多数值班员一辈子也很难碰上，因此，对电话中断时的行车办法不感兴趣、学习不认真。倘若一旦发生电话中断，则往往因处理不当而构成事故或延误时间。

×年×月×日，A 站与 B 站因雷击，一切电话中断。两站间为单线半自动闭塞，A 站为优先发车站（下行方向），车站值班员填好 33011 次货物列车红色许可证交给司机，于 20:20 发出 33011 次列车。20:42，列车到达 B 站，车站值班员检查收回的红色许可证时，发现红色许可证上“通知书”两项内容均被 A 站抹消，致使 B 站因没得到 A 站“准接你站发出的列车”的通知而无法发出上行列车。作为下行站的 A 站因无法确认 33011 次是否到达 B 站，也不能开出列车，造成“中断”中的“中断”。在这一事例中，司机也没发现红色许可证填写错误的问题，说明了参加接发列车的所有人员学习和掌握非正常情况下行车办法的必要性。

请思考：

1. 一切电话中断时如何行车？
2. 一切电话中断时，列车占用区间的行车凭证是什么？
3. 红色许可证应如何正确填写？

知识准备

电话联络是行车工作的重要手段，车站在办理闭塞和接发列车时，都要通过电话与邻站及列车调度员进行联系。由于自然灾害和其他原因，造成行车室内的电话（包括站间闭塞电话、列车调度电话及各站电话）全部中断时，即为一切电话中断。半自动闭塞设备由于电路的特点，在电话中断时闭塞设备同时不能使用。当车站与邻站的电话中断，又得不到列车调度员的指示时，为了不中断行车，须采用特殊的行车办法。

3.7.1 一切电话中断时的行车

1. 行车办法及行车凭证

（1）在双线自动闭塞区间，平时两站不用办理闭塞，电话的作用是联系列车有关事项。此时电话虽然中断，如果车站值班员从监督器上仍能确认列车是否出清第一、第二及第三闭塞分区，区间的通过信号机仍能保证列车运行安全所需间隔。那么，列车的出发、在区间运行安全是有保障的。所以，如果闭塞设备完好，列车仍可按自动闭塞法行车，但车站与列车司机应以列车无线调度通信设备直接联系（说明车次及注意事项等）。若列车无线调度通信设备故障时，列车必须在车站停车联系。

（2）单线行车按书面联络法。单线区间上、下行列车均在同一条区间正线上交替运行，一切电话中断时，两站只能利用往返运行的列车进行书面联络，确定列车进入区间的运行顺序。双线行车按时间间隔法。双线区间是上、下行分别按正方向行车，而且由于电话中断后，列车调度员不能发布调度命令，不能办理列车的反方向运行。因此，双线可按时间间隔法行车。

（3）列车按书面联络法及按时间间隔法运行时，进入区间的行车凭证均为红色许可证（附件3），如图3-17所示。其内容包括占用区间的行车凭证，还包括与邻站联络确定列车运行顺序的通知书。

附件 3 红色许可证

许 可 证 第______号

现在一切电话中断，准许第______次列车自______站至______站，本列车前于______时______分发出的第______次列车，邻站到达通知已/未收到。

通 知 书

1. 第______次列车到达你站后，准接你站发出的列车。
2. 于______时______分发出第______次列车，并于______时______分再发出第______次列车。

站（站名印）车站值班员（签名）

年 月 日填发

注：1. 红色纸，复写一式两份，司机一份，存根一份； （规格 90 mm×130 mm）

2. 不用的字句抹消。

图 3-17 红色许可证

在一切电话中断时间内，如有封锁区间抢修施工或开通封锁区间时，由接到请求的车站值班员以书面通知封锁区间的相邻车站。

2. 书面联络法

1）书面联络法的使用

一切电话中断时，单线区间两端站系通过书面联络确定列车运行的先后次序。但是，电话中断后第一个列车如果等待书面联络后发车，则将产生很长的等待时间；如果在取得书面联络前，两站任意发车，将造成列车正面冲突。为此，单线区间一切电话中断前就规定了优先发车的车站，该站在一切电话中断后，可优先发出第一趟列车。单线按书面联络法行车时，下列车站可以优先发车：

（1）已办妥闭塞而尚未发车的车站。

（2）未办妥闭塞时：

① 单线区间为发出下行列车的车站；

② 双线改为单线行车时，为该线原定发车方向的车站；

③ 同一线路同一方向运行的列车，有上、下行两种车次时，铁路局规定优先发车的车站。

2）书面联络的建立

第一趟列车的发车权为优先发车的车站所有，如优先发车的车站没有待发列车时，应主动用附件 3 的通知书通知非优先发车的车站。非优先发车的车站，如有待发列车时，在得到通知书以后方可发车。

第一趟列车的发车站，在发车前应查明区间已空闲，并在附件 3 的通知书上记明下一趟列车的发车权。如为已办妥闭塞而尚未发车的车站发车时，持有行车凭证的列车，还应发给附件 3 的通知书；如无行车凭证，列车应持红色许可证开往邻站。以后开行的列车，均凭附件 3 的通知书上记明的发车权办理。

附件 3 的通知书，应采取最快的方法传送，优先方向车站如无开往区间的列车时，在确认区间空闲后，可使用重型轨道车或单机传送。

3. 时间间隔法

时间间隔法，是指前一列车由车站出发后，不论是否到达前方站，准许间隔一定的时间，再向该区间发出次一列车的行车办法。

双线按时间间隔法行车时，只准发出正方向的列车。非自动闭塞区间发出第一趟列车时，在发车前应查明区间已空闲。

4. 发出同方向列车的间隔时间

电话中断后，无论单线或双线区间，均无法收到列车到达邻站的通知。发出同方向运行的列车，必须使两列车有一定的间隔时间。这一间隔时间为区间规定运行时分另加 3 min，但不得少于 13 min。这样，在一般情况下前行列车完全可以到达前方站，构成区间空闲，同时也能保证前发列车在区间被迫停车后的防护时间。按区间规定运行时间另加 3 min 是给接车站安排后行列车准备进路时间，或前行列车在区间被迫停车时的防护时间。在区间规定运行时间较短的情况下，为了确保与前行列车的安全间隔，所以规定不得少于 13 min。

3.7.2　一切电话中断时禁止发出的列车

在电话中断时，行车指挥和站间联系都很困难。为保证列车运行安全。对于不十分紧要的列车或可能引起不安全因素的列车，都暂时停开。因此，禁止发出下列列车：

（1）在区间内停车工作的列车（救援列车除外）。由于一切电话中断后，对列车在区间运行的情况很难掌握，如果发出在区间停车工作的列车，就可能影响邻站待发的重要列车出发。若在区间超过规定时间，就有可能发生列车冲突事故。但为了排除区间线路故障或进行其他抢修抢救，准许发出到区间救援的列车。

（2）开往区间岔线的列车。开往区间岔线的列车开出后，如待其返回或继续开往前方站，再发出其他列车，占用区间的时间太长。从岔线返回时，也很难和车站联系。因此这种列车禁止开行。

（3）须由区间返回的列车。因为这种列车要在区间内停车进行某种作业，占用区间时间长，返回时间不易掌握，将会影响待发的其他列车。

（4）挂有须由区间内返回后部补机的列车。当补机由区间返回时，邻站只能掌握列车的到达，而不了解补机是否返回原发站。所以，禁止发出由区间返回的列车。

（5）列车无线调度通信设备故障的列车。列车无线调度通信设备是唯一的辅助通信工具，用于车站、列车之间的联系和区间被迫停车的联系工作。故一切电话中断时不准发出无线调度通信设备故障的列车。

3.7.3　单线区间的车站，电话呼唤 5 min 无人应答时的行车办法

单线区间车站电话良好，而对某个车站用各种电话呼唤 5 min 得不到应答，为了避免发生列车堵塞，规定由列车调度员查明该站及两相邻区间确无列车后（包括单机、大型养路机械、重型轨道车），方可向不应答站的两端邻站发出封锁相邻区间的调度命令，按封锁区间的办法向不应答车站办理行车，并以调度命令作为进入区间的凭证。

向不应答车站发出的列车，由于事先无法了解该站接车进路是否已准备，是否发生事故、灾害或其他情况等，为确保安全，不论进站信号机是否开放，必须在进站信号机外停车，待判明情况，并确认接车进路已准备妥当后再进入站内。列车进站后，司机或该站的车站值班员，应将经过情况及时报告列车调度员。此时，不应答站的车站值班员如能恢复正常工作，就失去了再继续封锁区间的必要性，列车调度员应以命令开通封锁区间，恢复正常行车。

案例分析

一、绿色许可证的使用

【实践任务 1】×年×月×日，大桥站待发列车 31004 次，上行出站信号机故障时，大桥站至卧虎岭站间 31004 次该如何行车？

分析：按《技规》第 315 条规定，大桥站应发给司机绿色许可证作为 31004 次占用第一闭塞分区的行车凭证，其填写形式如下：

许 可 证

第 1 号

在出站~~（进路）~~信号机故障~~、未设出站信号机、列车头部越过出站（进路）信号机~~的情况下，准许第 31004 次列车由 3 线上发车。

大桥站 站（站名印）车站值班员（签名）

× 年 × 月 × 日填发

注：1. 绿色纸，复写一式两份，司机一份，存根一份； （规格 90 mm×130 mm）
2. 不用的字句抹消。

【实践任务 2】×年×月×日，大桥站待发超长列车 31002 次头部越过出站信号机发车时，大桥站至卧虎岭站间 31002 次该如何行车？

分析：按《技规》第 315 条规定，大桥站应发给司机绿色许可证作为 31002 次占用第一闭塞分区的行车凭证，其填写形式如下：

许 可 证

第 2 号

~~在出站（进路）信号机故障、未设出站信号机、~~列车头部越过出站~~（进路）~~信号机的情况下，准许第 31002 次列车由 4 线上发车。

大桥站 站（站名印）车站值班员（签名）

× 年 × 月 × 日填发

注：1. 绿色纸，复写一式两份，司机一份，存根一份； （规格 90 mm×130 mm）
2. 不用的字句抹消。

【实践任务3】×年×月×日，大桥站待发列车31104次，上行出站信号机故障且监督器上不能确认第一闭塞分区空闲时，大桥站至卧虎岭站间31004次该如何行车？

分析：按《技规》第315条规定，大桥站应发给司机绿色许可证作为31004次占用第一闭塞分区的行车凭证，同时发给司机书面通知运行至第一架通过色灯信号机，其填写形式如下：

书 面 通 知

第 31104 次司机：

监督器上不能确认第一个闭塞分区空闲，以在瞭望距离内能随时停车的速度，最高不超过20 km/h，运行至第一架通过信号机，按其显示的要求执行。

大桥站 站（站名印）车站值班员（签名）

× 年 × 月 × 日填发

注：白色纸，复写一式两份，司机一份，存根一份。（规格90 mm×130 mm）

相关知识：绿色许可证的使用及填写要求

（1）绿色许可证填写完毕后，车站值班员、助理值班员、信号员及机车乘务员等有关作业人员，均应认真核对车次、股道、填发日期、许可证编号、不用的字句抹消并盖上站名印等各项无误，防止凭证错填漏填，不清不准，耽误列车，造成行车事故。

（2）对收回的废止的绿色许可证和填写时发生差错的作废许可证，应立即划“×”注销处理，妥为存放。有的铁路局规定保存一年，自行销毁。

（3）发车进路信号机与出站信号机均发生故障时，绿色许可证中的出站（进路）字样，均不要抹消，司机凭此证通过故障的进路、出站信号机。遇两架及其以上进路信号机故障时，在各发车进路信号机防护的进路和出站信号机防护的进路均准备好后，使用一张绿色许可证，填写前必须得到相关车场值班员进路准备好的通知，在绿色许可证“出站（进路）信号机故障”字样上方注明各故障的进路信号机（包括故障的出站信号机）号码后，方可交付司机，司机凭此证通过注明故障的信号机。

（4）当出站信号机故障时、由未设出站信号机的线路上、超长列车头部越过出站信号机、发车进路信号机故障时发出列车，从监督器上不能确认第一闭塞分区空闲时，发给司机绿色许可证和《书面通知》。

（5）不向司机递交的绿色许可证可填写一份，列车头部越过不能使用的信号机后，车站值班员应将绿色许可证划“×”注销，整理保存。

（6）绿色许可证由车站（场）值班员负责编号，每日自 0:00 起至 24:00 止，同一车站不得使用重号。

二、路票的使用

【实践任务 4】×年×月×日，扬子站与嘉陵站间为单线半自动闭塞，扬子站待发列车 11023 次，上行出站信号机故障时，扬子站至嘉陵站间 11023 次该如何行车？

分析：按《技规》第 311 条规定，扬子站应停止基本闭塞法改按电话闭塞法行车，11023 次占用扬子至嘉陵区间的行车凭证为路票，其填写形式如下：

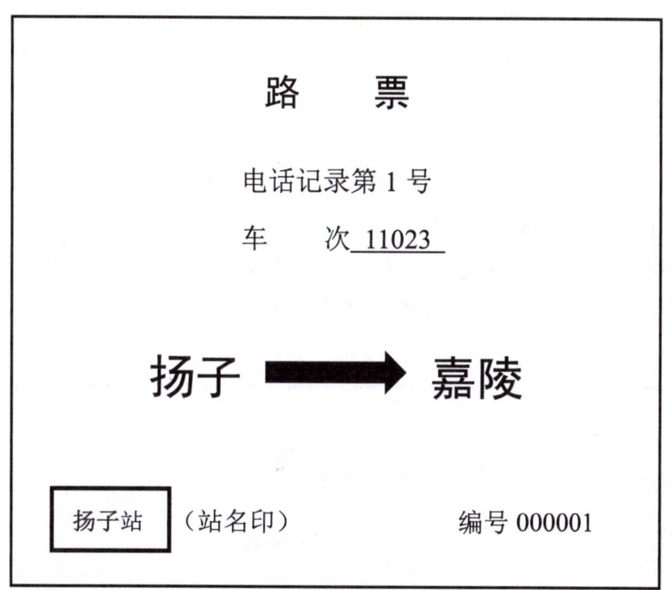
路　票

电话记录第 1 号

车　次 11023

扬子 → 嘉陵

扬子站（站名印）　　编号 000001

注：1. 路票为预先印好区间（即站名）和编号的硬卡片；　（规格 75 mm×88 mm）

2. 加盖㊢字戳记者，为路票副页。

【实践任务 5】×年×月×日，和平站待发列车 K340 次，和平站至胜利站间为无双向闭塞设备的双线区间，根据调度命令该区间上行线封锁施工，和平站至胜利站间 K340 次该如何行车？

分析：按《技规》第 311 条规定，和平站应停止基本闭塞法改按电话闭塞法行车，K340 次占用和平至胜利区间的行车凭证为路票，其填写形式如下：

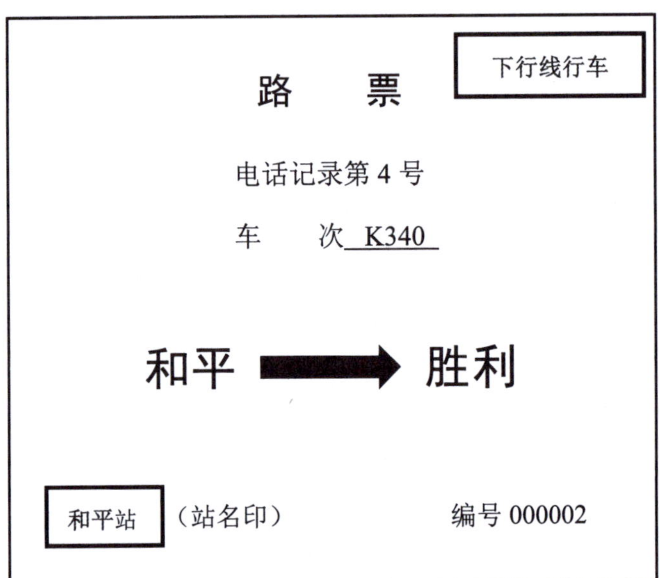

路　票
下行线行车
电话记录第 4 号
车　次 K340
和平 → 胜利
和平站
（站名印）
编号 000002

注：1. 路票为预先印好区间（即站名）和编号的硬卡片；（规格 75 mm×88 mm）
2. 加盖㊖字戳记者，为路票副页。

【实践任务 6】×年×月×日，和平站待发列车 11024 次，挂有由区间返回的后部补机，和平站至胜利站间 11024 次该如何行车？

分析：按《技规》第 311 条规定，和平站应停止基本闭塞法改按电话闭塞法行车，11024 次占用和平至胜利区间的行车凭证为路票，并发给补机司机路票副页，其填写形式如下：

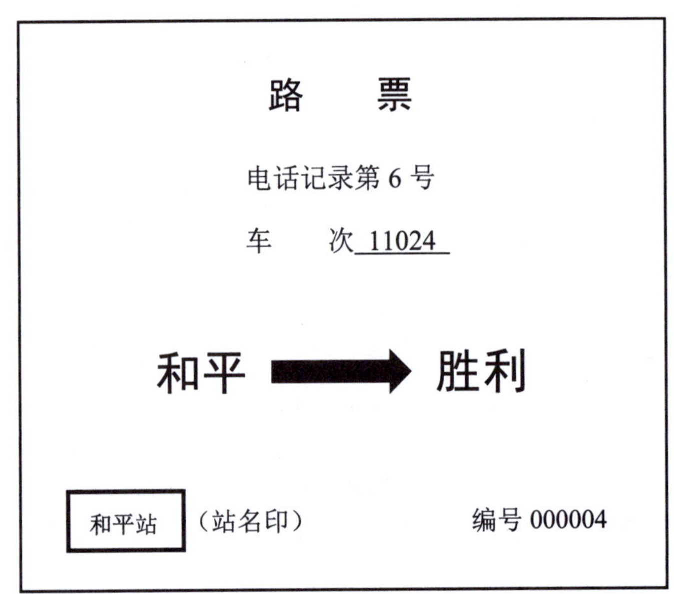

注：1. 路票为预先印好区间（即站名）和编号的硬卡片；（规格 75 mm×88 mm）
2. 加盖㊖字戳记者，为路票副页。

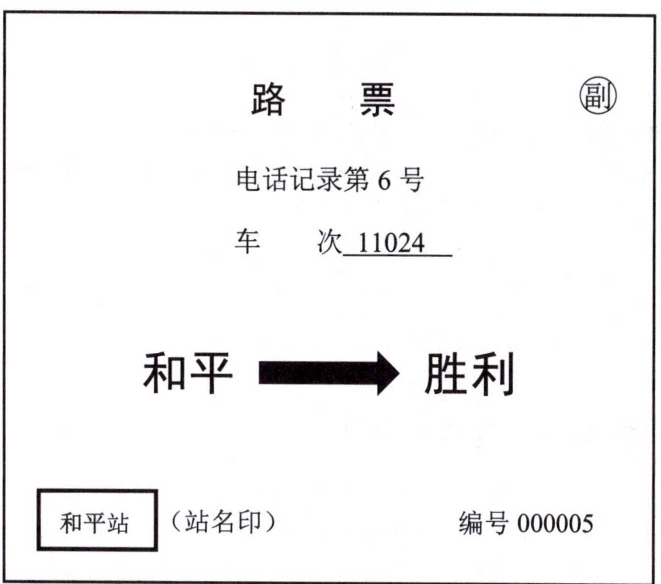

路　票　㊖

电话记录第 6 号

车　　次 11024

和平 ⟶ 胜利

和平站（站名印）　　编号 000005

注：1. 路票为预先印好区间（即站名）和编号的硬卡片；（规格 75 mm×88 mm）

2. 加盖㊖字戳记者，为路票副页。

相关知识：路票的使用及填写要求

（1）路票为预先印制好区间两端站（线路所）名称和注有编号的硬卡片，使用电话闭塞法行车时，不论单线或双线，路票是列车占用区间的行车凭证。

（2）为防止差错，保证路票填写的正确性，原则上路票应由车站值班员亲自填写。在车站值班员过于繁忙或由于其他原因不便亲自填写时，可由《站细》指定的助理值班员代填写，但必须经车站值班员审核后，方可交付使用。

（3）路票的填写必须内容齐全，章印清晰、字迹清楚，不得涂改或增添字句。当填写发生错误时，应立即将路票划“×”注销，重新填写。

（4）双线反方向行车使用路票时，应在路票上加盖“反方向行车”章；两线、多线区间使用路票时，应在路票上加盖“××线行车”章。

（5）对于填写的路票，车站值班员应根据《行车日志》的记录，进行认真检查，确认无误，加盖站名印，在路票的背面上注明日期后，与助理值班员（值班干部、站务员、扳道员）进行互相核对，方可送交司机。

（6）车站值班员对接到的路票，确认正确后，应划“×”作废，整理保存。不向司机递交的路票应在该次列车到达前方站后，由车站值班员划“×”作废，整理保存。

三、红色许可证的使用

【实践任务 7】×年×月×日，扬子站待发列车 11021 次将于 8:10 出发，8:05 扬子站一切电话中断，此时扬子站已与嘉陵站办妥 11021 次闭塞且列车持有行车凭证，并于 8:25 再发出 K341 次列车，扬子站应如何办理？

分析：按《技规》第 324 条规定，扬子站应按书面联络法行车，发给 11021 次司机红色许可证作为与嘉陵站联络的行车凭证，其填写形式如下：

许 可 证　　　　第 10 号

~~现在一切电话中断，准许第____次列车自____站至____站，本列车前于____时____分发出的第____次列车，邻站到达通知已收到。~~
未

通 知 书

~~1. 第____次列车到达你站后，准接你站发出的列车。~~

2. 于 8 时 10 分发出第 11021 次列车，并于 8 时 25 分再发出第 K341 次列车。

扬子站 站（站名印）车站值班员（签名）

×年×月×日填发

注：1. 红色纸，复写一式两份，司机一份，存根一份；　　（规格 90 mm×130 mm）
2. 不用的字句抹消。

【实践任务 8】×年×月×日，扬子站待发列车 11023 次将于 10:10 出发，10:05 扬子站一切电话中断，此时扬子站已与嘉陵站办妥 11023 次闭塞且列车持有行车凭证，无后续列车，扬子站应如何办理？

分析：按《技规》第 324 条规定，扬子站应按书面联络法行车，发给 11023 次司机红色许可证作为与嘉陵站联络的行车凭证，其填写形式如下：

许 可 证　　　　第 11 号

~~现在一切电话中断，准许第____次列车自____站至____站，本列车前于____时____分发出的第____次列车，邻站到达通知已收到。~~
未

通 知 书

1. 第 11023 次列车到达你站后，准接你站发出的列车。

~~2. 于____时____分发出第____次列车，并于____时____分再发出第____次列车。~~

扬子站 站（站名印）车站值班员（签名）

×年×月×日填发

注：1. 红色纸，复写一式两份，司机一份，存根一份；　　（规格 90 mm×130 mm）
2. 不用的字句抹消。

【实践任务 9】×年×月×日，扬子站待发列车 31101 次将于 9:40 出发，9:25 扬子站一切电话中断，此时扬子站已与嘉陵站办妥 31101 次闭塞但列车尚无行车凭证（办妥闭塞后出站信号不能开放），并于 10:05 再发出 1028 次列车，扬子站应如何办理？

分析：按《技规》第 324 条规定，扬子站应按书面联络法行车，发给 31101 次司机红色许可证作为占用扬子至嘉陵区间的行车凭证，其填写形式如下：

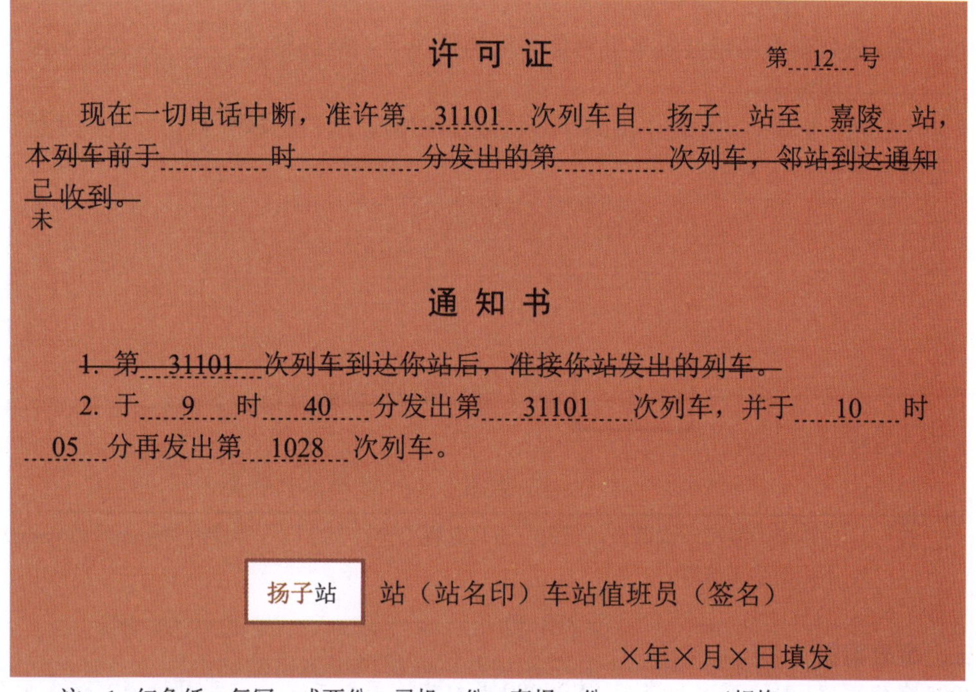

许 可 证　　　　第 12 号

现在一切电话中断，准许第 31101 次列车自 扬子 站至 嘉陵 站，~~本列车前于______时______分发出的第______次列车，邻站到达通知已收到。~~
未

通 知 书

~~1. 第 31101 次列车到达你站后，准接你站发出的列车。~~

2. 于 9 时 40 分发出第 31101 次列车，并于 10 时 05 分再发出第 1028 次列车。

扬子站 站（站名印）车站值班员（签名）

×年×月×日填发

注：1. 红色纸，复写一式两份，司机一份，存根一份；　　（规格 90 mm×130 mm）
　　2. 不用的字句抹消。

相关知识：红色许可证的填写要求及限制

（1）填写红色许可证时字迹必须清楚准确，填写的字迹不得涂改，并将不用的字句抹消。

（2）当填写错误时，应划“×”作废，重新填写。

（3）应填写或抹消“本列车前于×时×分发出的第×次列车，邻站到达通知已/未收到”内容的情况，在填写红色许可证时，应根据实际情况进行填写或抹消。

（4）《技规》附件 3 的通知书，应采取最快的方法传送。优先发车的车站如无开往区间的列车时，在确认区间空闲后，可使用重型轨道车或单机传送，此时须填发《技规》附件 3。

四、半自动闭塞发车进路通知书的使用

【实践任务 10】×年×月×日，A 站待发列车 31103 次，发车股道为Ⅱ场 5 道，但其发车进路信号机故障，应如何处理？

分析：按《技规》第 320 条，半自动闭塞区段，遇发车进路信号机故障或超长列车头部越过发车进路信号机发车时，列车越过发车进路信号机的行车凭证为半自动闭塞发车进路通知书（附件 9）。所以 A 站车站值班员应在确认发车进路正确后，填写半自动闭塞发车进路通

知书，发给31103次列车司机。其填写形式如下：

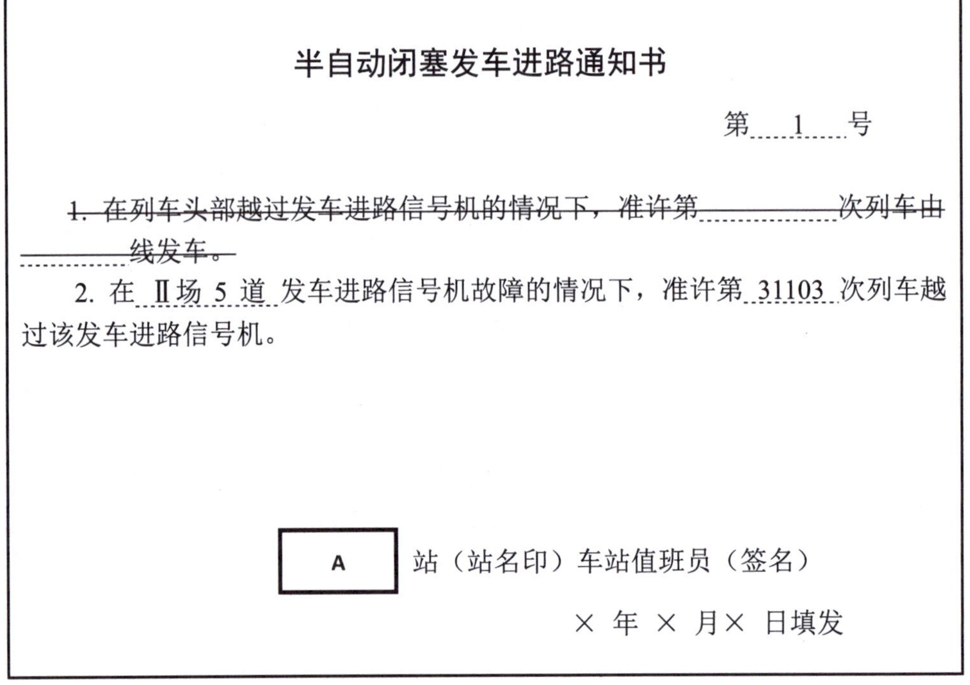

半自动闭塞发车进路通知书

第 1 号

~~1. 在列车头部越过发车进路信号机的情况下，准许第＿＿＿＿次列车由＿＿＿＿线发车。~~

2. 在 Ⅱ场 5 道 发车进路信号机故障的情况下，准许第 31103 次列车越过该发车进路信号机。

A 站（站名印）车站值班员（签名）

× 年 × 月× 日填发

注：1. 白色纸，复写一式两份，司机一份，存根一份；（规格 90 mm×130 mm）

2. 不用的字句抹消。

五、事故案例

2005年7月31日，××机务段SS90089号机车（司机王××、副司机张××）牵引XA至CC的K127次旅客列车（现车19辆、总重1 049 t、计长45.3），运行至XCZ至XTZ间时，在4321通过信号机显示红灯的情况下，机车乘务员没有停车，又擅自2次解锁监控装置，使列车闯进4321信号机；在4333通过信号机故障显示红灯的情况下，又盲目地连续4次解锁监控装置，越过4333信号机。于19:49在JH线（SYB至CC间）433 km+535 m处，与前行的33219次货物列车（编组66辆、总重3 916 t、计长82.1）发生追尾。造成机车爬上33219次货物列车最后一辆车；机次1、2、3位客车颠覆，4、5位客车脱轨，其中3、4、5位车辆侵入上行线；33219次货物列车机后第60～66位车辆破损；5人死亡（其中旅客4人、乘务员1人），45人受伤（其中旅客33人、乘务人员12人）；中断上行正线行车9 h 57 min、下行正线行车16 h 59 min。

【事故原因】

据调查，造成这起事故的直接原因是：在XCZ至XTZ站间4333号通过信号机故障显示红灯的情况下，K127次旅客列车机车乘务员严重违反《技规》第235条规定，没有在信号机前停车，而是解锁监控装置，以78 km/h的速度超速运行（规定速度为不超过20 km/h），致使K127次旅客列车与33219次货物列车发生追尾冲突，构成旅客列车行车重大事故。

【事故责任】

（1）事故主要责任人××机务段K127次司机王××，交司法机关追究刑事责任；事故主要责任人××机务段 K127 次副司机张××，开除路籍，留路查看一年；××机务段段长、党委书记，撤职；××铁路局机务处处长，行政记大过处分；××铁路局责任调度员，撤职；××铁路局调度所副主任，记大过处分；××铁路局调度处处长，记过处分；××电务段 XCZ 工区领工员，记过处分；××电务段段长、党委书记，记大过处分。

（2）××铁路局局长、党委书记，撤职；××铁路局主管机辆副局长，行政记过处分；××铁路局主管运输工作的副局长，行政警告处分。

项目自测

理论考核

一、选择题

1. 车站基本闭塞设备故障，改按电话闭塞法行车时，须经（　　）准许并发令。
   A. 车站值班员　　B. 邻站值班员
   C. 列车调度员　　D. 车站调度员
2. 当基本闭塞法设备不能使用时，根据调度命令所采用的代用闭塞法叫作（　　）。
   A. 电气路签（牌）闭塞法　　B. 电话闭塞法
   C. 书面联络法　　D. 时间间隔法
3. 单线铁路相邻两站进站信号机之间的一段线路是（　　）。
   A. 站间区间　　B. 所间区间
   C. 闭塞分区　　D. 闭塞区间
4. 临时变更行车闭塞法时，须经（　　）准许并发令。
   A. 车站值班员　　B. 车站站长
   C. 车站调度员　　D. 列车调度员
5. 双线铁路宜采用（　　）闭塞法。
   A. 路签　　B. 半自动　　C. 自动　　D. 电话
6. 线路所通过信号机与车站进站信号机之间的一段线路是（　　）。
   A. 站间区间　　B. 所间区间
   C. 闭塞分区　　D. 闭塞区间
7. 自动闭塞区段，（　　）属于自动闭塞分区。
   A. 同方向相邻两通过色灯信号机的机柱中心线间
   B. 相对方向进站信号机机柱中心线间
   C. 站界标与相邻通过色灯信号机机柱中心线间
   D. 相对方向出站信号机机柱中心线间
8. 自动闭塞区间反方向进站信号机与第一架通过色灯信号机之间一段线路是（　　）。
   A. 站间区间　　B. 所间区间　　C. 闭塞分区　　D. 闭塞区间

9. 四显示自动闭塞车站控制台能确认第一个闭塞分区空闲，出站信号机故障时，发出列车的行车凭证为（　　）。

A. 绿色许可证　　B. 红色许可证　　C. 调度命令　　D. 路票

10. 四显示自动闭塞车站控制台能确认第一、第二个闭塞分区空闲，发车进路信号机故障时，发出列车的行车凭证为（　　）。

A. 路票　　B. 调度命令　　C. 红色许可证　　D. 绿色许可证

11. 四显示自动闭塞车站控制台能确认第一、第二个闭塞分区空闲，由未设出站信号机的线路上发出列车的行车凭证为（　　）。

A. 调度命令　　B. 绿色许可证　　C. 红色许可证　　D. 路票

12. 6502 型电气集中车站办理取消进路时，应同时按下该进路的始端按钮和本咽喉的（　　）按钮。

A. 取消　　B. 总取消　　C. 人工解锁　　D. 总人工解锁

13. 单线铁路使用电话闭塞法行车，行车凭证为路票时，（　　）应发出电话记录。

A. 请求闭塞　　B. 承认闭塞　　C. 列车出发　　D. 跟踪调车

14. 当基本闭塞设备发生故障导致基本闭塞法不能使用时，发出列车的行车凭证为（　　）。

A. 绿色许可证　　B. 红色许可证　　C. 调度命令　　D. 路票

15. 半自动闭塞车站出站信号机故障，发出列车的行车凭证为（　　）。

A. 绿色许可证　　B. 路票　　C. 调度命令　　D. 红色许可证

16. 发出挂有由区间返回的后部补机的列车时，列车进入区间行车凭证是（　　）。

A. 出站信号显示　　B. 调度命令

C. 路票　　D. 路票副页

17. 四显示自动闭塞区间，发出挂有由区间返回后部补机的列车时，占用区间的行车凭证是（　　）。

A. 出站信号黄色灯光　　B. 路票及路票副页

C. 调度命令　　D. 绿色许可证

18. 无双向闭塞设备的双线改按单线行车时，列车进入区间的行车凭证为（　　）。

A. 绿色许可证　　B. 调度命令

C. 路票　　D. 出站信号的黄色或绿色灯光

19. 夜间或遇降雾、暴风雨雪，为消除线路故障或执行特殊任务，须开行轻型车辆时，行车凭证为（　　）。

A. 使用通知书　　B. 调度命令

C. 路票　　D. 出站信号显示

20. 单线铁路一切电话中断，未办妥闭塞时，（　　）车站可以优先发车。

A. 原定发车方向的　　B. 铁路局规定的

C. 开下行列车的　　D. 开上行列车的

21. 一切电话中断后，连续发出同一方向的列车时，两列车的间隔时间应按规定的区间运行时分另加 3 min，但不得少于（　　）。

A. 10 min　　B. 13 min　　C. 15 min　　D. 20 min

22. 一切电话中断时，单线区段按（　　）办理行车。
A. 时间间隔法　　B. 书面联络法
C. 空间间隔法　　D. 连发间隔法

23. 一切电话中断时，禁止发出（　　）列车。
A. 旅客　　B. 须由区间内返回的
C. 货物　　D. 军用

24. 一切电话中断时，双线区段按（　　）办理行车。
A. 时间间隔法　　B. 书面联络法
C. 空间间隔法　　D. 区间续行法

25. 在一切电话中断时间内，如有封锁区间抢修施工或开通封锁区间时，由接到请求的（　　）以书面通知封锁区间的相邻车站。
A. 车站值班员　　B. 车站调度员
C. 站长　　D. 列车调度员

26. 一切电话中断时，双线区段禁止发出（　　）列车。
A. 特快旅客　　B. 特快行邮
C. 反方向运行的　　D. 军用

27. 一切电话中断时，双线区段只准发出（　　）列车。
A. 开往区间岔线的　　B. 区间返回的
C. 向区间送料的路用　　D. 正方向的

28. 一切电话中断时，禁止发出（　　）列车。
A. 列车无线通信设备故障的　　B. 旅客
C. 军用　　D. 行邮

二、简答题

1. 什么是区间、闭塞分区？
2. 基本闭塞法有几种？
3. 半自动闭塞正常和特殊情况下列车占用区间的行车凭证是什么？
4. 四显示自动闭塞正常情况下列车进入闭塞分区的行车凭证是什么？
5. 四显示自动闭塞特殊情况下发车的行车凭证是什么？
6. 电话闭塞的使用时机有哪些？
7. 电话闭塞法行车时，哪些事项应发电话记录号？
8. 什么是书面联络法？
9. 什么是优先发车站？优先发车站如何确定？
10. 一切电话中断时禁止发出哪些列车？

实践训练

进路设计

1. 填写下列情况行车凭证。

列车出发情况	行车凭证	
	半自动闭塞	四显示自动闭塞
出站信号机故障时发出列车		
超长列车头部越过出站信号机未压上出站方面轨道电路		
超长列车头部越过出站信号机压上出站方面轨道电路		
由未设出站信号机线路上发车		
发出挂有由区间返回后部补机的列车		
发出由区间返回的列车		
双线改按单线行车		

2. 甲站、乙站是双线自动闭塞区段相邻的两个站，一列车运行在甲乙站间，一架通过色灯信号机灭灯，该列车应如何行车？如该列车按《技规》规定办法运行至次一架通过信号机仍然灭灯，该列车应如何行车？列车运行至乙站，司机将两架通过信号机故障情况报告给车站值班员，甲站至乙站应如何行车？

项目4　正常情况接发列车

项目概述

本项目以“一点不差，差一点也不行”的行业特色精神为切入点，利用生动的案例作为任务引入，学习接发列车工作的基本要求，单双线半自动闭塞、双线自动闭塞、自动站间闭塞的接发列车程序，相对方向同时接车和同方向同时发接列车的概念，禁止办理相对方向同时接车和同方向同时发接列车的情况，特殊列车的接发作业，使学生在掌握不同设备条件下接发列车工作的同时，能够感受企业文化，树立岗位意识，培养工匠精神。

教学目标

★ 知识目标

1. 掌握接发列车工作的含义及主要内容。
2. 掌握接发列车作业中线路的使用原则。
3. 掌握双线自动闭塞电气集中联锁（设信号员）接发列车作业标准。
4. 掌握单线半自动闭塞电气集中联锁（设信号员）接发列车作业标准。
5. 了解双线半自动闭塞电气集中联锁（设信号员）接发列车作业标准。
6. 了解自动站间闭塞电气集中联锁（设信号员）接发列车作业标准。
7. 掌握相对方向同时接车的有关概念及禁止办理的情况。
8. 掌握超长列车、超限列车、军用列车、救援列车等特殊列车的接发规定。

★ 能力目标

1. 能操作电气集中联锁车站控制台的相关按钮并确认其使用状态。

2. 能在接发列车实训室车站终端上完成单线半自动闭塞车站的接车、发车、通过作业流程。

3. 能在接发列车实训室车站终端上完成双线自动闭塞车站的接车、发车、通过作业流程。

3. 能在接发列车实训室车站终端上完成单双线衔接站自动闭塞、半自动闭塞接发车程序。

4. 能根据具体情境正确使用车机联控用语。

5. 能准确采集列车到达、出发、通过的时刻，并正确填写《行车日志》。

6. 能判定何时禁止办理相对方向同时接车。

7. 能判定何时禁止办理同方向同时发接、接发列车。
8. 能根据相关规定开行超长列车、超限列车、军用列车、救援列车。

★ 素质目标

1. 坚持“安全优质”发展理念，以高度的责任心、严谨务实的作风，确保铁路运输安全畅通。
2. 培养学生爱岗敬业精神，树立遵章守纪、顾全大局的责任意识。
3. 树立“一点不差，差一点也不行”的责任理念，养成良好的安全作业习惯。
4. 强化质量标准、岗位作业标准与作业流程，落实安全生产责任。
5. 培养团结协作能力，具备岗位责任意识和奉献精神。
6. 具有强烈的时间观念、严谨认真的工作态度。
7. 能客观、公正地开展自我评价及对小组成员的评价。

任务 4.1　接发列车工作基本要求及主要内容

任务引入

大山深处的孔庄车站值班员

“助理，客车 K1366 次接近，两道接车。”走上孔庄车站信号楼，一位年轻的车站值班员正在忙碌，他叫于飞，今年 33 岁，2010 年退伍以后来到铁路工作。别看他年纪不大，荣誉却不少，多次在车站的百题背规和技能竞赛中拔得头筹。

孔庄车站是中国铁路郑州局集团有限公司长治北车站管内的四等中间站，这里三面被群山包围，站区偏远，交通闭塞。站在站台中央往两边看，不见车头，不见车尾，车站正处在一个 U 形大弯道上，这里也是郑州局管内唯一不通公路的车站。说起“大飞哥”这个称呼的由来，只要看看班组成员“空不下”的杯和碗就明白了。接班前和下班后，于飞会主动给班组里的伙计们打好水，从夏日清凉解渴的绿豆汤，到秋冬清火去燥的菊花茶；从接班前面条下藏的一枚流心蛋，到夜班后油饼里夹的两片热香肠，这举手之劳流露的浓浓情意，无时无刻不融化着大家的心。“飞哥，你这可比张飞的心细多了。”大家哈哈一笑，在寂静的大山中，温馨小站传来了阵阵暖意。予人玫瑰，手留余香，于飞也享受着车站生活带来的温暖。

安全大如天，当班即安全。有一次，23115 次列车在孔庄车站通过时，列车后部一辆车车轮冒零星火星，助理值班员发现后立即向于飞汇报，于飞在接到安全信息后，第一时间向列车调度员、车站安全生产指挥中心和值班干部汇报。值班干部立即上岗盯控，于飞按规定通知后寨车站变更侧线停车。23115 次在后寨车站 3 道停车后，经后寨车站人员会同司机检查，发现 23115 次机后 29 位车轮发烫。随后，关闭截断塞门，按关门车运行。这样发现安全隐患及时、处置安全信息果断的事例在于飞的工作生涯中不止一次。

请思考：

1. 什么是接发列车工作？主要参与的岗位有哪些？

2. 车站值班员要亲自办理哪些作业？
3. 如何确定接发列车的线路？

知识准备

4.1.1　接发列车工作的含义

接发列车工作是车站（线路所）根据行车闭塞方式及技术条件，按照规定的程序，办理列车接、发、通过作业的整个过程。

车站应不间断地接发列车，严格按列车运行图行车。在车站接发列车过程中，参与接发列车的主要岗位有车站值班员、助理值班员、信号员。接发列车时，车站值班员应亲自办理闭塞、布置进路（包括听取进路准备妥当的报告）、开闭信号、交接凭证、接送列车及发车。由于设备或业务量关系，除布置进路（包括听取进路准备妥当的报告）外，其他各项工作可指派助理值班员、信号员或扳道员办理。

4.1.2　接发列车工作的意义和要求

接发列车工作是铁路运输生产活动的一项重要内容，是车站工作的重要组成部分，是列车运行过程中不可缺少的重要环节。车站值班员是车站接发列车工作的组织者和指挥者。所有参加接发列车工作的人员，均应服从车站值班员的统一指挥。当车站设有几个车场时，各车场分别设车站值班员，负责指挥本车场的行车工作。车场间接发列车进路互有关联的行车事项由指定的车站值班员统一指挥，要明确各车场管理范围及车站值班员职责，并纳入《站细》。

由于参加接发列车工作的人员多，作业环节复杂，接发列车工作中的任何疏忽或差错，都可能造成列车晚点或行车事故，不仅影响其他列车，甚至影响全局运输。因此，接发车人员必须认真执行铁路部门《接标》所规定的程序和用语，贯彻集中领导、统一指挥、逐级负责的原则，做到安全、迅速、不间断地接发列车，严格按运行图行车。

4.1.3　接发列车线路的使用原则

1. 接发列车应在正线或到发线上办理

正线、到发线是专门为办理列车的接发和进行技术作业而设置的。正线和到发线的钢轨、道岔等设备标准比其他线路高，可以保证列车进出站有较高的速度；正线和到发线有保证进路正确的联锁条件和指示列车运行的信号设备；有为旅客乘降、行包装卸的站台；在技术站或较大的中间站的到发线上，设有机车整备和列检作业的有关设备，便于进行技术作业；在车站线路布置上，考虑了列车到发与调车作业的紧密配合，保证车站的最大平行作业。因此，在正线、到发线办理接发列车，既保证了车站作业效率，又保证了接发列车作业的安全。

在正线、到发线上办理接发列车时，根据列车的性质和线路特点，应遵守以下原则：

（1）旅客列车、挂有超限货物车辆的列车，应接入规定线路。

（2）动车组列车在车站办理客运业务时，须固定股道、固定站台、固定停车位置。

（3）动车组列车、特快旅客列车通过时应在正线办理，其他通过列车原则上应在正线办理。

（4）原规定为通过的旅客列车由正线变更为到发线接车及动车组列车、特快旅客列车遇特殊情况必须变更基本进路时，须经列车调度员准许，并预告司机；如来不及预告时，应使列车在站外停车后，再开放信号机，接入站内。动车组列车遇特殊情况需变更办理客运业务的固定股道时，须经调度所值班主任（值班副主任）准许。

2. 保证车站有空闲的接车线路

车站值班员要加强与列车调度员和有关人员的联系，随时了解列车运行情况，有计划、合理地使用到发线，保证车站有不间断接车的空闲线路。在接发列车线路使用方面，还应遵守以下规定：

（1）正线上不得停留车辆（尽头式车站除外）。正线是列车通过车站的线路，正线上停留车辆（指较长时间停留或装卸作业）就会影响列车运行。若列车必经道岔侧向通过车站，既影响运行速度，又不安全。

（2）到发线上停留车辆时，须经车站值班员准许，在中间站并须取得列车调度员的准许方可占用，该线路的两端道岔应扳向不能进入的位置并加锁（装有轨道电路除外）。因卸车线或调车线不足，必须在到发线上停留车辆时，须经车站值班员准许。中间站到发线数量较少，列车调度员根据列车运行和作业情况，在中间站要调整列车会让，所以除经车站值班员准许外，还要取得列车调度员准许，方可占用。

4.1.4 办理闭塞

车站值班员在办理闭塞（预告）前，应确认区间（闭塞分区）空闲，方法如下：

（1）通过 TDCS 终端显示来确认。

（2）自动闭塞通过控制台上的监督器（列车离去表示灯或出站信号机复示器，确认第一、第二或第三闭塞分区空闲的情况。

（3）半自动闭塞除根据闭塞机上闭塞表示灯的显示确认外，还应根据《行车日志》确认。

（4）电话闭塞根据《行车日志》中列车到达的电话记录确认。

此外还应根据接车人员关于检查列车情况的报告、有关记录（轻型车辆使用书、施工登记、封锁区间的调度命令）与揭挂的表示牌等，确认区间空闲的情况。

区间（第一闭塞分区）空闲确认方法

4.1.5 布置与准备接发列车进路

1. 布置进路

正确及时地准备好列车进路是接发列车工作中的关键。车站值班员必须亲自布置进路和听取进路准备妥当的报告。

1）布置内容

车站值班员应向有关人员讲清车次和占用线路（接入某股道或通过由某股道出发）。如果车站一端有两个及其以上列车运行方向或双线反方向行车时，还应讲清方向、线别，并要求受令人复诵，核对无误。

2）布置要求

（1）按《站细》规定时间，正确、及时地布置进路。

（2）布置进路应使用《接发列车作业标准》规定的用语，不得简化。布置进路的命令不能与其他作业的命令、通知一起下达。

（3）受令人复诵。当两个及其以上人员同时接受准备进路的命令时，应指定一人复诵。车站值班员要认真听取复诵，核对无误后，方可命令“执行”。

2. 准备进路

扳道员、信号员严格按照车站值班员的接发列车命令、调车作业计划，正确及时地准备进路。接发列车进路准备完了后，及时报告车站值班员（能从设备上确认的除外）。

3. 确认进路

在扳动道岔、操纵信号时，认真执行“一看、二扳（按）、三确认、四显示（呼唤）”制度；对进路上不该扳动的道岔，也应认真进行确认。

1）确认接车线路空闲

接车线路空闲是指接车线路无封锁施工，无机车、车辆、小车、重型轨道车，以及轻型车辆及其他危机行车安全的障碍物。确认方法为：

（1）在设有轨道电路的车站，通过控制台上股道占用光带或股道占用表示灯确认，此外还需要注意现场确认有无轻型车辆、小车，以及线路附近有无能使列车脱轨的障碍物。

（2）未设轨道电路或轨道电路发生故障时，由接发列车人员现场确认接车线路是否空闲。

（3）查看股道占用揭示板。

（4）不能从设备上确认线路空闲时，现场检查线路空闲的办法在《站细》中规定。

2）确认进路上的道岔位置正确，需加锁的道岔已经加锁

（1）根据扳道员或信号员进路准备好了的报告并通过控制台上的光带或进路开通表示灯确认。

（2）当联锁失效或在无联锁的线路上接发列车时，按《站细》规定的办法准备进路（包括汇报道岔加锁情况）。

3）确认影响进路的调车作业已经停止

影响接发列车进路的调车作业是指：

（1）占用或穿过接发列车进路的调车作业。

（2）接发超限列车进路的线路上，当线路间距不足 5 000 mm 时，邻线上的调车作业。

（3）接发非超限列车进路的线路上，当线间距不足 5 000 mm 时，邻线上调动装载超限货物的车辆的调车作业。

（4）接发旅客列车时，能进入接发列车进路的线路没有隔开设备或脱轨器的调车作业。

不及时停止影响列车进路的调车作业，就有可能造成到达列车机外停车或出发列车晚点，甚至可能使列车与正在调车的机车车辆发生冲突事故。

停止影响列车进路的调车作业时间，应在《站细》内规定。

4.1.6 开放进出站信号机或交接行车凭证

车站值班员应严格按《站细》规定时机开闭信号机。

1. 开放信号机的时机

1）开放进站信号机最理想的时机

进站信号机开放后即锁闭有关进路上的道岔，过早开放就会过早占用咽喉区，影响站内其他作业；晚开放就可能造成列车在信号机外减速或停车。开放进站信号机最理想的时机是当列车运行至预告信号机外方时，进站信号即开放，如图 4-1 所示。开放进站信号机的时间（$t_{开}$）等于列车从预告信号机外方运行至车站中心线或停于警冲标内方的进站走行时间（$t_{进}$）。

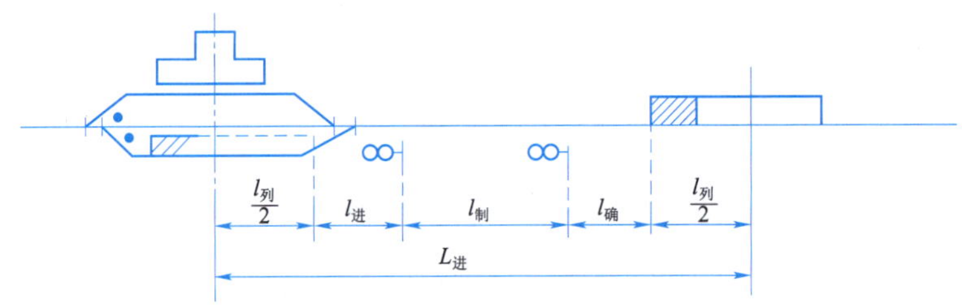

图 4-1 开放进站信号机的时机

2）开放出站信号的时机

开放出站信号的时机，需根据出站信号机开放后至列车起动前，办理全部作业所需的时间而定。其中包括助理值班员确认出站信号机的开放状态、显示发车信号；司机确认发车信号及出站信号，以及起动列车。

3）关闭信号机的时机

信号机关闭后，有关道岔即解锁（装有道岔区段轨道电路的车站除外）。信号机关闭过早，可能造成进路道岔错误转换或敌对信号开放，因而威胁行车安全；信号机关闭过晚，则耽误其他作业，影响效率。

2. 交接凭证

这里所说的凭证，是指出站（线路所通过、发车进路）信号机显示的进行信号以外的摸得着、拿得到的“凭证”，如绿色许可证、路票、红色许可证、列车进入封锁区间或救援列车进入封锁区间的“调度命令”等。

交接的凭证要认真检查是否正确，注意人身安全；如通过列车交不上时应停车交付。车站收回凭证后，要确认凭证是否正确，凭证应及时注销保管。

交接行车凭证

4.1.7　接送列车与发车

1. 接送列车

列车出入车站时，必须由有关人员在室外立岗接送列车，监视列车运行状态，及时处理危及行车安全的问题。

（1）接发列车时，接发车人员应携带列车无线调度通信设备、持手信号旗（灯），站在规定地点接送列车。

（2）注意列车运行和货物装载状态，发现车辆燃轴、抱闸、制动梁脱落、货物窜动或倾斜、倒塌等危及行车安全时，要立即采取措施。

（3）发现旅客列车尾部标志灯光熄灭时，通知车辆乘务员进行处理。

（4）在自动闭塞区段，通知不到时，应使列车停车处理。发现货物装载状态有异状时，及时处理；发现货物列车列尾装置丢失时，应报告列车调度员，使列车在前方站停车处理。

（5）列车接近车站、进站和出站时，接发车人员应及时向车站值班员报告列车进出站的情况（能从设备上确认者除外）。

2. 向列车显示发车的条件

（1）发车进路准备妥当，出站（进路）信号机已开放，行车凭证已交付，发车条件具备后，车站值班员（助理值班员）方可显示发车信号。

（2）司机必须确认行车凭证正确或出站信号机已开放后，方可起动列车。

（3）语音记录装置良好的车站，准许使用列车无线调度通信设备发车。

（4）货物列车在站停车时，司机必须使列车保持制动状态（铁路局指定的凉闸站除外）。发车前，司机施行缓解，确认发车条件具备后，方可起动列车。

3. 动车组列车的接送

（1）动车组列车由列车长确认旅客上下完毕后，通知司机关闭车门；列车进站停车时，司机按动车组停车位置标停车，确认列车停稳、对准停车位置后开启车门。按钮不在司机操作台上的，由列车长通知随车机械师关闭车门；列车到站停稳后，由随车机械师开启车门。如自动开关门装置故障或特殊情况需单独开关车门时，由司机通知列车工作人员手动开关车门。

（2）动车组列车在车站出发，动车组列车司机在确认行车凭证和开车时间，车门关闭后，即可起动列车。

4. 动车组以外的列车出发前对自动制动机进行试验的规定

1）全部试验

（1）货车列检对解体列车到达后施行一次到达全部试验，对编组列车始发前施行一次始发全部试验，对有调车作业中转列车到达后首先施行到达全部试验，发车前只施行始发全部试验中的漏泄试验；

（2）货车特级列检和安全保证距离在 500 km 左右的一级列检对无调车作业中转列车始发前施行一次始发全部试验；

（3）无列检作业场车站始发的列车，在途经第一个列检作业场进行无调车中转技术检查作业时施行一次始发全部试验；

（4）列检作业场对运行途中自动制动机发生故障的到达列车；

（5）旅客列车库内检修作业；

（6）在有客列检作业的车站折返的旅客列车。

站内设有试风装置时，应使用列车试验器试验，连挂机车后只做简略试验。对装有空气弹簧等装置的旅客列车，应同时检查辅助用风系统的泄漏。

2）简略试验

（1）货车列检对始发列车、中转作业列车连挂机车后；

（2）客列检作业后和旅客列车始发前；

（3）更换机车或更换机车乘务组时；

（4）无列检作业的始发列车发车前；

（5）列车软管有分离情况时；

（6）列车停留超过 20 min 时；

（7）列车摘挂补机，或第一机车的自动制动机损坏交由第二机车操纵时；

（8）机车改变司机室操纵时；

（9）单机附挂车辆时；

（10）列车进行摘、挂作业开车前。

在站简略试验：有列检作业的由列检人员负责，无列检作业的由车辆乘务员负责，无车辆乘务员的由车站人员负责。挂有列尾装置的列车由司机负责（挂有列尾装置的旅客列车，始发前、摘挂作业开车前及在途中换挂机车站、客列检作业站，有列检作业的由列检人员负责，无列检作业的由车辆乘务员负责）。

3）持续一定时间的全部试验

有列检作业场的车站发出的货物列车运行前方途经长大下坡道区间的，在始发、中转作业时应进行持续一定时间的全部试验，列检应填发制动效能证明书交给司机；在有列检作业场车站至长大下坡道区间的各站始发或进行摘挂作业的列车，是否进行持续一定时间的全部试验并填发制动效能证明书交给司机，由铁路局规定。具体试验和凉闸的地点、办法，由铁路局规定。

旅客列车出库前应进行持续一定时间的全部试验，在接近长大下坡道区间的车站，是否进行持续一定时间的全部试验，由铁路局规定。

长大下坡道为：线路坡度超过 6‰，长度为 8 km 及以上；线路坡度超过 12‰，长度为 5 km 及以上；线路坡度超过 20‰，长度为 2 km 及以上。

4.1.8 开通区间及报点

列车到达、发出或通过后，车站值班员应立即向邻站及列车调度员报点，并记入《行车日志》（设有计算机报点系统的按有关规定办理）。遇有超长、超限列车、制动力部分切除的动车组列车、单机挂车和货物列车列尾装置灯光熄灭等情况，应通知接车站。

列车到、发及通过车站时刻，按以下规定加以确定：

（1）到达时刻。以列车进入车站，停于到达线警冲标内方的时刻为准；列车超过实际到达线有效长时，以第一次停车时刻为准；列车在区间分部运行时，以全部车辆到达车站的时刻为准。

（2）出发时刻。以列车机车向前进方向起动，列车在站界内（场界内）不再停车为准。列车全部发出站界后，因故退回车站再次出发时，则以第一次出发时刻为准；在分界站为邻局出发时，则以最后发出时刻为准。

（3）通过时刻。以列车机车通过车站值班员室的时刻为准。

4.1.9　进路的变更

进站或出站信号机开放后，其接发列车进路不得随意变更。遇特殊情况必须变更时，应做到以下几点：

（1）变更接车进路时，应保证列车在进站信号机外不减速、不停车的情况下，方可关闭进站信号机，变更接车进路。设有接近锁闭的车站，当列车进入接近锁闭区段后，除危及行车安全情况外，不得变更接车进路。

（2）变更发车进路时，应先通知发车人员，确知停止发车后，方可取消发车进路。列车司机手持行车凭证时，应将行车凭证收回。当发车人员已显示发车信号而列车尚未起动时，必须通知司机后，方可关闭出站信号机取消发车进路。严禁先取消进路，后通知发车人员。

总人工解锁列车进路

任务 4.2　单双线半自动闭塞接发列车

任务引入

19××年 7 月 27 日 8:00，2523 次货物列车与 848 次货物列车，在××铁路局××分局梅集线 TG 至 GG 间 89 km+488.5 m 处发生正面冲突，造成 2523 次机车 1、2、15、19 位车辆脱轨，16、17、18 位车辆颠覆；848 次重联机车颠覆，机次 1 位车辆脱轨，机车报废 4 台，货车报废 1 辆，大破 4 辆，中破 2 辆，小破 3 辆；线路破坏 100 m，损坏钢轨 8 根、轨枕 156 根；机车乘务员死亡 9 人、重伤 3 人；中断正线行车 25 h 15 min，是一起重大责任事故。

7 月 27 日，TG 站值班员王×7:30 接班后，于 7:38 接到 SYP 站 2523 次发车通知，王×填写了《行车日志》，排了Ⅱ道接车进路。7:39，王×又接到 GG 站 848 次开车通知，填写了《行车日志》，但没有排 848 次接车进路。接着王×要到粮库借油漏子，准备给职工分油，让该站站务员岳×替他顶岗，并交代“2523 次开过来了，干沟站有外调”。王×说完，就去粮库了。大约 7:53，岳×听到 2523 次司机用无线电话呼喊 TG 站，询问 TG 站能否通过。岳×答复司机“慢一点，看信号”。接着两次询问 GG 站“站外调”情况，GG 站值班员赵×答复“调车已结束”。岳×马上询问赵×：“闭塞表示灯亮的是什么灯？”赵×说是红灯。岳×又问赵×："你取消还是我取消？"赵×说："你取消吧。"然后，岳×便使用半自动闭塞故障按钮取消了原848次占用区间的表示红灯。接着岳×与赵×办理了2523次闭塞手续，开放了2523次Ⅱ道出站信号。

7:57，2523次列车由TG站通过。列车全部通过TG站运转室后，岳×向列车调度员李×报告："2523次TG 7点57分通过。"李×做了复诵。过了大约1 min，李×又用电话找岳×报点。岳×说："报啥点呀，不都报了吗？"李×说："你848呢？"岳×说："不知道848。"接着岳×向SYP、GG两站询问848情况。GG站赵×说："848，39分开了。"岳×才想起看《行车日志》，发觉848还在区间，连忙拿起无线电话呼唤2523赶紧停车，但没有回音。此时2523次和848次已发生正面冲突，时间为8:00。

【事故原因分析】

这次事故是TG站值班员王×违反《技规》第241、242条，《行规》第69条，《站细》第26条，以及铁路部门相关文件规定，在值班中擅离职守，私自委托他人顶岗，作业时不按规定与到车调度员联系会车计划，对有关接发车事项不认真向顶岗人员交代，为这起事故埋下了严重的隐患，是这起事故的主要原因之一。

办理接发车的TG站站务员岳×、GG站值班员赵×违反《技规》第204、241、242条及部颁《接发列车作业标准》（TB 1503—1984）的规定，简化作业程序，不检查确认区间空闲，盲目使用事故按钮强行开通区间，误办2523次闭塞；通沟站助理值班员于×，当班精神不集中，未起到监督作用，是这起事故的主要原因之二。

TG站站务员岳×技术素质低，据本人交代，对控制台闭塞表示灯显示作用不完全明白，以为控制台上闭塞表示灯是出站调车所致，没想到是区间被列车占用。GG站值班员赵×对出站调车和跟踪调车概念不清，笼统称为"站外调"。如果赵×对两者概念清楚，使用标准用语，岳×很可能从"跟踪"字句上察觉出区间有列车占用。MT台列车调度员李×不按规定向中间站布置三、四小时列车会让计划。2523次7:38 SYP开出及848次7:39 GG开出，两站先后报完点，也没向TG站布置会让计划，当通沟站2523次7:57通过报点时，李×也没发现车站办理上的错误，约过1 min，李又让通沟站报848次点时，仍未发现两列车进入一个区间，是这次事故的主要原因之三。

TH车务段干部作风不实，管理不严，对职工两纪松弛问题解决不力。TG站站长、副站长家都不在当地。7月27日早晨站长没有到站，副站长又提前走去给孩子看病，造成该站没有站长组织交接班，致使接班后职工违纪无干部发现和制止，也是这起事故的一个重要因素。

请思考：

1. 利用单双线半自动闭塞设备接发列车分为几个程序？
2. 参与接发列车的工种有哪些？这些工种如何相互配合完成接发列车作业？
3. 单双线半自动闭塞接发列车的技术要求有哪些？

知识准备

4.2.1　单线半自动闭塞（设信号员）接发列车作业程序

1. 接车（含通过）作业程序

接车（含通过）作业程序应符合图 4–2 的规定。

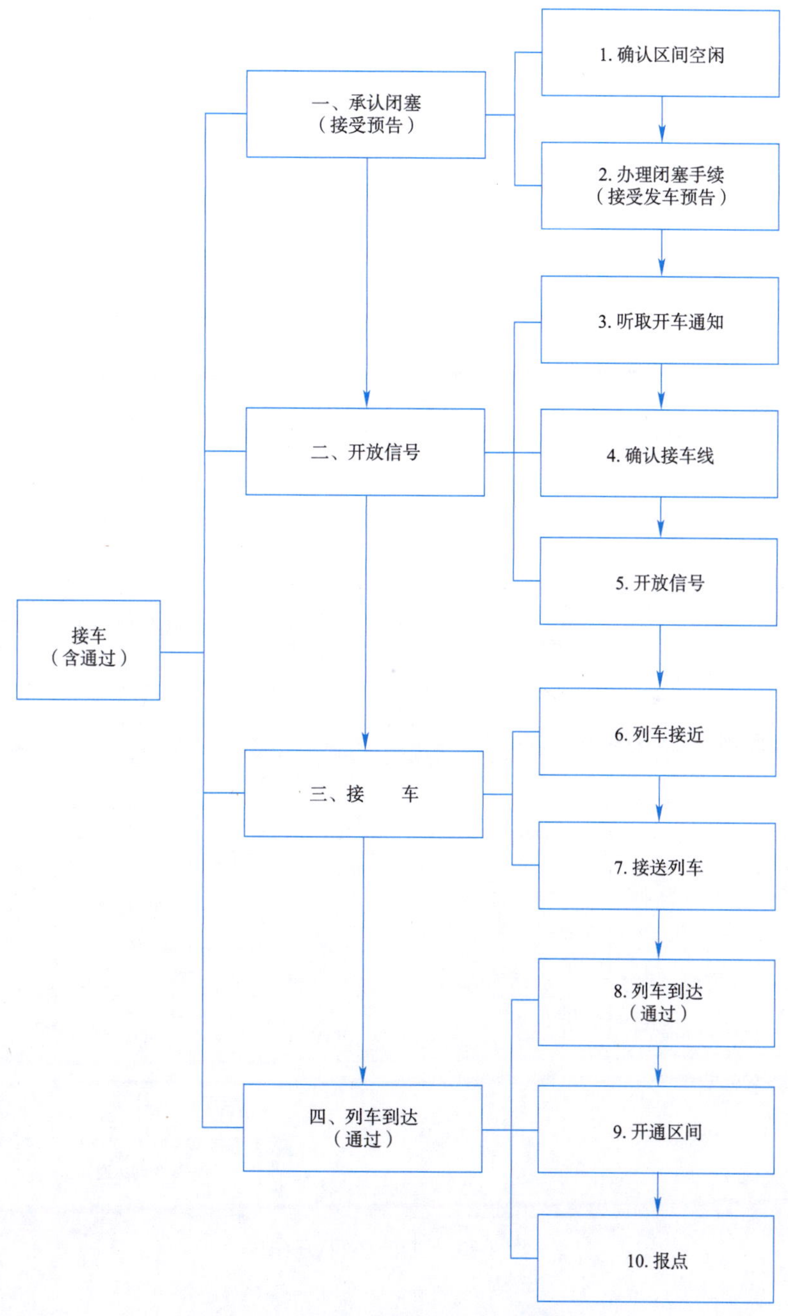

图 4–2　接车（含通过）作业程序图

2. 发车作业程序

发车作业程序应符合图 4–3 的规定。

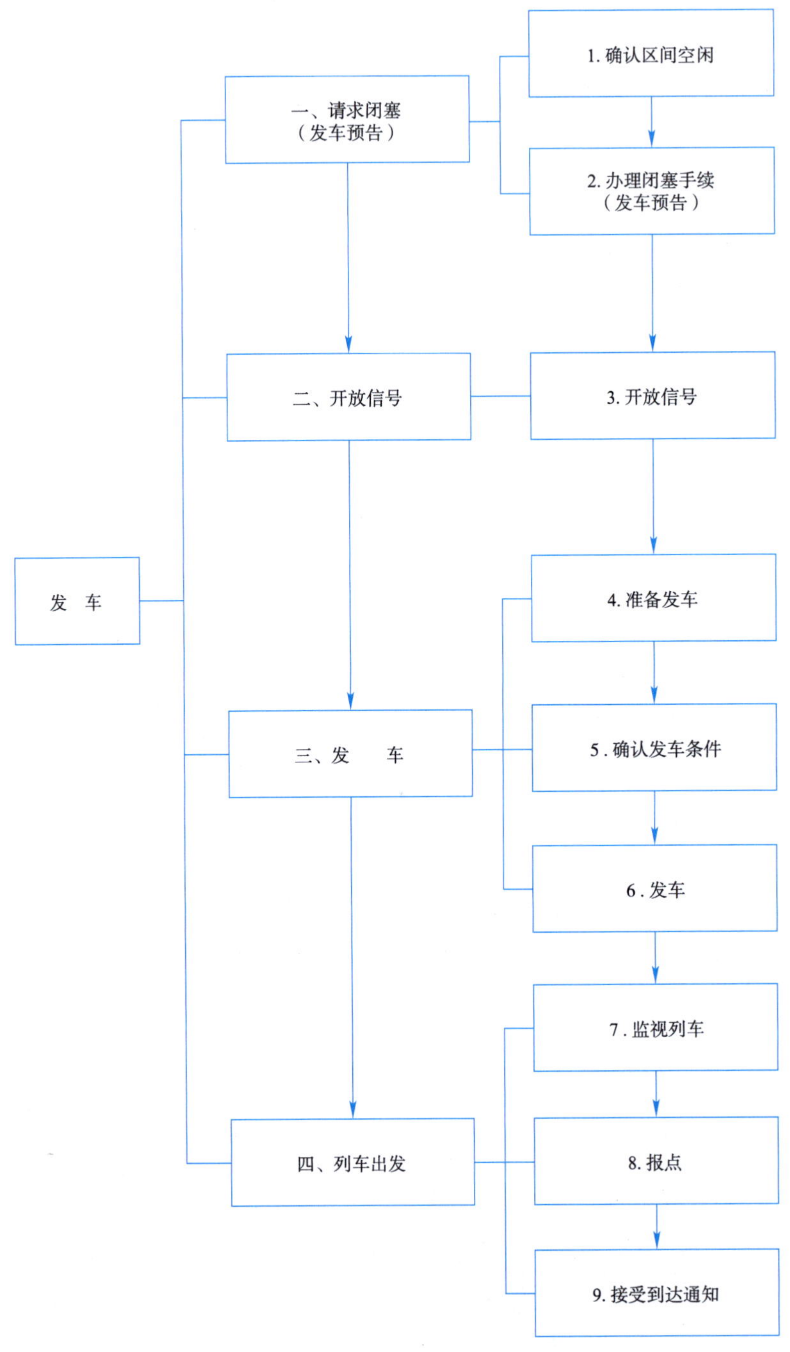

图 4–3　发车作业程序图

4.2.2　单线半自动闭塞（设信号员）接发列车作业程序及技术要求

1. 接车（含通过）作业

接车（含通过）作业程序和岗位作业技术要求应符合表 4–1 的规定。

表 4–1　接车（含通过）作业程序和岗位作业技术要求

作业程序		岗位作业技术要求			事项要求
程序	项目	车站值班员	信号员	助理值班员	
一 承认闭塞（接受预告）	1 确认区间空闲	（1）听取发车站请求闭塞（双线为发车站预告），按列车运行计划核对车次、时刻、命令、指示（必要时与列车调度员联系）	—	—	—
一 承认闭塞（接受预告）	1 确认区间空闲	（2）根据闭塞表示灯、行车日志及各种行车表示牌，确认区间空闲	—	—	—
一 承认闭塞（接受预告）	2 办理闭塞手续（接受发车预告）	（3）同意闭塞：“同意×（次）闭塞。”[双线同意预告：“同意×（次）预告。”]	—	—	同意列车闭塞（预告）后，按企业规定通知有关人员
一 承认闭塞（接受预告）	2 办理闭塞手续（接受发车预告）	（4）通知信号员：“办理×（次）闭塞。”[双线：“×（次）预告。”]并听取复诵	（1）复诵：“办理×（次）闭塞。”[双线：“×（次）预告。”]	—	—
一 承认闭塞（接受预告）	2 办理闭塞手续（接受发车预告）	（5）确认无误后，应答：“×（次）闭塞好（了）。”	（2）一听语音（铃响）、二看黄色箭头（黄灯）、三点击（按）闭塞按钮、四确认绿色箭头（绿灯），口呼：“×（次）闭塞好（了）。”	—	双线无此项作业
一 承认闭塞（接受预告）	2 办理闭塞手续（接受发车预告）	（6）填记或确认电子行车日志	—	—	不能使用电子行车日志时，填写纸质行车日志
一 承认闭塞（接受预告）	2 办理闭塞手续（接受发车预告）	（7）确定接车线	—	—	—
一 承认闭塞（接受预告）	2 办理闭塞手续（接受发车预告）	（8）通知信号员、助理值班员：“×（次）、×道停车[通过][到开]。”并听取复诵	（3）复诵：“×（次）、×道停车[通过][到开]。”并填写占线板（簿）	（1）复诵：“×（次）、×道停车[通过][到开]。”并填写占线板（簿）	助理值班员在室外作业期间接到的通知，返回后，除按规定应擦（划）掉的外，应补填占线板（簿）。必要时，与车站值班员联系

续表

作业程序		岗位作业技术要求			事项要求
程序	项目	车站值班员	信号员	助理值班员	
二 开放信号	3 听取开车通知	(9)复诵发车站开车通知："×（次）、（×点）×（分）开[通过]。"	—	—	—
		(10)填记或确认电子行车日志中的发车站发车时间和本站接车线	—	—	不能使用电子行车日志时，填写纸质行车日志
		(11)通知信号员及助理值班员："×(次)开过来(了)。"并听取复诵	(4)复诵："×（次）开过来（了）。"	(2)复诵："×（次）开过来（了）。"	—
		(12)按企业规定通知有关人员	—	—	—
	4 确认接车线	(13)确认接车线路空闲	—	—	—
		(14)通知信号员停止影响进路的调车作业并听取报告	(5)停止影响进路的调车作业。确认停止后报告	—	停止调车作业时机和通知、应答、报告用语，由企业规定。无影响进路的调车作业时，此项作业省略
	5 开放信号	(15)确认列车运行计划后，通知信号员："×（次）、×道停车[通过]，开放信号。"听取复诵无误后，命令："执行。"	(6)复诵："×（次）、×道停车[通过]，开放信号。"	—	列车通过时，应办理有关发车作业程序。 车站值班员认为需指定延续进路或办理变通进路时，一并通知
		(16)确认信号正确，应答："×道进站信号好(了)。"[通过时，应答："×道进、出站信号好（了）。"]	(7)开放进站信号，口呼："进站。"点击（按下）始端按钮；需办理变通进路时，口呼："变通××。"点击（按下）相应变通按钮；口呼："×道。"（正线通过时，口呼："出站。"）点击（按下）终端按钮；设有延续进路时，口呼："延续××。"点击（按下）延续进路相应按钮。确认光带（表示灯）、信号显示正确，口呼："信号好（了）。"	—	"变通××"中的"××"为按钮名称。 "延续××"中的"××"为延续的按钮或线路名称

续表

作业程序		岗位作业技术要求			事项要求
程序	项目	车站值班员	信号员	助理值班员	
三 接车	6 列车接近	—	（8）通过信号操作终端监视信号及进路表示	—	—
		（17）再次确认信号正确，应答：“×（次）接近。”	（9）接近语音提示（接近铃响）、光带（表示灯）变红，再次确认信号开放正确，口呼：“×（次）接近。”	—	—
		（18）通知助理值班员：“×（次）接近，×道接车。”并听取复诵	—	（3）复诵：“×（次）接近，×道接车。”	特快旅客列车、特快货物班列的通知接车时机，由企业规定
	7 接送列车	—	—	（4）到企业规定地点接车	—
四 列车到达（通过）	8 列车到达（通过）	—	（10）通过信号操作终端监视进路、信号及列车进（出）站	（5）监视列车进站，于列车停妥后（货物列车未装列尾装置或列尾装置故障时，确认列车整列到达后）返回。通过列车，于列车尾部越过接车地点，确认列车尾部标志后返回	—
		（19）应答：“好（了）。”	（11）通过信号操作终端确认列车整列进入（通过）接车线，口呼：“×（次）到达[通过]。”	—	—
		（20）对通过列车通知接车站：“×（次）、（×点）×（分）通过。”并听取复诵	—	—	—
		（21）填记或确认电子行车日志	（12）对通过列车擦（划）掉占线板（簿）记载	（6）对通过列车擦（划）掉占线板（簿）记载	不能使用电子行车日志时，填写纸质行车日志

续表

作业程序		岗位作业技术要求			事项要求
程序	项目	车站值班员	信号员	助理值班员	
四 列车到达（通过）	9 开通区间	（22）通知信号员：“开通×（站）区间。”并听取复诵	（13）复诵：“开通×（站）区间。”	—	货物列车未装列尾装置或列尾装置故障时，确认列车整列到达后，方可办理区间开通手续
		（23）确认无误后，应答：“好（了）。”	（14）一看闭塞表示灯，二点击或按（拉）闭塞（复原）按钮，三确认灯光熄灭，口呼：“×（站）区间开通。”	—	—
	10 报点	（24）通知发车站：“×（次）、（×点）×（分）到。”并听取复诵	—	—	—
		（25）计算机报点系统自动向列车调度员报点	—	—	不能自动报点时，向列车调度员报点：“×（站）报点，×（次）、（×点）×（分）到[通过]。”

2. 发车作业

发车作业程序和岗位作业技术要求应符合表 4–2 的规定。

表 4–2　发车作业程序和岗位作业技术要求表

作业程序		岗位作业技术要求			事项要求
程序	项目	车站值班员	信号员	助理值班员	
一 请求闭塞（发车预告）	1 确认区间空闲	（1）确认列车运行计划；根据闭塞表示灯、行车日志及各种行车表示牌，确认区间空闲	—	—	—

续表

作业程序		岗位作业技术要求			事项要求
程序	项目	车站值班员	信号员	助理值班员	
一 请求闭塞（发车预告）	2 办理闭塞手续（发车预告）	（2）请求闭塞：“×（次）闭塞。”［双线：“×（次）预告。”］并听取同意的通知	—	—	—
		（3）通知信号员：“办理×（次）闭塞。”并听取复诵	（1）复诵：“办理×（次）闭塞。”	—	双线无此项作业
		（4）确认无误后，应答：“×（次）闭塞好（了）。”	（2）一点击（按）闭塞按钮，二听语音（铃响），三看黄色箭头（黄灯）变绿，口呼：“×（次）闭塞好（了）。”	—	
		（5）填记或确认电子行车日志	—	—	不能使用电子行车日志时，填写纸质行车日志
二 开放信号	3 开放信号	（6）通知信号员停止影响进路的调车作业并听取报告	（3）停止影响进路的调车作业。确认停止后报告	—	停止调车作业时机和通知、应答、报告用语，由企业规定。无影响进路的调车作业时，此项作业省略
		（7）确认列车运行计划后，通知信号员：“×（次）、×道发车，开放信号。”听取复诵无误后，命令：“执行。”	（4）复诵：“×（次）、×道发车，开放信号。”	—	车站值班员认为需办理变通进路时，一并通知
		（8）确认信号正确，应答：“×道出站信号好（了）。”	（5）开放出站信号，口呼：“×道。”点击（按下）始端按钮；需办理变通进路时，口呼：“变通××。”点击（按下）相应变通按钮；口呼：“出站。”点击（按下）终端按钮。确认光带（表示灯）、信号显示正确，口呼：“信号好（了）。”	—	“变通××”中的“××”为按钮名称

续表

<table>
<tr><th colspan="2">作业程序</th><th colspan="3">岗位作业技术要求</th><th rowspan="2">事项要求</th></tr>
<tr><th>程序</th><th>项目</th><th>车站值班员</th><th>信号员</th><th>助理值班员</th></tr>
<tr><td rowspan="3">三 发车</td><td>4 准备发车</td><td>(9)通知助理值班员:“发×道×(次)。”并听取复诵</td><td>—</td><td>(1)复诵:“发×道×(次)。”</td><td>助理值班员在室外作业时，可提前告知发车计划。
使用列车无线调度通信设备通知时，应在用语前增加姓名或代号。
动车组列车无此项作业</td></tr>
<tr><td>5 确认发车条件</td><td>—</td><td>(6)通过信号操作终端监视信号及进路表示</td><td>(2)确认旅客上下、行包装卸和列检作业等完了(或得到通知)</td><td>动车组列车无此项作业</td></tr>
<tr><td>6 发车</td><td>—</td><td>—</td><td>(3)按规定站在适当地点，显示发车信号或使用列车无线调度通信设备(发车表示器)发车</td><td>由车站值班员使用列车无线调度通信设备发车时，应确认发车条件具备(或得到报告)。
动车组列车无此项作业</td></tr>
<tr><td rowspan="5">四 列车出发</td><td rowspan="4">7 监视列车</td><td>(10)列车起动后，及时通知接车站:“×(次)、(×点)×(分)开。”并听取复诵</td><td>—</td><td>—</td><td>—</td></tr>
<tr><td>(11)填记或确认电子行车日志</td><td>—</td><td>—</td><td>不能使用电子行车日志时，填写纸质行车日志</td></tr>
<tr><td>(12)应答:“好(了)。”</td><td>(7)通过信号操作终端确认列车整列出站，口呼:“×(次)出站。”</td><td>(4)监视列车，于列车尾部越过发车地点，确认列车尾部标志后返回</td><td>—</td></tr>
<tr><td>—</td><td>(8)擦(划)掉占线板(簿)记载</td><td>(5)擦(划)掉占线板(簿)记载</td><td>—</td></tr>
<tr><td>8 报点</td><td>(13)计算机报点系统自动向列车调度员报点</td><td>—</td><td>—</td><td>不能自动报点时，向列车调度员报点:“×(站)报点，×(次)、(×点)×(分)开。”</td></tr>
</table>

续表

作业程序		岗位作业技术要求			事项要求
程序	项目	车站值班员	信号员	助理值班员	
四 列车出发	9 接受到达通知	（14）复诵接车站列车到达通知	（9）确认闭塞表示灯熄灭	—	—
		（15）填记或确认电子行车日志	—	—	不能使用电子行车日志时，填写纸质行车日志

3. 其他要求

（1）适用于 200 km/h 以下铁路区段（仅运行动车组列车的铁路除外）单（双）线半自动闭塞集中联锁设备设信号员的车站接发列车作业。

（2）开放信号时，执行“一看、二点击（按）、三确认、四呼唤”及“眼看、手指、口呼”制度。眼看：看准应操纵的按钮；手指：鼠标箭头或光电笔对准应确认的按钮（继电联锁时为中、食指并拢成“剑指”，指向应确认的按钮）；口呼：规定用语，吐字清晰。

（3）一端有两个及以上列车运行方向，车站值班员布置进路、确认信号时，应以线名或邻站名区别方向（“线”或“站”字可省略，分主次方向时，可只在次要方向增加线名或邻站名区分）；有两个及以上车场或径路时，车站值班员办理闭塞（预告）、布置进路、确认信号，应区分车场或径路。具体办法由企业规定。

（4）列车区间运行时分小于规定的开放进站信号时分时，办理信号时机由企业规定。

（5）接发列车时，应按规定执行车机联控。

（6）未设助理值班员的车站及助理值班员不参与发车的列车，由车站值班员按规定确认发车条件具备（或得到报告）后发车（动车组列车除外），对货物列车未装列尾装置或列尾装置故障时，应亲自或指派胜任人员确认列车尾部标志。其他涉及助理值班员的有关作业省略。确认发车条件的具体办法由企业规定。

（7）信号员、助理值班员能通过 TDCS 等方式掌握车次、股道时，可不填写占线板（簿）。

（8）信号操作终端上使用的行车表示牌（帽、卡）及揭挂办法，由企业规定。信号操作终端包括计算机联锁操作终端、继电联锁及非集中联锁控制台。

（9）与本站（场）区有关作业人员间的联系、通知，可采用信息系统或设备通知（车站值班员布置进路及听取进路准备妥当的报告时除外），通知人员应及时确认被通知人员的签收回执，具体通知办法由企业规定。

半自动闭塞接车

半自动闭塞通过

半自动闭塞发车

4.2.3 单线半自动闭塞（未设信号员）接发列车作业程序

1. 接车（含通过）作业程序

接车（含通过）作业程序应符合图 4-4 的规定。

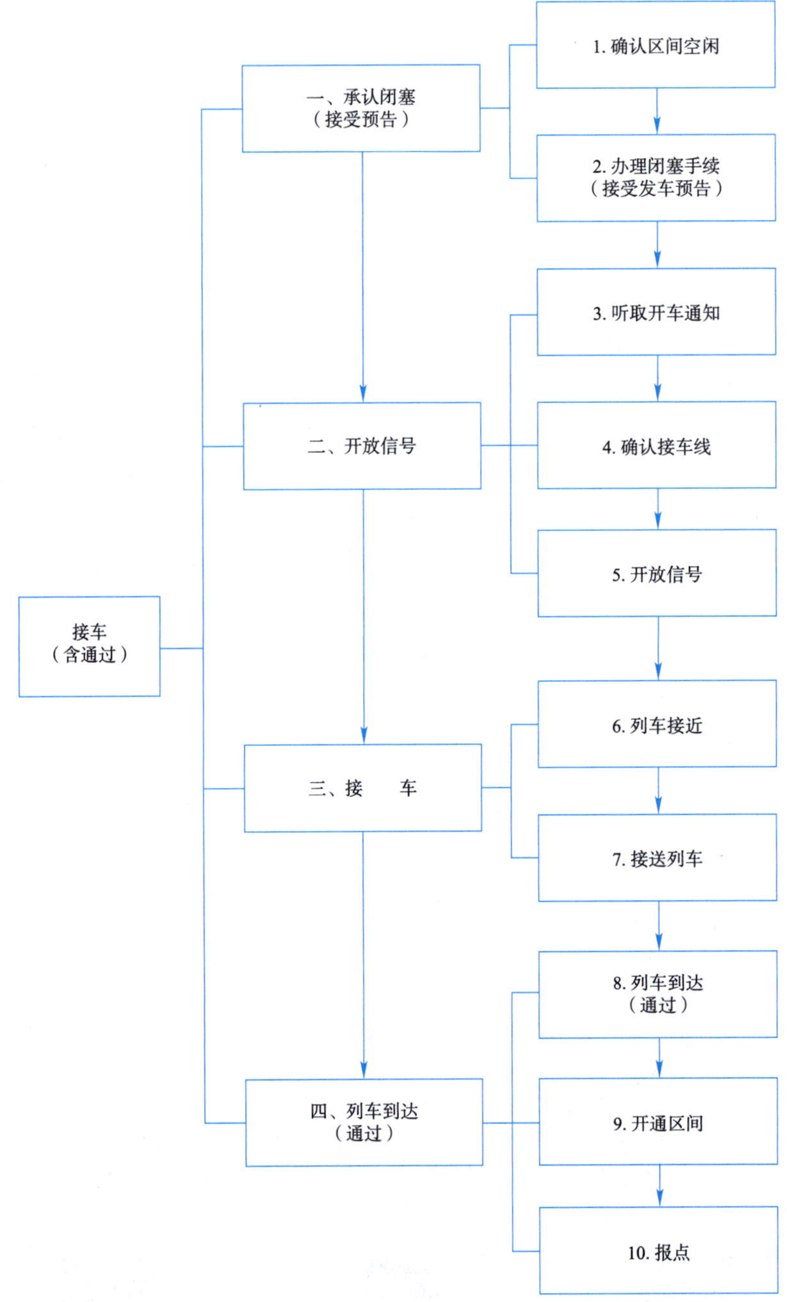

图 4-4　接车（含通过）作业程序图

2. 发车作业程序

发车作业程序应符合图 4-5 的规定。

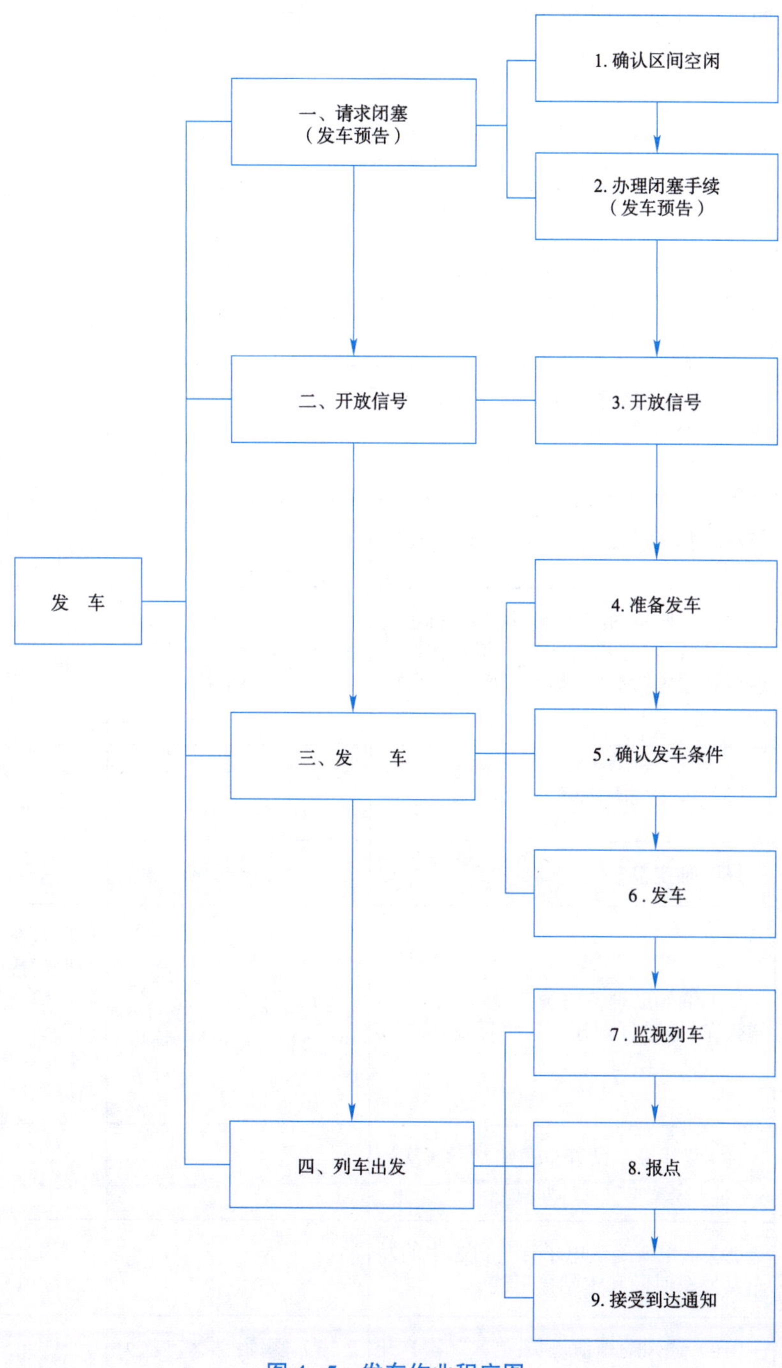

图 4-5　发车作业程序图

4.2.4 单线半自动闭塞（未设信号员）接发列车作业程序及技术要求

1. 接车（含通过）作业

接车（含通过）作业程序和岗位作业技术要求应符合表 4–3 的规定。

表 4–3 接车（含通过）作业程序和岗位作业技术要求

作业程序		岗位作业技术要求		事项要求
程序	项目	车站值班员	助理值班员	
一 承认闭塞（接受预告）	1 确认区间空闲	（1）听取发车站请求闭塞（双线为发车站预告），按列车运行计划核对车次、时刻、命令、指示（必要时与列车调度员联系）	—	—
		（2）根据闭塞表示灯、行车日志及各种行车表示牌，确认区间空闲	—	—
	2 办理闭塞手续（接受发车预告）	（3）同意闭塞：“同意×（次）闭塞。”[双线同意预告：“同意×（次）预告。”]	—	同意列车闭塞（预告）后，按企业规定通知有关人员
		（4）一听语音（铃响），二看黄色箭头（黄灯），三点击（按）闭塞按钮，四确认绿色箭头（绿灯），口呼：“×（次）闭塞好（了）。”	（1）确认无误后，应答：“×（次）闭塞好（了）。”	双线无此项作业。助理值班员在室外作业时，（1）项作业省略
		（5）填记或确认电子行车日志	—	不能使用电子行车日志时，填写纸质行车日志
		（6）确定接车线	—	—
		（7）通知助理值班员：“×（次）、×道停车[通过][到开]。”并听取复诵	（2）复诵：“×（次）、×道停车[通过][到开]。”并填写占线板（簿）	助理值班员在室外作业期间接到的通知，返回后，除按规定应擦（划）掉的外，须补填占线板（簿）。必要时与车站值班员联系
二 开放信号	3 听取开车通知	（8）复诵发车站开车通知：“×（次）、（×点）×（分）开[通过]。”	—	—
		（9）填记或确认电子行车日志中的发车站发车时间和本站接车线	—	不能使用电子行车日志时，填写纸质行车日志
		（10）通知助理值班员：“×（次）开过来（了）。”并听取复诵	（3）复诵：“×（次）开过来（了）。”	—
		（11）按企业规定通知有关人员	—	—

续表

作业程序		岗位作业技术要求		事项要求
程序	项目	车站值班员	助理值班员	
二 开放信号	4 确认接车线	（12）确认接车线路空闲	—	—
		（13）停止影响进路的调车作业	—	停止调车作业时机，由企业规定。无影响进路的调车作业，此项作业省略
	5 开放信号	（14）确认列车运行计划后，开放进站信号，口呼：“进站。”点击（按下）始端按钮；需办理变通进路时，口呼：“变通××。”点击（按下）相应变通按钮；口呼：“×道。”（正线通过时，口呼：“出站。”）点击（按下）终端按钮；设有延续进路时，口呼：“延续××。”点击（按下）延续进路相应按钮。确认光带（表示灯）、信号显示正确，口呼：“信号好（了）。”	（4）通过信号操作终端确认信号正确，应答：“×道进站信号好（了）。”[通过时，应答：“×道进、出站信号好（了）。”]	列车通过时，应办理有关发车作业程序。 “变通××”中的“××”为按钮名称。 “延续××”中的“××”为延续的按钮或线路名称。 助理值班员在室外接发车时，（4）项作业省略
三 接车	6 列车接近	（15）通过信号操作终端监视信号及进路表示	—	—
		（16）接近语音提示（接近铃响）、光带（表示灯）变红时，再次确认信号开放正确	—	—
		（17）通知助理值班员：“×（次）接近，×道接车。”并听取复诵	（5）通过信号操作终端再次确认信号正确，复诵：“×（次）接近，×道接车。”	特快旅客列车、特快货物班列的通知接车时机，由企业规定
	7 接送列车	—	（6）到企业规定地点接车	—
		（18）通过信号操作终端监视进路、信号及列车进（出）站	（7）监视列车进站，于列车停妥后（货物列车未装列尾装置或列尾装置故障时，确认列车整列到达后）返回。通过列车，于列车尾部越过接车地点，确认尾部标志后返回	—
		（19）通过信号操作终端确认列车整列进入（通过）接车线	—	—

续表

<table>
<tr><th colspan="2">作业程序</th><th colspan="2">岗位作业技术要求</th><th rowspan="2">事项要求</th></tr>
<tr><th>程序</th><th>项目</th><th>车站值班员</th><th>助理值班员</th></tr>
<tr><td rowspan="6">四
列车到达（通过）</td><td rowspan="2">8
列车到达（通过）</td><td>（20）对通过列车通知接车站：“×（次）、（×点）×（分）通过。”并听取复诵</td><td>—</td><td>—</td></tr>
<tr><td>（21）填记或确认电子行车日志</td><td>（8）对通过列车擦（划）掉占线板（簿）记载</td><td>不能使用电子行车日志时，填写纸质行车日志</td></tr>
<tr><td rowspan="2">9
开通区间</td><td>（22）开通区间，一看闭塞表示灯，二点击或按（拉）闭塞（复原）按钮，三确认灯光熄灭</td><td>—</td><td>货物列车未装列尾装置或列尾装置故障时，确认列车整列到达后，方可办理区间开通手续</td></tr>
<tr><td>（23）通知发车站：“×（次）、（×点）×（分）到。”并听取复诵</td><td>—</td><td>—</td></tr>
<tr><td>10
报点</td><td>（24）计算机报点系统自动向列车调度员报点</td><td>—</td><td>不能自动报点时，向列车调度员报点：“×（站）报点，×（次）、（×点）×（分）到[通过]。”</td></tr>
</table>

2. 发车作业

发车作业程序和岗位作业技术要求应符合表 4–4 的规定。

表 4–4　发车作业程序和岗位作业技术要求

<table>
<tr><th colspan="2">作业程序</th><th colspan="2">岗位作业技术要求</th><th rowspan="2">事项要求</th></tr>
<tr><th>程序</th><th>项目</th><th>车站值班员</th><th>助理值班员</th></tr>
<tr><td>一
请求闭塞（发车预告）</td><td>1
确认区间空闲</td><td>（1）确认列车运行计划；根据闭塞表示灯、行车日志及各种行车表示牌，确认区间空闲</td><td>—</td><td>—</td></tr>
</table>

续表

作业程序		岗位作业技术要求		事项要求
程序	项目	车站值班员	助理值班员	
一 请求闭塞（发车预告）	2 办理闭塞手续（发车预告）	（2）请求闭塞：“×（次）闭塞。”[双线：“×（次）预告。”]并听取同意的通知	—	—
		（3）一点击（按）闭塞按钮，二听语音（铃响），三看黄色箭头（黄灯）变绿，口呼：“×（次）闭塞好（了）。”	（1）确认无误后，应答：“×（次）闭塞好（了）。”	双线无此项作业。 助理值班员在室外作业时，（1）项作业省略
		（4）填记或确认电子行车日志	—	不能使用电子行车日志时，填写纸质行车日志
二 开放信号	3 开放信号	（5）停止影响进路的调车作业	—	停止调车作业时机，由企业规定。无影响进路的调车作业时，此项作业省略
		（6）确认列车运行计划后，开放出站信号，口呼：“×道。”点击（按下）始端按钮；需办理变通进路时，口呼：“变通××。”点击（按下）相应变通按钮；口呼：“出站。”点击（按下）终端按钮。确认光带（表示灯）、信号显示正确，口呼：“信号好（了）。”	（2）通过信号操作终端确认信号正确，应答：“×道出站信号好（了）。”	“变通××”中的“××”为按钮名称。 助理值班员在室外作业时，（2）项作业省略
三 发车	4 准备发车	（7）通知助理值班员：“发×道×（次）。”并听取复诵	（3）复诵：“发×道×（次）。”	助理值班员在室外作业时，可提前告知发车计划。 使用列车无线调度通信设备通知时，应在用语前增加姓名或代号。 动车组列车无此项作业
	5 确认发车条件	（8）通过信号操作终端监视信号及进路表示	—	—
		—	（4）确认旅客上下、行包装卸和列检作业等完了（或得到通知）	动车组列车无此项作业
	6 发车	—	（5）按规定站在适当地点，显示发车信号或使用列车无线调度通信设备（发车表示器）发车	由车站值班员使用列车无线调度通信设备发车时，应确认发车条件具备（或得到报告）。 动车组列车无此项作业

续表

<table>
<tr><th colspan="2">作业程序</th><th colspan="2">岗位作业技术要求</th><th rowspan="2">事项要求</th></tr>
<tr><th>程序</th><th>项目</th><th>车站值班员</th><th>助理值班员</th></tr>
<tr><td rowspan="8">四
列车出发</td><td rowspan="4">7
监视列车</td><td>（9）列车起动后，及时通知接车站：“×（次）、（×点）×（分）开。”并听取复诵</td><td>—</td><td>—</td></tr>
<tr><td>（10）填记或确认电子行车日志</td><td>—</td><td>不能使用电子行车日志时，填写纸质行车日志</td></tr>
<tr><td>（11）通过信号操作终端确认列车整列出站</td><td>（6）监视列车，于列车尾部越过发车地点，确认列车尾部标志后返回</td><td>—</td></tr>
<tr><td>—</td><td>（7）擦（划）掉占线板（簿）记载</td><td>—</td></tr>
<tr><td>8
报点</td><td>（12）计算机报点系统自动向列车调度员报点</td><td>—</td><td>不能自动报点时，向列车调度员报点：“×（站）报点，×（次）、（×点）×（分）开。”</td></tr>
<tr><td rowspan="2">9
接受到达通知</td><td>（13）复诵接车站列车到达通知，并确认闭塞表示灯熄灭</td><td>—</td><td>—</td></tr>
<tr><td>（14）填记或确认电子行车日志</td><td>—</td><td>不能使用行车日志时，填写纸质行车日志</td></tr>
</table>

3. 其他要求

（1）适用于200 km/h以下铁路区段（仅运行动车组列车的铁路除外）单（双）线半自动闭塞集中联锁设备未设信号员的车站接发列车作业。

（2）开放信号时，执行“一看、二点击（按）、三确认、四呼唤”及“眼看、手指、口呼”制度。眼看：看准应操纵的按钮；手指：鼠标箭头或光电笔对准应确认的按钮（继电联锁时为中、食指并拢成“剑指”，指向应确认的按钮）；口呼：规定用语，吐字清晰。

（3）一端有两个及以上列车运行方向，车站值班员准备进路、确认信号时，应以线名或邻站名区别方向（“线”或“站”字可省略，分主次方向时，可只在次要方向增加线名或邻站名区分）；有两个及以上车场或径路时，车站值班员办理闭塞（预告）、准备进路、确认信号，应区分车场或径路。具体办法由企业规定。

（4）列车区间运行时分小于规定的开放进站信号时分时，办理信号时机由企业规定。

（5）接发列车时，应按规定执行车机联控。

（6）未设助理值班员的车站及助理值班员不参与发车的列车，由车站值班员按规定确认发车条件具备（或得到报告）后发车（动车组列车除外），对货物列车未装列尾装置或列尾装置故障时，应亲自或指派胜任人员确认列车尾部标志。其他涉及助理值班员的有关作业省略。确认发车条件的具体办法由企业规定。

（7）助理值班员能通过 TDCS 等方式掌握车次、股道时，可不填写占线板（簿）。

（8）信号操作终端上使用的行车表示牌（帽、卡）及揭挂办法，由企业规定。信号操作终端包括计算机联锁操作终端、继电联锁及非集中联锁控制台。

（9）与本站（场）区有关作业人员间的联系、通知，可采用信息系统或设备通知，通知人员应及时确认被通知人员的签收回执，具体通知办法由企业规定。

任务 4.3　双线自动闭塞接发列车

任务引入

×年 7 月 17 日 6:31，HGT 站与 SY 站办理 2257 次旅客列车闭塞，6:41 2257 次在 HGT 站通过，6:42 车站值班员于××向中信号楼值班员李××布置接车进路，下达命令办理选排 2257 次列车接入客场 6 道。当时，运转二班六调在下 5 道北头挂 12 辆，由下牵一牵出后去下 2 道挂 28 辆，计划推送到××车场，6:39 北信号楼助理值班员崔××开放了进入下 2 道 D324 调车信号。车列连挂后，调车机及机次 3 辆未进入警冲标内方，在未试拉的情况下便盲目向前推进，在接近关闭的下 2 道南头信号机前停车时，前 11 辆油罐车与原车列分离溜出（放风制动员在放风时已将车钩提开），调车组人员采取手闸制动不及，与正在进站的 2257 次旅客列车在中信号 114 号道岔处发生侧面冲突，造成 2257 次机次 3～5 位脱轨，构成了一起调车作业与旅客列车侧面冲突的重大事故，所幸无人员伤亡。

在此案例中，车站值班员在办理客车 2257 次列车进路前，未按《站细》规定通知北信号楼，未下达停止影响 2257 次列车进路的调车作业命令。北信号楼助理值班员崔××擅自代理信号楼值班员作业，在放行六调挂下 2 道推进作业前，未按《站细》的规定请示车站值班员准许。这些都是造成此次安全事故的重要原因，因此熟练掌握双线自动闭塞电气集中联锁（设信号员）接发列车作业程序和标准，是铁路行车安全的重要保证。

请思考：

1. 利用双线半自动闭塞设备接发列车分为几个程序？
2. 参与接发列车的工种有哪些？这些工种如何相互配合完成接发列车作业？
3. 双线自动闭塞接发列车的技术要求有哪些？

知识准备

4.3.1 双线自动闭塞（设信号员）接发列车作业程序

1. 接车（含通过）作业程序

接车（含通过）作业程序应符合图 4-6 的规定。

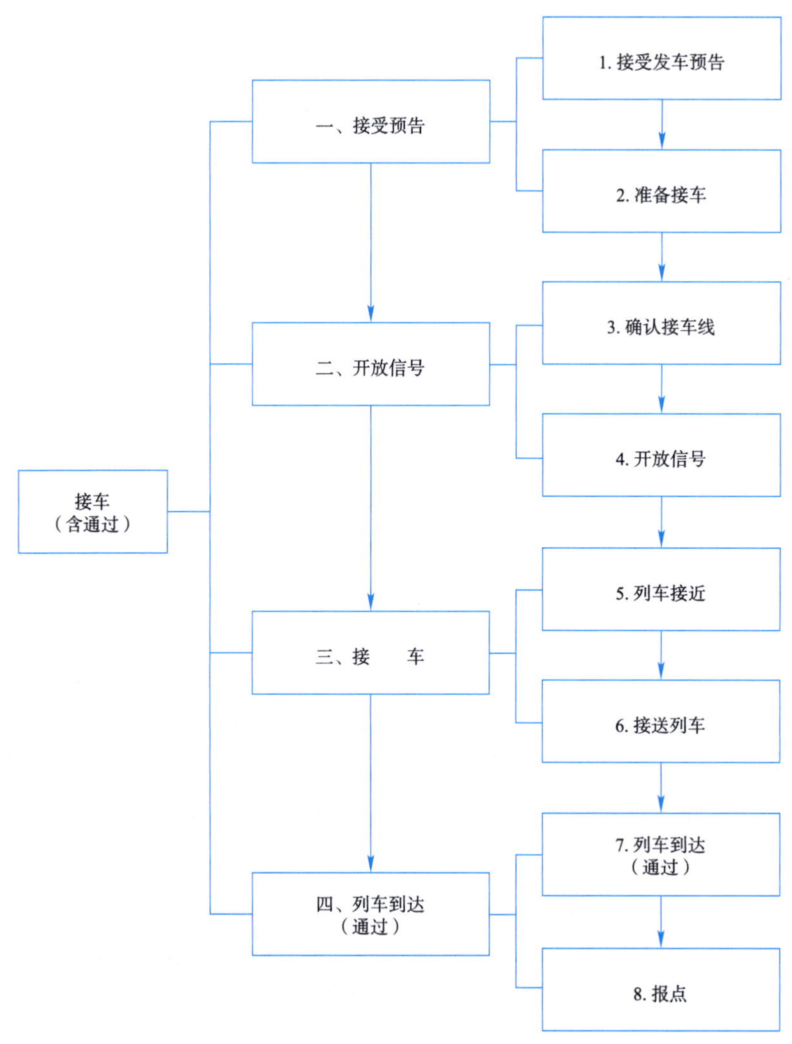

图 4-6　接车（含通过）作业程序图

2. 发车作业程序

发车作业程序应符合图 4-7 的规定。

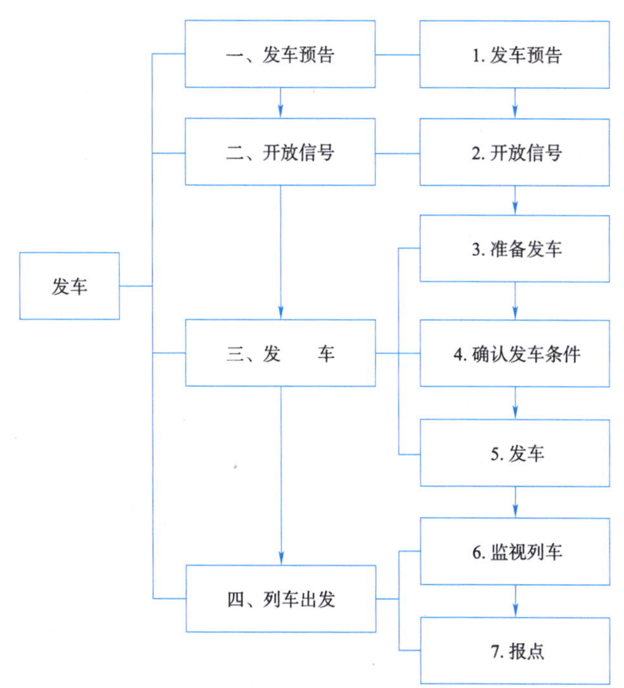

图 4-7　发车作业程序图

4.3.2　双线自动闭塞（设信号员）接发列车作业程序及技术要求

1. 接车（含通过）作业

接车（含通过）作业程序和岗位作业技术要求应符合表 4-5 的规定。

表 4-5　接车（含通过）作业程序和岗位作业技术要求

作业程序		岗位作业技术要求			事项要求
程序	项目	车站值班员	信号员	助理值班员	
一 接受预告	1 接受发车预告	（1）听取发车站预告，按列车运行计划核对车次、时刻、命令、指示（必要时与列车调度员联系），同意发车站预告："同意×（次）预告。"	—	—	同意列车预告后，按企业规定通知有关人员
		（2）填记或确认电子行车日志	—	—	不能使用电子行车日志时，填写纸质行车日志
	2 准备接车	（3）确定接车线	—	—	—
		（4）通知信号员："×（次）预告。"并听取复诵	（1）复诵："×（次）预告。"	—	—

续表

作业程序		岗位作业技术要求			事项要求
程序	项目	车站值班员	信号员	助理值班员	
二 开放信号	3 确认接车线	（5）复诵发车站开车通知：“×（次）、（×点）×（分）开[通过]。”	—	—	—
		（6）填记或确认电子行车日志中的发车站发车时间和本站接车线	—	—	不能使用电子行车日志时，填写纸质行车日志
		（7）通知信号员、助理值班员：“×（次）开过来（了），×道停车[通过][到开]。”并听取复诵	（2）复诵：“×（次）开过来（了），×道停车[通过][到开]。”并填写占线板（簿）	（1）复诵：“×（次）开过来（了），×道停车[通过][到开]。”并填写占线板（簿）	助理值班员在室外作业期间接到的通知，返回后，除按规定应擦（划）掉的外，应补填占线板（簿）。必要时与车站值班员联系
		（8）按企业规定通知有关人员	—	—	—
		（9）确认接车线路空闲	—	—	—
		（10）通知信号员停止影响进路的调车作业并听取报告	（3）停止影响进路的调车作业。确认停止后报告	—	停止调车作业时机和通知、应答、报告用语，由企业规定。无影响进路的调车作业时，此项作业省略
	4 开放信号	（11）确认列车运行计划后，通知信号员：“×（次）、×道停车[通过]，开放信号。”听取复诵无误后，命令：“执行。”	（4）复诵：“×（次）、×道停车[通过]，开放信号。”	—	列车通过时，应办理有关发车作业程序。 车站值班员认为需指定延续进路或办理变通进路时，一并通知
		（12）确认信号正确，应答：“×道进站信号好（了）。”[通过时，应答：“×道进、出站信号好（了）。”]	（5）开放进站信号，口呼：“进站。”点击（按下）始端按钮；需办理变通进路时，口呼：“变通××。”点击（按下）相应变通按钮；口呼：“×道。”（正线通过时，口呼：“出站。”）点击（按下）终端按钮；设有延续进路时，口呼：“延续××。”点击（按下）相应延续进路按钮。确认光带、信号显示正确，口呼：“信号好（了）。”	—	“变通××”中的“××”为按钮名称。 “延续××”中的“××”为延续的按钮或线路名称

续表

作业程序		岗位作业技术要求			事项要求
程序	项目	车站值班员	信号员	助理值班员	
三 接车	5 列车接近	—	（6）通过信号操作终端监视信号及进路表示	—	—
		（13）再次确认信号正确，应答：“×（次）接近。”	（7）第二（三）接近语音提示（接近铃响）、光带变红，再次确认信号开放正确，口呼：“×（次）接近。”	—	—
		（14）通知助理值班员：“×（次）接近，×道接车。”并听取复诵	—	（2）复诵：“×（次）接近，×道接车。”	特快旅客列车、特快货物班列的通知接车时机，由企业规定
	6 接送列车	—	—	（3）到企业规定地点接车	—
四 列车到达（通过）	7 列车到达（通过）	—	（8）通过信号操作终端监视进路、信号及列车进（出）站	（4）监视列车进站，于列车停妥后返回。通过列车，于列车尾部越过接车地点，确认列车尾部标志后返回	—
		（15）应答：“好（了）。”	（9）通过信号操作终端确认列车整列进入（通过）接车线，口呼：“×（次）到达[通过]。”	—	—
		（16）对通过列车通知接车站：“×（次）、（×点）×（分）通过。”并听取复诵	—	—	—
		（17）填记或确认电子行车日志	（10）对通过列车擦（划）掉占线板（簿）记载	（5）对通过列车擦（划）掉占线板（簿）记载	不能使用电子行车日志时，填写纸质行车日志
	8 报点	（18）计算机报点系统自动向列车调度员报点	—	—	不能自动报点时，向列车调度员报点：“×（站）报点，×（次）、（×点）×（分）到[通过]。”

2. 发车作业

发车作业程序和岗位作业技术要求应符合表 4–6 的规定。

表 4–6 发车作业程序和岗位作业技术要求

作业程序		岗位作业技术要求			事项要求
程序	项目	车站值班员	信号员	助理值班员	
一 发车预告	1 发车预告	(1)根据列车运行计划，向接车站发出："×（次）预告。"并听取同意的通知	—	—	—
		(2)填记或确认电子行车日志	—	—	不能使用电子行车日志时，填写纸质行车日志
二 开放信号	2 开放信号	(3)通知信号员停止影响进路的调车作业并听取报告	（1）停止影响进路的调车作业。确认停止后报告	—	停止调车作业时机和通知、应答、报告用语，由企业规定。无影响进路的调车作业时，此项作业省略
		(4)确认列车运行计划后，通知信号员："×（次）、×道发车，开放信号。"听取复诵无误后，命令："执行。"	（2）复诵："×（次）、×道发车，开放信号。"	—	车站值班员认为需办理变通进路时，一并通知
		（5）确认信号正确，应答："×道出站信号好（了）。"	（3）开放出站信号，口呼："×道。"点击（按下）始端按钮；需办理变通进路时，口呼："变通××。"点击（按下）相应变通按钮；口呼："出站。"点击（按下）终端按钮。确认光带、信号显示正确，口呼："信号好（了）。"	—	"变通××"中的"××"为按钮名称
三 发车	3 准备发车	（6）通知助理值班员："发×道×（次）。"并听取复诵	—	（1）复诵："发×道×（次）。"	助理值班员在室外作业时，可提前告知发车计划。 使用列车无线调度通信设备通知时，应在用语前增加姓名或代号。 动车组列车无此项作业

续表

作业程序		岗位作业技术要求			事项要求
程序	项目	车站值班员	信号员	助理值班员	
三 发车	4 确认发车条件	—	（4）通过信号操作终端监视信号及进路表示	—	—
		—	—	（2）确认旅客上下、行包装卸和列检作业等完了（或得到通知）	动车组列车无此项作业
	5 发车	—	—	（3）按规定站在适当地点，显示发车信号或使用列车无线调度通信设备（发车表示器）发车	由车站值班员使用列车无线调度通信设备发车时，应确认发车条件具备（或得到报告）。 动车组列车无此项作业
四 列车出发	6 监视列车	（7）列车起动后，及时通知接车站："×（次）、（×点）×（分）开。"并听取复诵	—	—	—
		（8）填记或确认电子行车日志	—	—	不能使用电子行车日志时，填写纸质行车日志
		（9）应答："好（了）。"	（5）通过信号操作终端确认列车整列出站，口呼："×（次）出站。"	（4）监视列车，于列车尾部越过发车地点，确认列车尾部标志后返回	—
		—	（6）擦（划）掉占线板（簿）记载	（5）擦（划）掉占线板（簿）记载	—
	7 报点	（10）计算机报点系统自动向列车调度员报点	—	—	不能自动报点时，向列车调度员报点："×（站）报点，×（次）、（×点）×（分）开。"

3. 其他要求

（1）适用于 200 km/h 以下铁路区段（仅运行动车组列车的铁路除外）双线自动闭塞集中联锁设备设信号员的车站接发列车作业。

（2）开放信号时，执行"一看、二点击（按）、三确认、四呼唤"及"眼看、手指、口呼"制度。眼看：看准应操纵的按钮；手指：鼠标箭头或光电笔对准应确认的按钮（继电联锁时为中、食指并拢成"剑指"，指向应确认的按钮）；口呼：规定用语，吐字清晰。

（3）一端有两个及以上列车运行方向，车站值班员布置进路、确认信号时，应以线名或邻站名区别方向（"线"或"站"字可省略，分主次方向时，可只在次要方向增加线名或邻站名区分）；有两个及以上车场或径路时，车站值班员办理预告、布置进路、确认信号，应区分车场或径路。具体办法由企业规定。

（4）列车区间运行时分小于规定的开放进站信号时分时，办理信号时机由企业规定。

（5）接发列车时，应按规定执行车机联控。

（6）未设助理值班员的车站及助理值班员不参与发车的列车，由车站值班员按规定确认发车条件具备（或得到报告）后发车（动车组列车除外）。其他涉及助理值班员的有关作业省略。确认发车条件的具体办法由企业规定。

（7）信号员、助理值班员能通过 TDCS 等方式掌握车次、股道时，可不填写占线板（簿）。

（8）信号操作终端上使用的行车表示牌（帽、卡）及揭挂办法，由企业规定。信号操作终端包括计算机联锁操作终端、继电联锁及非集中联锁控制台。

（9）与本站（场）区有关作业人员间的联系、通知，可采用信息系统或设备通知（车站值班员布置进路及听取进路准备妥当的报告时除外），通知人员应及时确认被通知人员的签收回执，具体通知办法由企业规定。

（10）使用自动通过按钮的办法，由企业制定。

自动闭塞接车

自动闭塞通过

自动闭塞发车

4.3.3 双线自动闭塞（未设信号员）接发列车作业程序

1. 接车（含通过）作业程序

接车（含通过）作业程序应符合图 4–8 的规定。

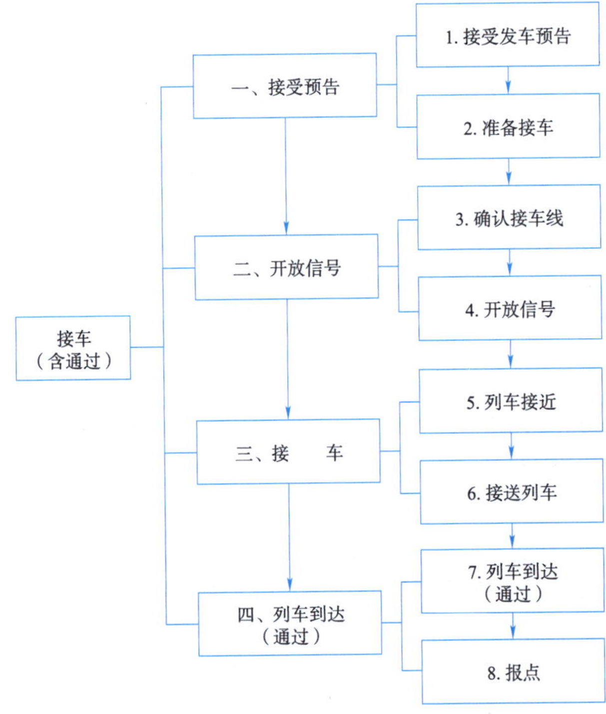

图 4–8　接车（含通过）作业程序图

2. 发车作业程序

发车作业程序应符合图 4–9 的规定。

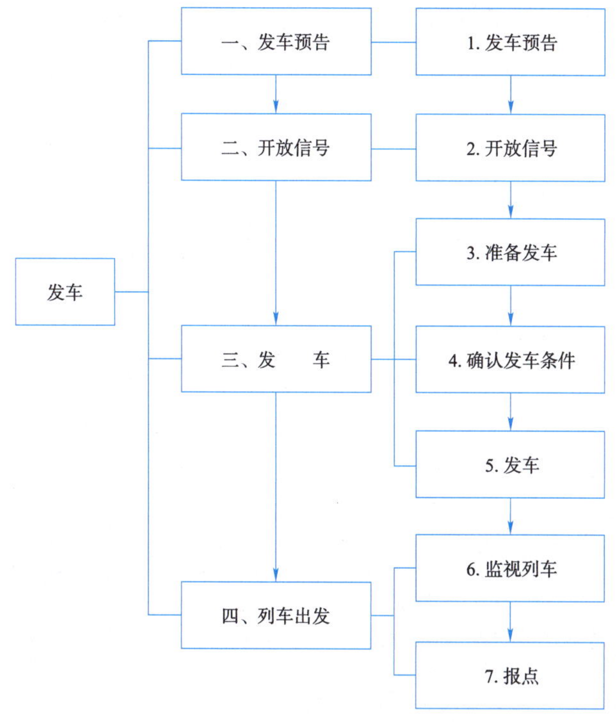

图 4–9　发车作业程序图

4.3.4　双线自动闭塞（未设信号员）接发列车作业程序及技术要求

1. 接车（含通过）作业

接车（含通过）作业程序和岗位作业技术要求应符合表 4–7 的规定。

表 4–7　接车（含通过）作业程序和岗位作业技术要求

作业程序		岗位作业技术要求		事项要求
程序	项目	车站值班员	助理值班员	
一 接受预告	1 接受发车预告	（1）听取发车站预告，按列车运行计划核对车次、时刻、命令、指示（必要时与列车调度员联系），同意发车站预告：“同意×（次）预告。”	—	同意列车预告后，按企业规定通知有关人员
		（2）填记或确认电子行车日志	—	不能使用电子行车日志时，填写纸质行车日志
	2 准备接车	（3）确定接车线	—	—

续表

作业程序		岗位作业技术要求		事项要求
程序	项目	车站值班员	助理值班员	
二 开放信号	3 确认接车线	（4）复诵发车站开车通知：“×（次）、（×点）×（分）开[通过]。”	—	—
		（5）填记或确认电子行车日志中的发车站发车时间和本站接车线	—	不能使用电子行车日志时，填写纸质行车日志
		（6）通知助理值班员：“×（次）开过来（了），×道停车[通过][到开]。”并听取复诵	（1）复诵：“×（次）开过来（了），×道停车[通过][到开]。”并填写占线板（簿）	助理值班员在室外作业期间接到的通知，返回后，除按规定应擦（划）掉的外，应补填占线板（簿），必要时与车站值班员联系
		（7）按企业规定通知有关人员	—	—
		（8）确认接车线路空闲	—	—
		（9）停止影响进路的调车作业	—	停止调车作业的时机，由企业规定。无影响进路的调车作业时，此项作业省略
	4 开放信号	（10）确认列车运行计划后，开放进站信号，口呼：“进站。”点击（按下）始端按钮；需办理变通进路时，口呼：“变通××。”点击（按下）相应变通按钮；口呼：“×道。”（正线通过时，口呼：“出站。”）点击（按下）终端按钮；设有延续进路时，口呼：“延续××。”点击（按下）延续进路相应按钮。确认光带、信号显示正确，口呼：“信号好（了）。”	（2）通过信号操作终端确认信号正确，应答：“×道进站信号好（了）。”[通过时，应答：“×道进、出站信号好（了）。”]	列车通过时，应办理有关发车作业程序。 “变通××”中的“××”为按钮名称。“延续××”中的“××”为延续的按钮或线路名称。 助理值班员在室外作业时，（2）项作业省略
三 接车	5 列车接近	（11）通过信号操作终端监视信号及进路表示	—	—
		（12）第二（三）接近语音提示（接近铃响）、光带变红，再次确认信号开放正确，通知助理值班员：“×（次）接近，×道接车。”并听取复诵	（3）通过信号操作终端再次确认信号正确，复诵：“×（次）接近，×道接车。”	特快旅客列车、特快货物班列的通知接车时机，由企业规定
	6 接送列车	—	（4）到企业规定地点接车	—

续表

作业程序		岗位作业技术要求		事项要求
程序	项目	车站值班员	助理值班员	
四 列车到达（通过）	7 列车到达（通过）	（13）通过信号操作终端监视进路、信号及列车进（出）站	（5）监视列车进站，于列车停妥后返回。通过列车，于列车尾部越过接车地点，确认尾部标志后返回	—
		（14）通过信号操作终端确认列车整列进入（通过）接车线	—	—
		（15）对通过列车通知接车站："×（次）、（×点）×（分）通过。"并听取复诵	—	—
		（16）填记或确认电子行车日志	（6）对通过列车擦（划）掉占线板（簿）记载	不能使用电子行车日志时，填写纸质行车日志
	8 报点	（17）计算机报点系统自动向列车调度员报点	—	不能自动报点时，向列车调度员报点："×（站）报点，×（次）、（×点）×（分）到[通过]。"

2. 发车作业

发车作业程序和岗位作业技术要求应符合表 4–8 的规定。

表 4–8　发车作业程序和岗位作业技术要求

作业程序		岗位作业技术要求		事项要求
程序	项目	车站值班员	助理值班员	
一 发车预告	1 发车预告	（1）根据列车运行计划，向接车站发出："×（次）预告。"并听取同意的通知	—	—
		（2）填记或确认电子行车日志	—	不能使用电子行车日志时，填写纸质行车日志
二 开放信号	2 开放信号	（3）停止影响进路的调车作业	—	停止调车作业时机，由企业规定。无影响进路的调车作业时，此项作业省略
		（4）确认列车运行计划后，开放出站信号，口呼："×道。"点击（按下）始端按钮；需办理变通进路时，口呼："变通××。"点击（按下）相应变通按钮；口呼："出站。"点击（按下）终端按钮。确认光带、信号显示正确，口呼："信号好（了）。"	（1）通过信号操作终端确认信号正确，应答："×道出站信号好（了）。"	"变通××"中的"××"为按钮名称。 助理值班员在室外作业时，（1）项作业省略

续表

作业程序		岗位作业技术要求		事项要求
程序	项目	车站值班员	助理值班员	
三 发车	3 准备发车	（5）通知助理值班员："发×道×（次）。"并听取复诵	（2）复诵："发×道×（次）。"	助理值班员在室外作业时，可提前告知发车计划。使用列车无线调度通信设备通知时，应在用语前增加姓名或代号。 动车组列车无此项作业
	4 确认发车条件	（6）通过信号操作终端监视信号及进路表示	—	—
		—	（3）确认旅客上下、行包装卸和列检作业等完了（或得到通知）	动车组列车无此项作业
	5 发车	—	（4）按规定站在适当地点，显示发车信号或使用列车无线调度通信设备（发车表示器）发车	车站值班员使用列车无线调度通信设备发车时，应确认发车条件具备（或得到报告）。 动车组列车无此项作业
四 列车出发	6 监视列车	（7）列车起动后，及时通知接车站："×（次）、（×点）×（分）开。"并听取复诵	—	—
		（8）填记或确认电子行车日志	—	不能使用电子行车日志时，填写纸质行车日志
		（9）通过信号操作终端确认列车整列出站	（5）监视列车，于列车尾部越过发车地点，确认列车尾部标志后返回	—
		—	（6）擦（划）掉占线板（簿）记载	—
	7 报点	（10）计算机报点系统自动向列车调度员报点	—	不能自动报点时，向列车调度员报点："×（站）报点，×（次）、（×点）×（分）开。"

3. 其他要求

（1）适用于 200 km/h 以下铁路区段（仅运行动车组列车的铁路除外）双线自动闭塞集中联锁设备未设信号员的车站接发列车作业。

（2）开放信号时，执行"一看、二点击（按）、三确认、四呼唤"及"眼看、手指、口呼"制度。眼看：看准应操纵的按钮；手指：鼠标箭头或光电笔对准应确认的按钮（继电联锁时为中、食指并拢成"剑指"，指向应确认的按钮）；口呼：规定用语，吐字清晰。

（3）一端有两个及以上列车运行方向，车站值班员准备进路、确认信号时，应以线名或邻站名区别方向（“线”或“站”字可省略，分主次方向时，可只在次要方向增加线名或邻站名区分）；有两个及以上车场或径路时，车站值班员办理预告、准备进路、确认信号，应区分车场或径路的用语。具体办法由企业规定。

（4）列车区间运行时分小于规定的开放进站信号时分时，办理信号时机由企业规定。

（5）接发列车时，应按规定执行车机联控。

（6）未设助理值班员的车站及助理值班员不参与发车的列车，由车站值班员按规定确认发车条件具备（或得到报告）后发车（动车组列车除外）。其他涉及助理值班员的有关作业省略。确认发车条件的具体办法由企业规定。

（7）助理值班员能通过 TDCS 等方式掌握车次、股道时，可不填写占线板（簿）。

（8）信号操作终端上使用的行车表示牌（帽、卡）及揭挂办法，由企业规定。信号操作终端包括计算机联锁操作终端、继电联锁及非集中联锁控制台。

（9）与本站（场）区有关作业人员间的联系、通知，可采用信息系统或设备通知，通知人员应及时确认被通知人员的签收回执，具体通知办法由企业规定。

（10）使用自动通过按钮的办法，由企业制定。

任务 4.4　自动站间闭塞接发列车

任务引入

非洲大陆是“一带一路”倡议的自然延伸、历史延续和现实延展。作为“一带一路”倡议与非洲国家发展战略对接的旗舰型项目，蒙内铁路 2022 年 5 月 31 日已建成通车五周年。这条新铁路为当地人们的出行，还有旅行者的游玩都带来了舒适的乘坐体验，并且节省了他们在旅途的时间。

蒙内铁路由蒙巴萨西站至内罗毕南站，全长 480 km，东侧通过港区支线接入赖茨港站（原蒙巴萨港站），西侧于内罗毕南站与内马铁路相连；线路共设 33 个车站，其中客货站 9 个、会让站 22 个、编组站 2 个；线路设计速度 120 km/h。

自开通运营以来，蒙内铁路运营状态良好，列车开行数量与客货运量稳步增长，其高效便捷且节能环保的运输为肯尼亚社会经济发展与东非一体化提供了强劲支持。蒙内铁路沿着郑和下西洋开辟的中非友谊航路，全面实现了中国提出的“五通”理念，对非洲国家探索独立自主发展道路的鼎力支持，探索基础设施建设先行，带动和促进政治、经贸、人文交流的中非合作道路，为新时代构建更加紧密的中非命运共同体提供了新路径，奠定了坚实的基础。蒙内铁路的闭塞方式采用的是自动站间闭塞设备。

请思考：

1. 自动站间闭塞接发列车与单线半自动闭塞、自动闭塞接发列车程序有何异同？
2. 自动站间闭塞接发列车程序与技术要求是什么？
3. 利用自动站间闭塞设备接发列车分为几个程序？

知识准备

4.4.1 自动站间闭塞（设信号员）接发列车作业程序

1. 接车（含通过）作业程序

接车（含通过）作业程序应符合图 4－10 的规定。

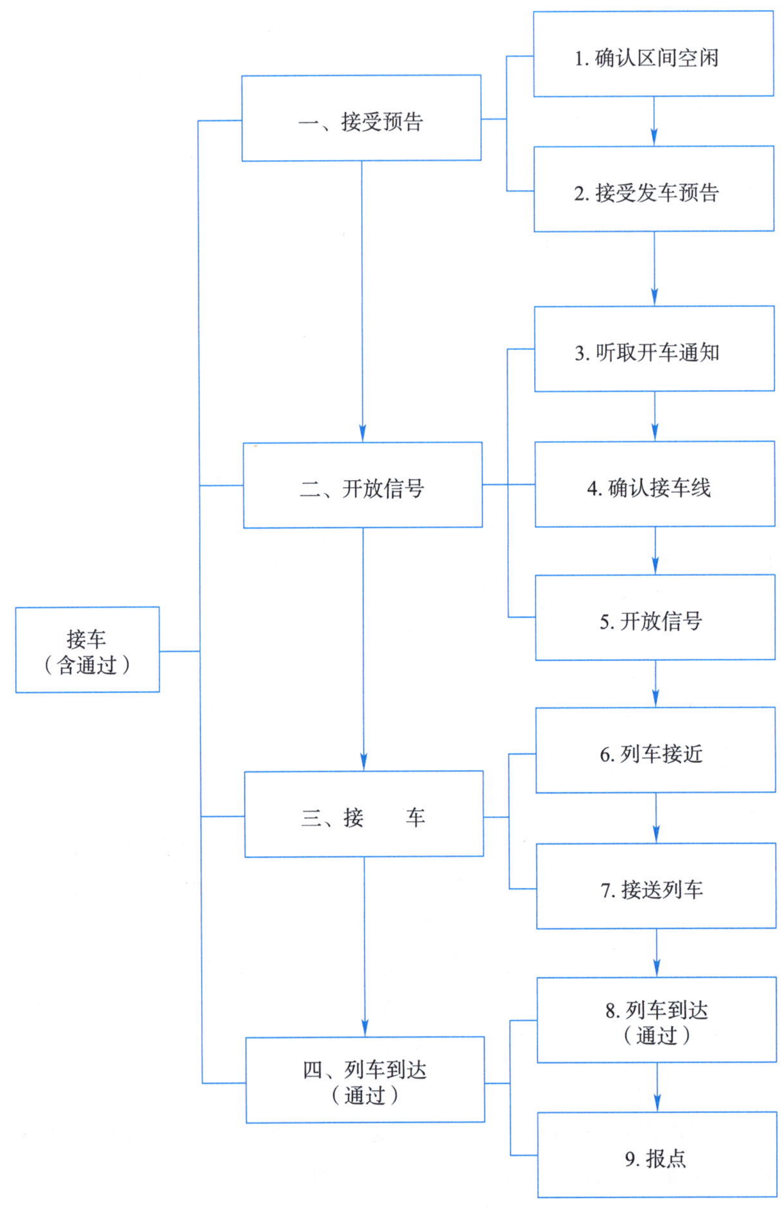

图 4－10　接车（含通过）作业程序图

2. 发车作业程序

发车作业程序应符合图 4-11 的规定。

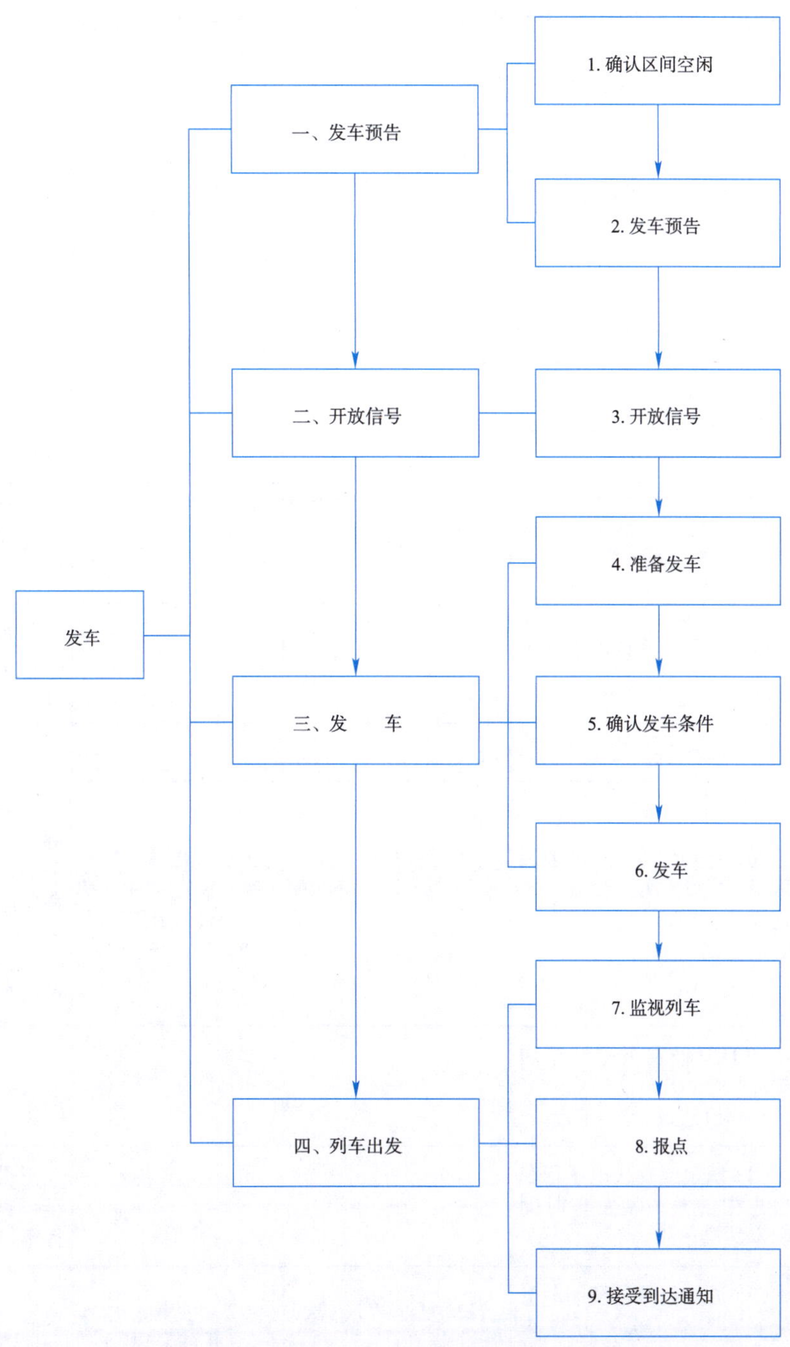

图 4-11　发车作业程序图

4.4.2 自动站间闭塞（设信号员）接发列车作业程序及技术要求

1. 接车（含通过）作业

接车（含通过）作业程序和岗位作业技术要求应符合表 4–9 的规定。

表 4–9 接车（含通过）作业程序和岗位作业技术要求

作业程序		岗位作业技术要求			事项要求
程序	项目	车站值班员	信号员	助理值班员	
一 接受预告	1 确认区间空闲	（1）听取发车站预告，按列车运行计划核对车次、时刻、命令、指示（必要时与列车调度员联系）	—	—	—
		（2）根据表示灯、行车日志及各种行车表示牌，确认区间空闲	—	—	使用计轴设备的，并应通过计轴设备确认区间空闲
	2 接受发车预告	（3）同意发车站预告："同意×（次）预告。"	—	—	同意列车预告后，按企业规定通知有关人员
		（4）填记或确认电子行车日志	—	—	不能使用电子行车日志时，填写纸质行车日志
		（5）确定接车线	—	—	—
		（6）通知信号员、助理值班员："×（次）预告、×道停车[通过][到开]。"并听取复诵	（1）复诵："×（次）预告、×道停车[通过][到开]。"并填写占线板（簿）	（1）复诵："×（次）预告、×道停车[通过][到开]。"并填写占线板（簿）	助理值班员在室外作业期间接到的通知，返回后，除按规定应擦（划）掉的外，应补填占线板（簿）。必要时与车站值班员联系
二 开放信号	3 听取开车通知	（7）复诵发车站开车通知："×（次）、（×点）×（分）开[通过]。"	—	—	—
		（8）填记或确认电子行车日志中的发车站发车时间和本站接车线	—	—	不能使用电子行车日志时，填写纸质行车日志
		（9）通知信号员及助理值班员："×（次）开过来（了）。"并听取复诵	（2）复诵："×（次）开过来（了）。"	（2）复诵："×（次）开过来（了）。"	—
		（10）按企业规定通知有关人员	—	—	—

续表

作业程序		岗位作业技术要求			事项要求
程序	项目	车站值班员	信号员	助理值班员	
二 开放信号	4 确认接车线	（11）确认接车线路空闲	—	—	—
		（12）通知信号员停止影响进路的调车作业并听取报告	（3）停止影响进路的调车作业。确认停止后报告	—	停止调车作业时机和通知、应答、报告用语，由企业规定。无影响进路的调车作业时，此项作业省略
	5 开放信号	（13）确认列车运行计划后，通知信号员：“×（次）、×道停车[通过]，开放信号。”听取复诵无误后，命令：“执行。”	（4）复诵：“×（次）、×道停车[通过]，开放信号。”	—	列车通过时，应办理有关发车作业程序。车站值班员认为需指定延续进路或办理变通进路时，一并通知
		（14）确认信号正确，应答：“×道进站信号好（了）。”[通过时，应答：“×道进、出站信号好（了）。”]	（5）开放进站信号，口呼：“进站。”点击（按下）始端按钮；需办理变通进路时，口呼：“变通××。”点击（按下）相应变通按钮；口呼：“×道。”（正线通过时，口呼：“出站。”）点击（按下）终端按钮；设有延续进路时，口呼：“延续××。”点击（按下）延续进路相应按钮。确认光带、信号显示正确，口呼：“信号好（了）。”	—	“变通××”中的“××”为按钮名称。“延续××”中的“××”为延续的按钮或线路名称
三 接车	6 列车接近	—	（6）通过信号操作终端监视信号及进路表示	—	—
		（15）再次确认信号正确，应答：“×（次）接近。”	（7）接近语音提示（接近铃响）、光带变红，再次确认信号开放正确，口呼：“×（次）接近。”	—	—
		（16）通知助理值班员：“×（次）接近，×道接车。”并听取复诵	—	（3）复诵：“×（次）接近，×道接车。”	特快旅客列车、特快货物班列的通知接车时机，由企业规定
	7 接送列车	—	—	（4）到企业规定地点接车	—

续表

作业程序		岗位作业技术要求			事项要求
程序	项目	车站值班员	信号员	助理值班员	
四 列车到达（通过）	8 列车到达（通过）	—	（8）通过信号操作终端监视进路、信号及列车进（出）站	（5）监视列车进站，于列车停妥后返回。通过列车，于列车尾部越过接车地点，确认列车尾部标志后返回	—
		（17）应答：“好（了）。”	（9）通过信号操作终端确认列车整列进入（通过）接车线、区间空闲。口呼：“×（次）到达[通过]，×（站）区间空闲。”	—	使用计轴设备的，并应通过计轴设备确认区间空闲
		（18）对通过列车通知接车站：“×（次）、（×点）×（分）通过。”并听取复诵	—	—	—
		（19）填记或确认电子行车日志	（10）对通过列车擦（划）掉占线板（簿）记载	（6）对通过列车擦（划）掉占线板（簿）记载	不能使用电子行车日志时，填写纸质行车日志
	9 报点	（20）通知发车站：“×（次）、（×点）×（分）到。”并听取复诵	—	—	—
		（21）计算机报点系统自动向列车调度员报点	—	—	不能自动报点时，向列车调度员报点：“×（站）报点，×（次）、（×点）×（分）到[通过]。”

2. 发车作业

发车作业程序和岗位作业技术要求应符合表 4-10 的规定。

表 4-10　发车作业程序和岗位作业技术要求

作业程序		岗位作业技术要求			事项要求
程序	项目	车站值班员	信号员	助理值班员	
一 发车预告	1 确认区间空闲	（1）确认列车运行计划；根据表示灯、行车日志及各种行车表示牌，确认区间空闲	—	—	使用计轴设备的，还应通过计轴设备确认区间空闲

续表

作业程序		岗位作业技术要求			事项要求
程序	项目	车站值班员	信号员	助理值班员	
一 发车预告	2 发车预告	（2）向接车站发出："×（次）预告。"并听取同意的通知	—	—	—
一 发车预告	2 发车预告	（3）填记或确认电子行车日志	—	—	不能使用电子行车日志时，填写纸质行车日志
二 开放信号	3 开放信号	（4）通知信号员停止影响进路的调车作业并听取报告	（1）停止影响进路的调车作业。确认停止后报告	—	停止调车作业时机和通知、应答、报告用语，由企业规定。无影响进路的调车作业时，此项作业省略
二 开放信号	3 开放信号	（5）确认列车运行计划后，通知信号员："×（次）、×道发车，开放信号。"听取复诵无误后，命令："执行。"	（2）复诵："×（次）、×道发车，开放信号。"	—	车站值班员认为需办理变通进路时，一并通知
二 开放信号	3 开放信号	（6）确认信号正确，应答："×道出站信号好（了）。"	（3）开放出站信号，口呼："×道。"点击（按下）始端按钮；需办理变通进路时，口呼："变通××。"点击（按下）相应变通按钮；口呼："出站。"点击（按下）终端按钮。确认光带、信号显示正确，口呼："信号好（了）。"	—	"变通××"中的"××"为按钮名称
三 发车	4 准备发车	（7）通知助理值班员："发×道×（次）。"并听取复诵	—	（1）复诵："发×道×（次）。"	助理值班员在室外作业时，可提前告知发车计划。 使用列车无线调度通信设备通知时，应在用语前增加姓名或代号。 动车组列车无此项作业
三 发车	5 确认发车条件	—	（4）通过信号操作终端监视信号及进路表示	（2）确认旅客上下、行包装卸和列检作业等完了（或得到通知）	动车组列车无此项作业

续表

作业程序		岗位作业技术要求			事项要求
程序	项目	车站值班员	信号员	助理值班员	
三 发车	6 发车	—	—	（3）按规定站在适当地点，显示发车信号或使用列车无线调度通信设备（发车表示器）发车	由车站值班员使用列车无线调度通信设备发车时，应确认发车条件具备（或得到报告）。 动车组列车无此项作业
四 列车出发	7 监视列车	（8）列车起动后，及时通知接车站："×（次）、（×点）×（分）开。"并听取复诵	—	—	—
		（9）填记或确认电子行车日志	—	—	不能使用电子行车日志时，填写纸质行车日志
		（10）应答："好（了）。"	（5）通过信号操作终端确认列车整列出站，口呼："×（次）出站。"	（4）监视列车，于列车尾部越过发车地点，确认列车尾部标志后返回	—
		—	（6）擦（划）掉占线板（簿）记载	（5）擦（划）掉占线板（簿）记载	—
	8 报点	（11）计算机报点系统自动向列车调度员报点	—	—	不能自动报点时，向列车调度员报点："×（站）报点，×（次）、（×点）×（分）开。"
	9 接受到达通知	（12）复诵接车站列车到达通知	（7）确认区间空闲	—	使用计轴设备的，并应通过计轴设备确认区间空闲
		（13）填记或确认电子行车日志	—	—	不能使用电子行车日志时，填写纸质行车日志

3. 其他要求

（1）适用于200 km/h以下铁路区段（仅运行动车组列车的铁路除外）自动站间闭塞集中联锁设备设信号员的车站接发列车作业。

（2）开放信号时，执行"一看、二点击（按）、三确认、四呼唤"及"眼看、手指、口呼"制度。眼看：看准应操纵的按钮；手指：鼠标箭头或光电笔对准应确认的按钮（继电联锁时为中、食指并拢成"剑指"，指向应确认的按钮）；口呼：规定用语，吐字清晰。

（3）接发列车使用计轴复零按钮前，应与邻站共同确认区间空闲，并取得列车调度员准许使用的调度命令。

（4）一端有两个及以上列车运行方向，车站值班员布置进路、确认信号时，应以线名或邻站名区别方向（“线”或“站”字可省略，分主次方向时，可只在次要方向增加线名或邻站名区分）；有两个及以上车场或径路时，车站值班员办理预告、布置进路、确认信号，应区分车场或径路。具体办法由企业规定。

（5）列车区间运行时分小于规定的开放进站信号时分时，办理信号时机由企业规定。

（6）接发列车时，应按规定执行车机联控。

（7）未设助理值班员的车站及助理值班员不参与发车的列车，由车站值班员按规定确认发车条件具备（或得到报告）后发车（动车组列车除外）。其他涉及助理值班员的有关作业省略。确认发车条件的具体办法由企业规定。

（8）信号员、助理值班员能通过 TDCS 等方式掌握车次、股道时，可不填写占线板（簿）。

（9）信号操作终端上使用的行车表示牌（帽、卡）及揭挂办法，由企业规定。信号操作终端包括计算机联锁操作终端、继电联锁及非集中联锁控制台。

（10）与本站（场）区有关作业人员间的联系、通知，可采用信息系统或设备通知（车站值班员布置进路及听取进路准备妥当的报告时除外），通知人员应及时确认被通知人员的签收回执，具体通知办法由企业规定。

4.4.3　自动站间闭塞（未设信号员）接发列车作业程序

1. 接车（含通过）作业程序

接车（含通过）作业程序应符合图 4–12 的规定。

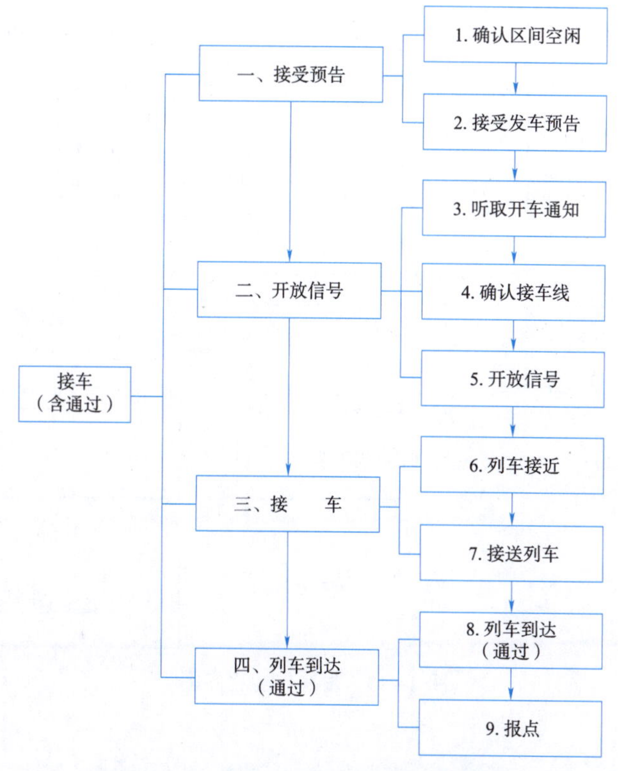

图 4–12　接车（含通过）作业程序图

2. 发车作业程序

发车作业程序应符合图 4–13 的规定。

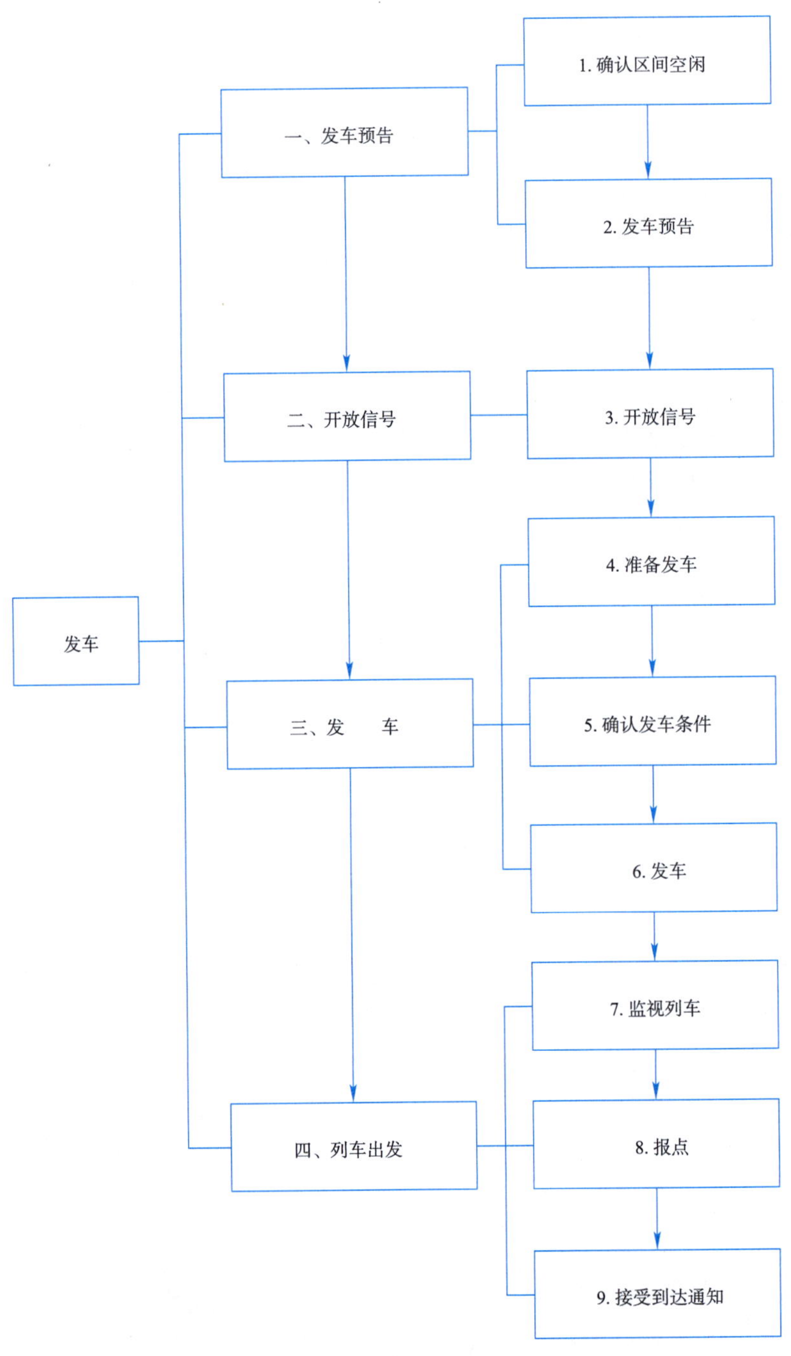

图 4–13　发车作业程序图

4.4.4 自动站间闭塞（未设信号员）接发列车作业程序及技术要求

1. 接车（含通过）作业

接车（含通过）作业程序和岗位作业技术要求应符合表 4-11 的规定。

表 4-11 接车（含通过）作业程序和岗位作业技术要求

作业程序		岗位作业技术要求		事项要求
程序	项目	车站值班员	助理值班员	
一 接受预告	1 确认区间空闲	（1）听取发车站预告，按列车运行计划核对车次、时刻、命令、指示（必要时与列车调度员联系）	—	—
		（2）根据表示灯、行车日志及各种行车表示牌，确认区间空闲	—	使用计轴设备的，还并应通过计轴设备确认区间空闲
	2 接受发车预告	（3）同意发车站预告："同意×（次）预告。"	—	同意列车预告后，按企业规定通知有关人员
		（4）填记或确认电子行车日志	—	不能使用电子行车日志时，填写纸质行车日志
		（5）确定接车线	—	—
		（6）通知助理值班员："×（次）、×道停车[通过][到开]。"并听取复诵	（1）复诵："×（次）、×道停车[通过][到开]。"并填写占线板（簿）	助理值班员在室外作业期间接到的通知，返回后，除按规定应擦（划）掉的外，应补填占线板（簿）。必要时与车站值班员联系
二 开放信号	3 听取开车通知	（7）复诵发车站开车通知："×（次）、（×点）×（分）开[通过]。"	—	—
		（8）填记或确认电子行车日志中的发车站发车时间和本站接车线	—	不能使用电子行车日志时，填写纸质行车日志
		（9）通知助理值班员："×（次）开过来（了）。"并听取复诵	（2）复诵："×（次）开过来（了）。"	—
		（10）按企业规定通知有关人员	—	—
	4 确认接车线	（11）确认接车线路空闲	—	—
		（12）停止影响进路的调车作业	—	停止调车作业时机，由企业规定。无影响进路的调车作业时，此项作业省略

续表

作业程序		岗位作业技术要求		事项要求
程序	项目	车站值班员	助理值班员	
二 开放信号	5 开放信号	（13）确认列车运行计划后，开放进站信号，口呼："进站。"点击（按下）始端按钮；需办理变通进路时，口呼："变通××。"点击（按下）相应变通按钮；口呼："×道。"（正线通过时，口呼："出站。"）点击（按下）终端按钮；设有延续进路时，口呼："延续××。"点击（按下）延续进路相应按钮。确认光带、信号显示正确，口呼："信号好（了）。"	（3）通过信号操作终端确认信号正确，应答："×道进站信号好（了）。"［通过时，应答："×道进、出站信号好（了）。"］	列车通过时，应办理有关发车作业程序。 "变通××"中的"××"为按钮名称。 "延续××"中的"××"为延续的按钮或线路名称。 助理值班员在室外作业时，（3）项作业省略
三 接车	6 列车接近	（14）通过信号操作终端监视信号及进路表示	—	—
		（15）接近语音提示（接近铃响）、光带变红，再次确认信号开放正确	—	—
		（16）通知助理值班员："×（次）接近，×道接车。"并听取复诵	（4）通过信号操作终端再次确认信号正确，复诵："×（次）接近，×道接车。"	特快旅客列车、特快货物班列的通知接车时机，由企业规定
	7 接送列车	—	（5）到企业规定地点接车	—
四 列车到达（通过）	8 列车到达（通过）	（17）通过信号操作终端监视进路、信号及列车进（出）站	（6）监视列车进站，于列车停妥后返回。通过列车，于列车尾部越过接车地点，确认列车尾部标志后返回	—
		（18）通过信号操作终端确认列车整列进入（通过）接车线、区间空闲	—	使用计轴设备的，还应通过计轴设备确认区间空闲
		（19）对通过列车通知接车站："×（次）、（×点）×（分）通过。"并听取复诵	—	—
		（20）填记或确认电子行车日志	（7）对通过列车擦（划）掉占线板（簿）记载	不能使用电子行车日志时，填写纸质行车日志
	9 报点	（21）通知发车站："×（次）、（×点）×（分）到。"并听取复诵	—	—
		（22）计算机报点系统自动向列车调度员报点	—	不能自动报点时，向列车调度员报点："×（站）报点，×（次）、（×点）×（分）到［通过］。"

2. 发车作业

发车作业程序和岗位作业技术要求应符合表 4–12 的规定。

表 4–12　发车作业程序和岗位作业技术要求

作业程序		岗位作业技术要求		事项要求
程序	项目	车站值班员	助理值班员	
一 发车预告	1 确认区间空闲	（1）确认列车运行计划；根据表示灯、行车日志及各种行车表示牌，确认区间空闲	—	使用计轴设备的，还应通过计轴设备确认区间空闲
	2 发车预告	（2）向接车站发出："×（次）预告。"并听取同意的通知	—	—
		（3）填记或确认电子行车日志	—	不能使用电子行车日志时，填写纸质行车日志
二 开放信号	3 开放信号	（4）停止影响进路的调车作业	—	停止调车作业时机，由企业规定。无影响进路的调车作业时，此项作业省略
		（5）确认列车运行计划后，开放出站信号，口呼："×道。"点击（按下）始端按钮；需办理变通进路时，口呼："变通××。"点击（按下）相应变通按钮；口呼："出站。"点击（按下）终端按钮。确认光带、信号显示正确，口呼："信号好（了）。"	（1）通过信号操作终端确认信号正确，应答："×道出站信号好（了）。"	"变通××"中的"××"为按钮名称。 助理值班员在室外接发车时，（1）项作业省略
三 发车	4 准备发车	（6）通知助理值班员："发×道×（次）。"并听取复诵	（2）复诵："发×道×（次）。"	助理值班员在室外接发车时，可提前告知发车计划。 使用列车无线调度通信设备通知时，应在用语前增加姓名或代号
	5 确认发车条件	（7）通过信号操作终端监视信号及进路表示	—	—
		—	（3）确认旅客上下、行包装卸和列检作业等完了（或得到通知）	动车组列车无此项作业
	6 发车	—	（4）按规定站在适当地点，显示发车信号或使用列车无线调度通信设备（发车表示器）发车	由车站值班员使用列车无线调度通信设备发车时，应确认发车条件具备（或得到报告）。 动车组列车无此项作业

续表

作业程序		岗位作业技术要求		事项要求
程序	项目	车站值班员	助理值班员	
四 列车出发	7 监视列车	（8）列车起动后，及时通知接车站：“×（次）、（×点）×（分）开。”并听取复诵	—	—
		（9）填记或确认电子行车日志	—	不能使用电子行车日志时，填写纸质行车日志
		（10）通过信号操作终端确认列车整列出站	（5）监视列车，于列车尾部越过发车地点，确认列车尾部标志后返回	—
		—	（6）擦（划）掉占线板（簿）记载	—
	8 报点	（11）计算机报点系统自动向列车调度员报点	—	不能自动报点时，向列车调度员报点：“×（站）报点，×（次）、（×点）×（分）开。”
	9 接受到达通知	（12）复诵接车站列车到达通知，确认区间空闲	—	使用计轴设备的，还应通过计轴设备确认区间空闲
		（13）填记或确认电子行车日志	—	不能使用电子行车日志时，填写纸质行车日志

3. 其他要求

（1）适用于200 km/h以下铁路区段（仅运行动车组列车的铁路除外）自动站间闭塞集中联锁设备未设信号员的车站接发列车作业。

（2）开放信号时，执行“一看、二点击（按）、三确认、四呼唤”及“眼看、手指、口呼”制度。眼看：看准应操纵的按钮；手指：鼠标箭头或光电笔对准应确认的按钮（继电联锁设备为中、食指并拢成“剑指”，指向应确认的按钮）；口呼：规定用语，吐字清晰。

（3）接发列车使用计轴复零按钮前，应与邻站共同确认区间空闲，并取得列车调度员准许使用的调度命令。

（4）一端有两个及以上列车运行方向，车站值班员准备进路、确认信号时，应以线名或邻站名区别方向（“线”或“站”字可省略，分主次方向时，可只在次要方向增加线名或邻站名区分）；有两个及以上车场或径路时，车站值班员办理预告、准备进路、确认信号，应区分车场或径路。具体办法由企业规定。

（5）列车区间运行时分小于规定的开放进站信号时分时，办理信号时机由企业规定。

（6）接发列车时，应按规定执行车机联控。

（7）未设助理值班员的车站及助理值班员不参与发车的列车，由车站值班员按规定确认发车条件具备（或得到报告）后发车（动车组列车除外）。其他涉及助理值班员的有关作业省略。确认发车条件的具体办法由企业规定。

（8）助理值班员能通过 TDCS 等方式掌握车次、股道时，可不填写占线板（簿）。

（9）信号操作终端上使用的行车表示牌（帽、卡）及揭挂办法，由企业规定。信号操作终端包括计算机联锁操作终端、继电联锁及非集中联锁控制台。

（10）与本站（场）区有关作业人员间的联系、通知，可采用信息系统或设备通知，通知人员应及时确认被通知人员的签收回执，具体通知办法由企业规定。

任务 4.5　相对方向同时接车和同方向同时发接列车

任务引入

×年 2 月 28 日 83404 次列车于 4:52 到达 TL 站南直通场 5 道。计划 5:45 开车，5:45 开放出发进路信号，信号开放后，车站值班员李××与司机按规定通报发车进路，司机复诵后，告知值班员：“货票没有送到。”值班员李××用电话找车号员催其送票，由于该列车为 JT 线到达的列车，JT 线确报系统没有升级，列车无确报，列车到达的编组顺序表为手工编制，列车开车前需车号员重新对票，核对现车，以微机编制编组顺序表。

内勤车号员陈××5:44 编制完列车编组顺序表，外勤车号员王××5:57 将列车编组顺序表及货票送到机车，并按规定办理票据交接。值班员李××当时不知货票及顺序表已送上机车，便以无线调度电话呼叫助理值班员李××：“5 道 83404 次不开了，放 2 道等着机车入库。”2 道单机 4:49 到达北场，5:50 到达南场，该机车系 BC 机务段担当的长交路机车，值班员急于放行该机车入库。车站值班员在通知助理值班员取消 5 道发车时，李××盲目地答应值班员：“好了。”没有将自己已经显示发车信号的作业过程向值班员报告。助理值班员答应值班员取消 5 道发车进路后，立即用无线电台与司机联系，但是，由于助理值班员携带的无线电台电量已经耗尽，与司机联系不上，助理值班员本应立即奔向机车通知司机，反而盲目返回发车室换电池。列车于 5:59 动车。车站值班员得到助理值班员的回话后，命令信号员季××取消 5 道发车进路，放 2 道机车入库。信号员按照值班员的命令，以总人解的方式取消 5 道发车进路，5 道进路经 30 s 延时后解锁。信号员随即排列了 2 道机车入库的进路。6:02 值班员李××通过控制台发现 5 道出发进路轨道电路变红，立即以无线电台连续三次呼叫 83404 次司机停车。83404 次机车于 6:02 停于 223 号道岔前。

在铁路行车事故中，接发车是其中重要的一个环节，本案例中，冒进信号是比较常见的接发车事故。遵守规章制度，按接发车作业标准作业，减少接发车作业过程中事故的发生，对铁路行车安全尤为重要。

请思考：

1. 禁止办理相对方向同时接车和同方向同时发接列车的情况有哪些？
2. 不能同时接车和不能同时发接列车时应该如何处理？

知识准备

4.5.1 基本概念

在车站接发列车工作中，经常会遇到两趟列车在站内相对方向同时接车或同方向同时发接、接发列车的情况。为保证接发列车作业的安全，车站应根据进站方向的坡度、接车线末端有无隔开设备、闭塞方式及列车种类（性质）、列车运行监控记录装置是否良好，按有关规定确定车站能否办理相对方向同时接车或同方向同时发接、接发列车。

1. 相对方向同时接车

这是指自车站一端开放进站信号机起到列车全部进入接车线警冲标内方停妥的一段时间内，也开放另一端的进站信号机，接入相对方向的列车。

2. 同方向同时发接列车

这是指自车站一端开放出站信号机起至列车全部出站的一段时间内也开放另一端进站信号机，接入相同方向的列车。

3. 同方向同时接发列车

这是指自车站一端开放进站信号机起至列车全部进入接车线警冲标内方停妥的一段时间内也开放另一端出站信号机，发出相同方向的列车。

4. 隔开设备

这是指将一条进路与另一条进路隔离开，使两条进路的接发列车作业彼此不干扰的设备。

隔开设备包括安全线、避难线，以及能起隔开作用的道岔。此外，连续接车线末端道岔的无机车车辆占用的牵出线、货物线、岔线也可以作为隔开设备使用。

5. 规定为通过的列车

规定为通过的列车包括：

（1）列车运行图规定为通过的列车；

（2）以书面文件、电报修改列车运行时刻，改为通过的列车；

（3）以调度命令排点规定为通过的列车。

凡没有指定时刻的列车，一律按停车列车办理。

相对方向同时接车时，当一端列车未全部进入接车线警冲标内方，而另一端列车越过接车线末端警冲标，若无隔开设备就有发生冲突的可能；同方向同时发接列车时，当发出列车尚未全部驶出车站，而另一端进站列车越过接车线末端的警冲标，若无隔开设备，也可能发生冲突。因此，为保证车站接发列车的效率和作业安全，应根据进站方向的线路坡度、接车线末端有无隔开设备、列车及车站的性质等确定能否办理相对方向同时接车或同方向同时发接列车。

4.5.2 禁止办理相对方向同时接车和同方向同时发接列车的情况

（1）进站信号机外制动距离内，进站方向为超过 6‰的下坡道而接车线末端无隔开设备，如图 4－14 所示。

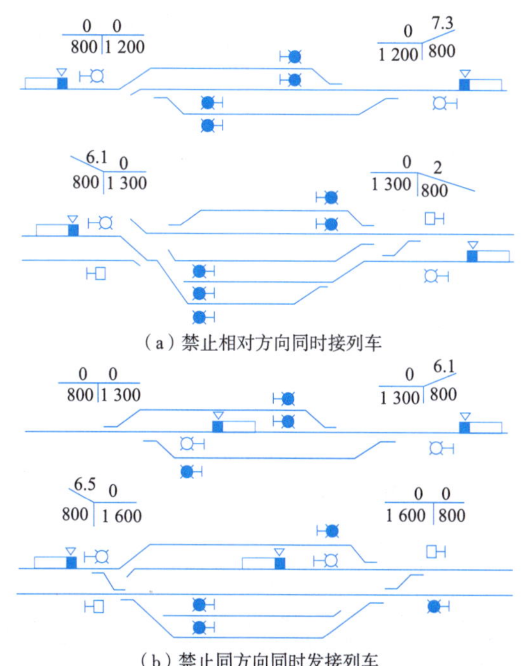

图 4－14　禁止相对方向同时接车、同方向同时发接列车示意图

列车在超过 6‰的下坡道运行时，下滑力超过运行阻力。若司机不能正确施行制动，列车进站时可能越过接车线末端警冲标。若接车线末端无隔开设备，就有可能与正在进站的对向列车或正在出站的同向列车发生冲突。

进站信号机外制动距离内的坡度为换算坡度，即平均坡度减去曲线阻力的当量坡度。超过 6‰的坡度由工务部门提供，在《行规》内公布。电务部门设计此类车站联锁条件时，有关信号应按敌对信号设计。引导接车不能控制敌对信号时，由车站值班员人工控制。

（2）在接发旅客列车的同时，接入列车运行监控装置或轨道车运行控制设备发生故障的列车、制动力部分切除的动车组列车而接车线末端无隔开设备。

全路牵引列车的机车均已安装列车运行监控装置以及轨道车均已安装轨道车运行控制设备的情况，列车运行的安全控制装备有了很大的改善，列车可以严格按照信号机的显示运行，但列车运行监控装置或轨道车运行控制设备故障时，列车完全由司机人工控制运行，列车运行安全系数降低，同时，制动力部分切除的动车组列车制动能力降低，也存在一定的安全风险。因此，为保证旅客列车运行安全，规定在接发旅客列车的同时，接车线末端无隔开设备的线路上，禁止接入列车运行监控装置或轨道车运行控制设备故障的列车和制动力部分切除的动车组列车。车站值班员在接到司机关于“列车运行监控装置故障”“轨道车运行控制设备故障”“动车组列车制动力部分切除”的报告时，在办理相对方向同时接车和同方向同时发接列车时要严格执行本条规定。车站应根据设备情况，将不能办理相对方向同时接车和同方向同时发按列车的情况纳入《站细》。

4.5.3　不能同时接车和不能同时发接列车的处理

1. 相对方向两列车同时接近车站而不能同时接车时

应先将一个方向的列车接入站内停于接车线警冲标内方后，再接入另一列车。在确定先后顺序时，应先接不适于在站外停车的列车、在站外停车后起动困难的列车以及后面有续行列车的列车。

其他情况应汇报列车调度员后遵照先客后货、先快后慢的原则执行，一般可考虑：旅客列车与非旅客列车交会时，应先接旅客列车；停车列车与通过列车交会时，应先接停车列车；非超长列车与超长列车交会时，应先接非超长列车；进站方向为下坡道的列车与进站方向为平道或上坡道的列车交会时，应先接进站方向为平道或上坡道的列车。

2. 禁止办理同方向同时发接列车时

原则上应先接后发，亦可根据列车调度员指示办理。

遇两列车的到发时刻抵触，而所接列车已由邻站出发时：

（1）原则上应先接后发，但到达列车必须进入待发列车所占线路时可先发后接。

（2）遇有两个及其以上方向的车站，当列车同方向同时接近车站时，应先接不适于站外停车的列车、停车后起动困难的列车、后面有续行的列车、列车运行监控记录装置发生故障的列车。

（3）在保证停车后能起动的情况下，准许列车机外停车。

（4）两列车等级相同时，按列车调度员指示办理。

任务 4.6　特殊列车的接发作业

任务引入

×年 8 月 31 日，按施工方案 ZG 站早 6:00—8:00 下行线更换 1 号、7 号、9 号道岔转辙机施工，影响联动的上行 3 号、5 号道岔，上行列车利用绿色许可证发车。7:08，车站监控干部（值班站长）刘××，指派当班信号员袁××递交 4 道的 11040 次绿色许可证（待避 1394 次），而自己亲自顶替信号员岗位。顶岗后，在没有得到值班员命令的情况下，臆测 1394 次列车已全列出站，盲目操纵Ⅱ道出发进路上有联锁的 11 号道岔，扳向反位，提前准备了 4 道的 11040 次出发进路，造成 1394 次挤过 11 号道岔，致使机次第 5、7 辆一位端台车脱线，构成旅客列车脱轨重大事故。

在本次事故中，值班站长刘××，身为车站施工监控干部，带头违章，严重违反《技规》第 227 条“行车工作必须坚持集中领导、统一指挥、逐级负责的原则”和车务段关于施工作业“坚持单一指挥，信号员在操纵信号按钮时必须得到值班员准许后，其他人员不得擅自操纵和使用”的要求。因此，熟练掌握特殊列车的接发，是铁路行车安全的重要保证。

请思考：

1. 超长列车的定义是什么？开行条件有哪些？
2. 超限列车的定义是什么？开行条件有哪些？
3. 军用列车的定义是什么？接发军用列车的办法有哪些？
4. 什么是救援列车？开行的办法有哪些？

知识准备

4.6.1　超长列车

1. 超长列车的定义

实际编成的列车长度超过了列车运行图规定的该区段换算列车长度标准（计长）时，称为超长列车。

对于到发线有效长较短的车站，列车长度虽未超过列车运行图规定的该区段列车的计长，但实际长度（包括机车长度及附加制动距离）超过该站到发线有效长时，在编制列车运行图和日常调度指挥中，可组织列车通过。如确因作业需要停车时，应按超长列车办理。

编组超长列车时，必须考虑运行区段内的具体条件，其最大长度不得超过区段内一个车站两股最短到发线容车数之和，并不宜编挂超限车辆及其他限速车辆。

2. 超长列车的发车

（1）开行超长列车时，必须得到列车调度员的命令准许，跨局的超长列车应转发国铁集团准许的命令。列车调度员对超长列车运行应重点掌握，跨局时，必须取得对方局调度员同意，并在日（班）计划内确定。开行前，列车调度员以调度命令向有关站及本次列车司机布置注意事项。

（2）超长列车发车，车站值班员应在办理闭塞（预告）时通知接车站，以便接车站做好准备。

（3）当超长列车头部越过出站信号机发车时，在不影响车站后端咽喉作业的情况下，可使列车后退，开放信号机发车。遇超长列车头部越过出站信号机而又不能后退的情况，可按下列办法办理发车作业：

① 在自动闭塞区段，如闭塞设备作用良好，仍按自动闭塞法行车，车站值班员在确认第一离去分区空闲后，按接标规定的程序办理发车作业，准备发车进路时，对未占用的轨道电路区段可排列调车进路，开放调车信号锁闭进路（调车进路不能完全锁闭整个发车进路时，其他道岔可单操单锁）或通过单操单锁准备进路（含防护道岔），并再度确认进路正确。在确认进路准备妥当后，填发绿色许可证及调度命令（使用语音记录装置良好的列车无线调度通信设备转达调度命令时除外）。当监督器不表时，发车前应确认接到前次列车到达邻站的通知或前次列车发出后不少于 10 min 的时间才能发出列车，同时还必须发给司机书面通知书，要求司机以在瞭望距离内能随时停车的速度，最高不超过 20 km/h，运行到第一架通过信号机，按其显示的要求执行。

② 在半自动闭塞区段，如超长列车头部越过出站信号机而未压上出站方面的轨道电路时，仍能正常办理闭塞、开放出站信号机，但司机无法确认出站信号机的显示状态，需发给司机准许列车头部越过出站信号机发车的调度命令；如超长列车头部越过出站信号机并压上出站方面的轨道电路时，基本闭塞设备不能正常使用，必须取得列车调度员停止基本闭塞法改按电话闭塞法的调度命令后，按电话闭塞办理，排列调车进路或单操单锁准备发车进路，使用路票发车。

③ 在自动站间闭塞区段，如超长列车头部越过出站信号机不能开放出站信号机，应取得列车调度员停止基本闭塞法改按电话闭塞法的调度命令后，按电话闭塞办理，排列调车进路或单操单锁准备发车进路，使用路票发车。

3. 超长列车的接车

（1）接车站遇超长列车长度不超过接车线有效长时，可不按超长列车办理；而非超长列车长度超过接车线有效长时，应按超长列车办理。

（2）车站接发列车时原则上应使超长列车通过。

（3）超长列车停车后，需使列车前部越过出站信号机或警冲标时，由车站接车人员口头通知司机，司机根据调车信号机或接车人员显示的手信号运行，使列车向前移动。

（4）超长列车的到达时刻，以列车到站的第一次停车时刻为准。

（5）超长列车进站停妥后，遇列车不能向前移动，而列车尾部尚未进入进站信号机时，不得办理区间开通手续。

（6）编组、区段站超长列车到达，如需摘解为两部分停留时，应通知列检先试风，然后由到达本务机担当摘解作业，再进行技术检查。

（7）当超长列车尾部停在警冲标外方（俗称“压标”），由相对方向接入列车或进行调车作业时，列车或调车车列可能越过接车线末端警冲标而与超长列车尾部发生侧面冲突。为防止事故发生，应根据线路设备情况，采取相应的安全措施。

① 在进站信号机外制动距离内进站方向为超过6‰的下坡道，而接车线末端无隔开设备，接入相对方向的列车时，必须使列车在站外停车后，再接入站内。

② 在进站信号机外制动距离内进站方向为上坡道、平道或不超过6‰的下坡道时，可开放进站信号机，将列车直接接入站内。

③ 如在邻线上未设调车信号机，又无隔开设备，相对方向需要进行调车作业时，必须派人以停车手信号对列车进行防护。

4.6.2 超限列车

1. 超限列车的定义

超限列车是指编挂装载超限货物车辆的列车。货物装车后，车辆停留在水平直线上，货物的任何部位超出机车车辆限界基本轮廓者，或车辆行经半径为300 m的曲线时，货物的计算宽度超出机车车辆限界基本轮廓者，均为超限货物。

车站挂运超限车辆前，应向铁路局调度所拍发超限车辆挂运请示电报。铁路局调度所接到车站挂运请示或邻局预报后，应根据超限货物运输批示电报核对挂运请示或预报内容，制定具体运行条件，填写超限车辆挂运通知单，纳入日（班）计划。挂运跨及两个调度所的超限车前，需征得邻局调度所的同意。相邻调度所间的预报内容，应包括挂运车批示电报号码、车种车型、到站、品名、超限等级和有关注意事项等。

调度所在挂运和接运超限列车前，应将管内的具体运行条件以调度命令下达有关站段运行上有限制条件的超限列车，除有特别指示外，禁止编入直达、直通列车。

2. 接发超限列车的相关规定

车站接发列车工作人员必须对本站各到发线的线间距、各建筑物及设备的限界和超限车的运行条件等，准确掌握，严格按有关规定办理接发列车，以确保列车运行安全。

（1）车站接到挂运命令后，应及时做好车列挂运准备工作，并将调度命令交值乘司机。

（2）站内相邻两线均需通行超限列车时，最小线间距应达到5 300 mm；站内相邻两线中有一条通行超限货物列车时，最小线间距应达到5 000 mm。

（3）超限列车应按《站细》规定的线路办理到发和通过。遇特殊情况需要临时变更线路时，必须得到列车调度员的准许。

（4）车站值班员应在办理闭塞（预告）时通知接车站，以便接车站做好准备。

（5）列车经过车站时，与邻线线路上车辆之间的最小距离不得小于 350 mm。

（6）列车运行在复线、多线或并行的单线区间的直线地段时，两运行列车之间的最小距离，大于 350 mm 者不限速；在 300～350 mm 之间运行速度不得超过 30 km/h；小于 300 mm 者禁止会车。曲线地段必须根据规定相应地加宽。

（7）挂有中上部半宽超过 1 800 mm 的超限车辆的列车，区间禁会动车组、直达特快旅客列车、特快旅客列车和特快行邮专列。

（8）超限列车在 CTCS-2 级区段的区间禁会动车组。

（9）超限列车在运行过程中，如超限货物的任何部位接近建筑物或设备时，应遵守下列规定：

① 超限货物的任何超限部位与建筑限界之间的距离（简称限界距离）在 100～150 mm 之间时，速度不得超过 15 km/h。

② 限界距离在 150～200 mm 之间时，速度不得超过 25 km/h。

③ 限界距离不足 100 mm 时，由铁路局根据实际情况规定运行办法。

4.6.3　军用列车

1. 军用列车的定义

在铁路上为输送部队和军用物资或为其他军事目的而专门开行的列车，称为军用列车。

军用列车包括军用人员列车和军用物资列车。由客车（或自备客车、代客车）编成的军用列车（空客车底除外），接发列车和运行间隔均按旅客列车的规定办理。

军用列车统一使用国铁集团编定的车次。除上级指定的车次外，具体开行车次由铁路局与驻局军代处确定。

军用列车的等级，除上级特别指定者外，统一按《调规》及《技规》相关规定办理。

2. 军用列车开行的条件

开行军用列车，需根据军事要求和铁路运输条件，按照军用列车编组辆数（计长）、重量等来确定。凡符合下条件之一者，均可开行军用列车：

（1）客车或自备客车 10 辆。

（2）代客车 20 辆（客车或自备客车 1 辆按 2 辆折合计算）。

（3）人员、物资车混编 20 辆，其中特种部（分）队按 15 辆计算。

（4）物资车 40 辆。

（5）列车编组换算长度或重量符合通过区段的计长或牵引定数。

（6）遇有特殊情况，虽不足上述条件，管内的经铁路局和驻局军代处批准，跨局的经国铁集团和总后军交部批准，也可开行军用列车。

3. 军用列车的长度和重量

（1）军用人员列车换算长度为 50.0；军用物资列车换算长度，按铁路规定执行。

（2）军用列车的重量没有统一规定，按不超过通过区段的牵引定数执行。

（3）军用列车通过列车换算长度不足 50.0 的铁路区段时，按通过铁路区段的最小换算长度或牵引定数编组。

（4）军用列车换算长度超过 50.0 或超过铁路区段的最小换算长度时，铁路局管内的由驻局军代处与铁路局确定，跨局的由总后军交部与国铁集团确定，以调度命令承认。

4. 接发军用列车的办法

（1）铁路调度部门应认真按日（班）计划组织按图行车，保证军用列车正点运行。如需调整军用列车的始发、终到和交出时刻，应事先征得军代表的同意，调整上级安排的运行时刻时必须经上级部门批准。

（2）车站、列检、机车乘务员等有关人员要协调配合，做好军用列车在始发站、编组站的发车准备工作，保证正点发车。

（3）军用列车在中转站的到发，主要任务是：组织部队在车站上的各项活动，保障部队运输途中的饮食供应和必要的物资补给；检查列车的安全和装载状态；了解列车的运行情况，征求部队的意见和要求；组织技术作业，转达上级有关指示等。

（4）在列车达到前，应了解有关情况，如运输内容、列车编组顺序、运行时刻和注意事项，做好接车前的准备工作：

① 根据列车的性质，确定接车线路及停车位置。军用人员列车应接入有旅客站台的线路，便于乘降；挂有装载超限军用物资车辆的列车，应接入固定线路。

② 遇军用列车在车站分列、合并、甩挂车和补减轴时，应拟订好作业计划，并检查补轴是否符合规定。

③ 会同公安、军代表做好安全警卫工作。

④ 了解接运机车的准备和车站供给、补充备品情况。

⑤ 对有迎送任务和抢救伤病员的列车，应通知有关单位做好接车准备。

（5）接车时，助理值班员要监视列车运行及装备物资的装载加固状态，发现问题及时上报处理。

（6）列车进站停稳后，与列车梯队长或领导取得联系，由部队发出统一号令，组织人员有序下车；向列车梯队长介绍车站开车时间和前方主要站列车的到开时刻、安全注意事项和列车补减轴、调车作业安排等。

（7）发车前，车站应协同军代表督促部队提前登车，清点人数；车站值班员应组织相关人员提前做好发车准备，确保列车安全，正点发车。

4.6.4 救援列车

1. 救援列车的含义

救援列车是指当站内或区间发生冲突、脱轨、颠覆等行车事故，以及自然灾害侵袭造成行车中断等危急情况时，为迅速排除故障，尽快恢复行车而赶赴事故现场担当抢险、救援的列车、单机、动车、重型轨道车等。在国铁集团指定地点，应备有经常处于整备待发状态、工具备品齐全整洁、作用良好的各种救援设备。为保证发生事故后救援列车能迅速出动，救援列车平时应停放在可以两端通行的固定线路上。

2. 救援列车的请求与派遣

1）请求

发生行车事故、自然灾害或线路故障需请求救援时，司机或工务、电务部门人员应迅速报告车站值班员或列车调度员。车站值班员接到救援请求后，应立即报告列车调度员。请求出动救援列车时，应报告事故、灾害或故障概况及所需救援器材等。

2）派遣

列车调度员接到请求出动救援列车的报告后，应向有关车站发布命令封锁区间，并向救援列车发布救援出动命令。救援列车跨局出动时，由上级机车调度发布出动命令。救援列车接到出动命令后，应立即召集救援列车当班及休班的人员，确保在 30 min 内出动。

3. 救援列车的开行

1）行车凭证

车站值班员接到司机或工务、电务、供电等人员的救援请求后，应立即报告列车调度员。需封锁区间派出救援列车时，列车调度员应向有关车站发布命令封锁区间，并派出救援列车。

向封锁区间发出救援列车时，不办理行车闭塞手续，以列车调度员的命令，作为进入封锁区间的许可。

当列车调度电话不通时，应由接到救援请求的车站值班员根据救援请求办理，救援列车以车站值班员的命令，作为进入封锁区间的许可。

司机接到救援命令后，必须认真确认。命令不清、停车位置不明确时，不准动车。

2）救援列车进入封锁区间的联系

救援列车是指为事故救援、抢修抢救而开行的列车，包括专用救援列车、单机、重型轨道车等。当列车调度电话不通，准许由接到救援请求的车站值班员，通知邻站封锁区间，向救援列车发布书面命令（命令内容与上述调度命令内容相同）。救援列车可凭车站值班员的命令进入封锁区间。

救援列车进入封锁区间后，在接近被救援列车或车列 2 km 时，要严格控制速度，同时，使用列车无线调度通信设备与请求救援的机车司机进行联系，或以在瞭望距离内能够随时停车的速度运行，最高不得超过 20 km/h，在防护人员处或压上响墩后停车，联系确认，并按要求进行作业。

当区间发生冲突、脱轨、颠覆等行车事故，机车车辆等发生故障不能继续运行，以及遇自然灾害危及行车安全时，为了尽快恢复正常行车，必须迅速救援。因此，车站值班员接到司机或工务、电务、供电等部门人员救援请求后，应立即报告列车调度员。列车调度员根据实际需要封锁区间，派出救援列车。

向封锁区间发出救援列车时，因为区间已发生事故、行车设备故障或危及行车安全的灾害，不能按正常闭塞手续办理行车，以列车调度员的命令，作为进入封锁区间的行车凭证。调度命令应指明救援列车进入封锁区间往返的运行车次、被救援列车停车地点或抢修抢救停车地点、任务及注意事项等。

救援列车的出发或返回，均应通知列车调度员及对方站。如事故现场设有临时线路所时，车站值班员应于发车前，商得线路所值班员的同意。

为使列车调度员正确掌握救援进度，安排救援人力和材料，及时做好区间开通后的列车运行计划，封锁区间的两端站，每当救援列车开往现场或由现场返回车站时，均应将到发时刻及现场的救援工作进度，及时向列车调度员报告。为使封锁区间对方站掌握救援进度和区间占用情况，亦应将上述内容通知对方站。

如果区间内事故现场设有临时线路所，该线路所车站值班员即为与该区间两端站办理行车的指挥人。车站向线路所开行救援列车时，必须取得线路所车站值班员同意，以便线路所及时做好接车前的准备和防护工作。

采用机车救援动车组时，应进行制动试验。具备升弓取电条件时，允许动车组升弓取电。

为了确保机车救援动车组时列车运行安全，防止由于制动试验不彻底发生危及动车组列车运行安全的情况，所以规定采用机车救援动车组时，连挂妥当后必须进行制动试验。部分动车组当蓄电池电压低于规定值时，会自动抱死车轮，造成动车组无法运行，同时，动车组不升弓取电会影响车内相关设备设施的正常使用，所以规定具备升弓取电条件时，允许动车组升弓取电。

在事故调查组人员到达前，站长或胜任人员应随乘发往事故地点的第一列救援列车（分部运行时挂取遗留车辆的机车除外）到事故现场，负责指挥列车有关工作。

在事故调查组人员到达前，关系区间发车站的站长或临时指派的胜任人员，应随乘发往事故地点的第一列救援列车到事故现场。必要时，由列车调度员指定该区间一端车站的站长或临时指派的胜任人员尽快赶赴现场。上述人员到达事故现场后，应立即了解事故实际情况，随时与列车调度员联系，汇报事故情况，并就地指挥列车有关工作。

列车分部运行时，机车开往区间挂取遗留的车辆，由于处理比较简单，车站站长或胜任人员不必前往，由司机进行处理。

案例分析

一、半自动闭塞

扬子站平面示意图如图 4-15 所示。扬子站车站概况：上行衔接梅岭站，下行衔接嘉陵站，1、3 道为到发线，Ⅱ道为正线，无分歧方向，如图 4-16 所示。

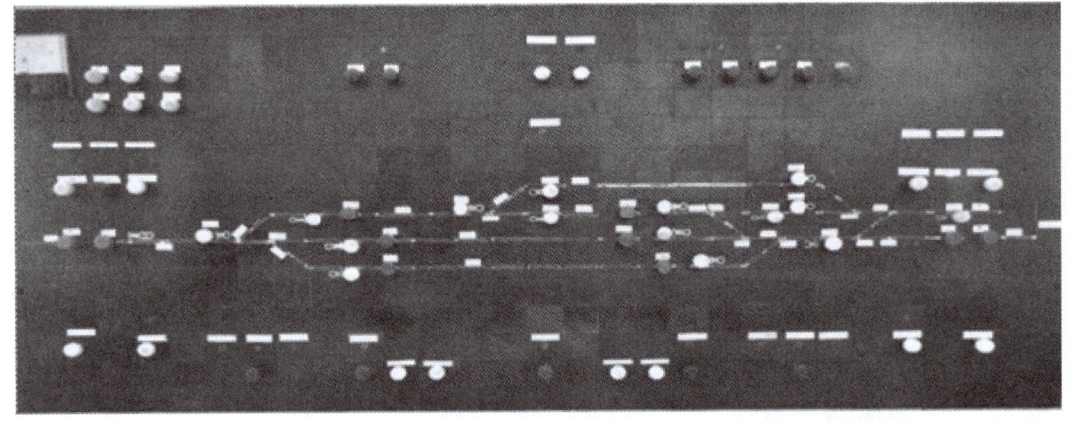

图 4-15　扬子站平面示意图

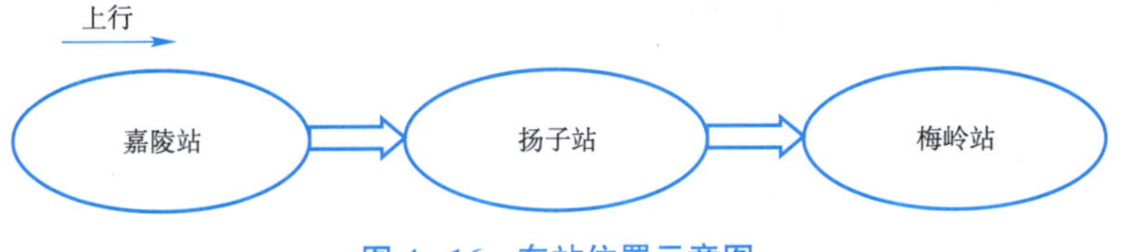

图 4-16　车站位置示意图

【实践任务 1】单线半自动闭塞车站发车的办理程序

K425 次 18:02 停于扬子站内 3 道，18:06 开车。扬子站—嘉陵站间运行时分为 30 min。办理旅客、行包装卸业务，待发，无影响进路的调车作业。

1. 请求闭塞

1）确认区间空闲

扬子站车站值班员根据闭塞表示灯、《行车日志》及各种行车表示牌，确认区间空闲。

2）办理闭塞手续

（1）扬子站车站值班员向嘉陵站请求闭塞，用语：“客车 K425 次闭塞。”

（2）嘉陵站车站值班员听到请求，根据闭塞表示灯、《行车日志》及各种行车表示牌，确认区间空闲后，同意闭塞，用语：“同意客车 K425 次闭塞。”

（3）扬子站车站值班员通知信号员：“办理客车 K425 次闭塞。”

（4）信号员复诵：“办理客车 K425 次闭塞。”

（5）扬子站信号员一按发车端闭塞按钮、二听铃响、三看黄灯变绿，口呼：“客车 K425 次闭塞好了。”如图 4-17 所示。

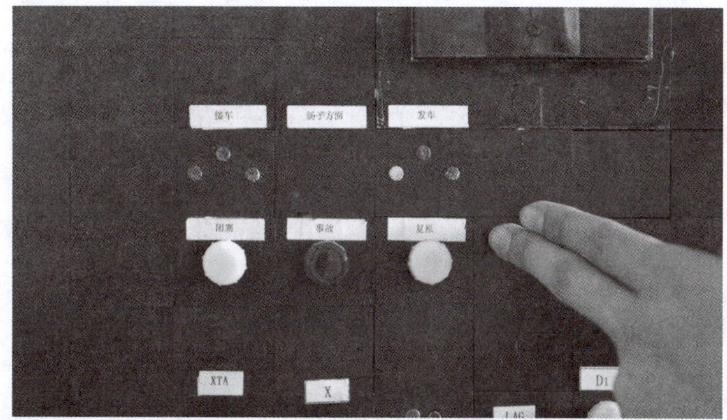

图 4-17　发车表示灯亮绿灯

（6）扬子站车站值班员：“客车 K425 次闭塞好了。”同时车站值班员填写《行车日志》，如图 4-18 所示。

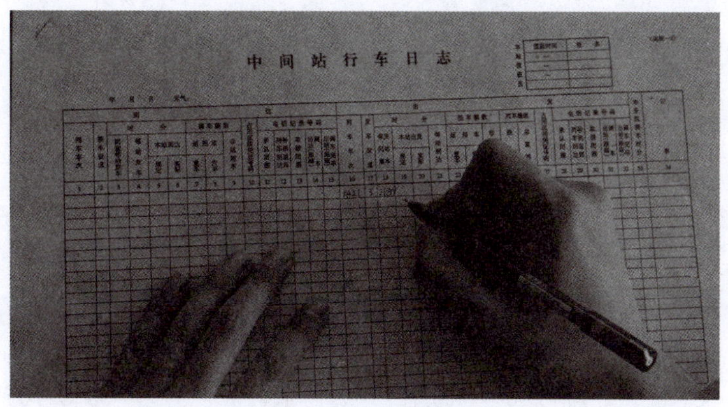

图 4-18　填写《行车日志》

2. 开放信号

（1）扬子站车站值班员通知信号员："停止影响进路的调车作业。"

（2）扬子站信号员复诵："停止影响进路的调车作业。"确认停止后报告："影响进路的调车作业已停止。"

（3）扬子站车站值班员通知信号员："客车 K425 次 3 道发车，开放信号。"

（4）扬子站信号员："客车 K425 次 3 道发车，开放信号。"

（5）扬子站车站值班员："执行。"

（6）扬子站信号员执行"眼看、手指、口呼"制度，开放出站信号，口呼："3 道、出站，信号好了。"如图 4–19 所示。

（7）扬子站车站值班员："3 道出站信号好了。"

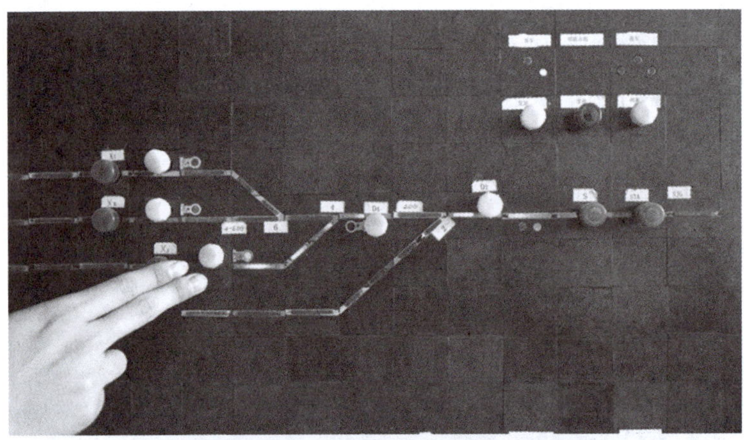

图 4–19　信号表示器及信号机绿灯

3. 发车

1）准备发车

（1）扬子站车站值班员通知助理值班员："发 3 道客车 K425 次。"

（2）扬子站助理值班员："发 3 道客车 K425 次。"

（3）扬子站车站值班员与司机车机联控："客车 K425 次 3 道车站信号好了。"

（4）司机："客车 K425 次 3 道车站信号好了，司机明白。"

2）确认发车条件

扬子站助理值班员确认旅客乘降、行包装卸完毕、出站信号开放等发车条件具备。

3）发车

扬子站助理值班员站在《站细》规定地点发车，列车起动后，监视列车运行状态，待列车尾部出清站台（起动）后返回室内，并擦（划）占线板，如图 4-20 所示。

4. 列车出发

1）监视列车

（1）扬子站车站值班员确认列车起动后，通知嘉陵站："客车 K425 次 18 点 06 分开。"填写《行车日志》。

（2）嘉陵站车站值班员："客车 K425 次 18 点 06 分开。"填写《行车日志》。

（3）扬子站信号员监视列车运行，确认列车整列出站后，口呼："客车 K425 次出站。"擦（划）占线板，如图 4-21 所示。

图 4-20 擦（划）占线板

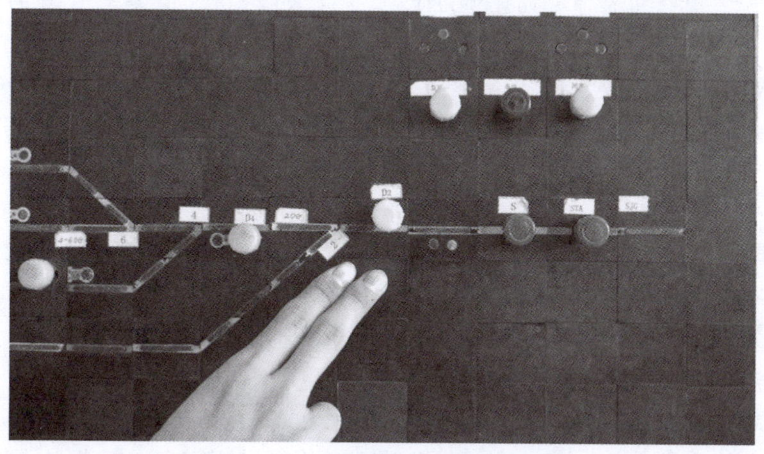

图 4-21 控制台确认列车整列出站

（4）扬子站车站值班员："好了。"

2）报点

扬子站车站值班员向列车调度员报点："扬子站报点，客车 K425 次 18 点 06 分开。"

3）接受到达通知

（1）嘉陵站值班员确认列车整列到达后向扬子站报到达点，用语："客车 K425 次 18 点

36 分到。”

（2）扬子站车站值班员：“客车 K425 次 18 点 36 分到。”填写《行车日志》。

【实践任务 2】单线半自动闭塞车站接车的办理程序

班计划中规定 K223 次 18:02 梅岭站开车。扬子站内 3 道停车，18:35 开车。梅岭站—扬子站间运行时分为 30 min。办理旅客、行包装卸业务，无影响进路的调车作业。

1. 承认闭塞

1）确认区间空闲

（1）梅岭站车站值班员向扬子站请求闭塞，用语：“客车 K223 次闭塞。”

（2）扬子站车站值班员听到请求，根据闭塞表示灯、《行车日志》及各种行车表示牌，确认区间空闲，并核对车次、时刻、命令、指示正确。

2）办理闭塞手续

（1）扬子站车站值班员：“同意客车 K223 次闭塞。”

（2）扬子站车站值班员通知信号员：“办理客车 K223 次闭塞。”

（3）扬子站信号员复诵：“办理客车 K223 次闭塞。”

（4）扬子站信号员一按发车端闭塞按钮、二听铃响、三看黄灯变绿，口呼：“客车 K223 次闭塞好了。”

（5）扬子站车站值班员：“客车 K223 次闭塞好了。”填写《行车日志》。

（6）扬子站车站值班员通知客运广播室：“客车 K223 次预告。”

（7）扬子站客运广播室复诵：“客车 K223 次预告。”

（8）扬子站车站值班员确认接车线，通知信号员：“客车 K223 次 3 道停车。”

（9）扬子站信号员复诵：“客车 K223 次 3 道停车。”填写占线板（簿）。

（10）扬子站车站值班员通知助理值班员：“客车 K223 次 3 道停车。”填写占线板（簿）。

2. 开放信号

1）听取开车通知

（1）扬子站车站值班员复诵开车通知：“客车 K223 次 18 点 02 分开。”填写《行车日志》。

（2）扬子站车站值班员通知信号员：“客车 K223 次开过来了。”

（3）扬子站信号员复诵：“客车 K223 次开过来了。”

（4）扬子站车站值班员通知助理值班员：“客车 K223 次开过来了。”（助理值班员与车站值班员不在同一工作场所时）

（5）扬子站助理值班员复诵：“客车 K223 次开过来了。”

2）确认接车线路空闲

（1）扬子站车站值班员通知信号员：“停止影响进路的调车作业。”

（2）扬子站信号员复诵：“停止影响进路的调车作业。”确认停止后报告：“影响进路的调车作业已停止。”

3）开放信号

（1）扬子站车站值班员通知信号员：“客车 K223 次 3 道停车，开放信号。”

（2）扬子站信号员复诵：“客车 K223 次 3 道停车，开放信号。”

（3）扬子站车站值班员：“执行。”

（4）扬子站信号员执行“眼看、手指、口呼”制度，开放出站信号，口呼：“进站、3 道，信号好了。"

（5）扬子站车站值班员："3 道进站信号好了。"如图 4–22 所示。

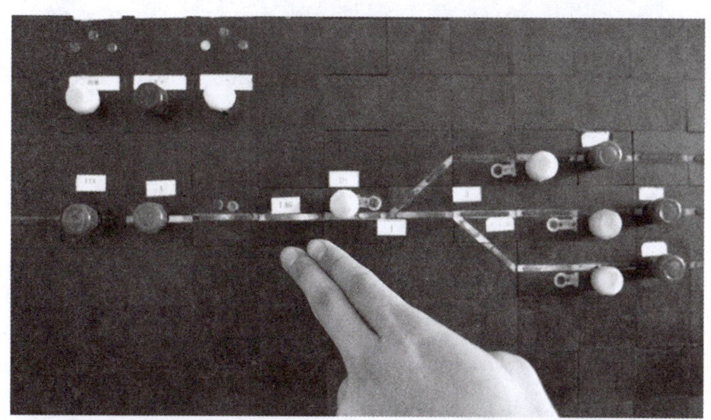

图 4–22　信号开放

（6）扬子站车站值班员通知客运广播室："客车 K223 次开过来了，接 3 道。"

（7）扬子站客运广播室复诵："客车 K223 次开过来了，接 3 道。"

3. 接车

1）列车接近

（1）扬子站信号员听到接近铃响、光带变红，再次确认进站信号开放正确，口呼："客车 K223 次接近。"

（2）扬子站车站值班员确认接近后复诵："客车 K223 次接近。"

（3）扬子站车站值班员通知助理值班员："客车 K223 次接近，3 道接车。"

（4）扬子站助理值班员复诵："客车 K223 次接近，3 道接车。"

2）接送列车

（1）扬子站助理值班员按照规定携带备品，站在《站细》规定地点准备接车，如图 4–23 所示。

（2）司机与扬子站车站值班员车机联控："扬子站，客车 K223 次接近。"

（3）扬子站车站值班员："客车 K223 次，扬子站 3 道停车。"

（4）司机："客车 K223 次，3 道停车，司机明白。"

图 4-23 助理值班员接车

4. 列车到达

1）列车到达

（1）扬子站信号员监视列车运行，列车整列进入接车线后，口呼："客车 K223 次到达。"

（2）扬子站车站值班员："好了。"填写《行车日志》。

2）开通区间

（1）扬子站车站值班员通知信号员："开通梅岭站区间。"

（2）扬子站信号员复诵："开通梅岭站区间。"

（3）扬子站信号员一看闭塞、二按复原按钮、三确认灯光熄灭，口呼："梅岭站区间开通。"如图 4-24 所示。

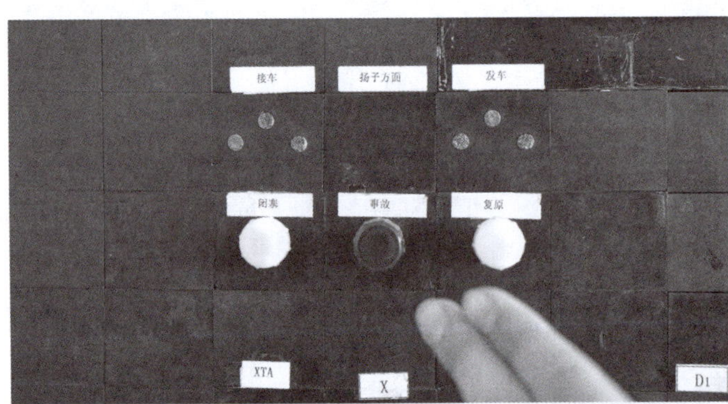

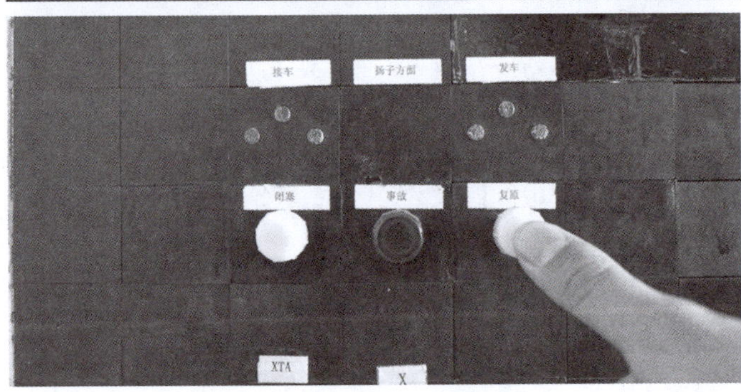

图 4-24 开通区间

（4）扬子站车站值班员："好了。"

3）报点

（1）扬子站车站值班员向梅岭站报到达点，用语："客车 K223 次 18 点 32 分到。"

（2）扬子站车站值班员向列车调度员报点："扬子站报点，客车 K223 次 18 点 32 分到。"

【实践任务 3】单线半自动闭塞车站列车通过的办理程序

班计划中规定 T23 次 18:02 梅岭站开车。18:32 扬子站内Ⅱ道通过，无影响进路的调车作业。

1. 承认闭塞

1）确认区间空闲

（1）梅岭站车站值班员向扬子站请求闭塞，用语："客车 T23 次闭塞。"

（2）扬子站车站值班员听到请求，根据闭塞表示灯、《行车日志》及各种行车表示牌，确认区间空闲，并核对车次、时刻、命令、指示正确。同意闭塞，用语："同意客车 T23 次闭塞。"

2）办理闭塞手续

（1）扬子站车站值班员："同意客车 T23 次闭塞。"

（2）扬子站车站值班员通知信号员："办理客车 T23 次闭塞。"

（3）扬子站信号员复诵："办理客车 T23 次闭塞。"

（4）扬子站信号员一按发车端闭塞按钮、二听铃响、三看黄灯变绿，口呼："客车 T23 次闭塞好了。"

（5）扬子站车站值班员："客车 T23 次闭塞好了。"填写《行车日志》。

（6）扬子站车站值班员确认接车线，通知信号员："客车 T23 次Ⅱ道通过。"

（7）扬子站信号员复诵："客车 T23 次Ⅱ道通过。"填写占线板。

（8）扬子站车站值班员通知助理值班员："客车 T23 次Ⅱ道通过。"填写占线板。

（9）扬子站车站值班员根据闭塞表示灯、《行车日志》及各种行车表示牌，确认区间空闲后，向嘉陵站请求闭塞："客车 T23 次闭塞。"

（10）嘉陵站车站值班员听到请求，根据闭塞表示灯、《行车日志》及各种行车表示牌，确认区间空闲后，同意闭塞，用语："同意客车 T23 次闭塞。"

（11）扬子站车站值班员通知信号员："办理客车 T23 次闭塞。"

（12）扬子站信号员复诵："办理客车 T23 次闭塞。"

（13）扬子站信号员一按发车端闭塞按钮、二听铃响、三看黄灯变绿，口呼："客车 T23 次闭塞好了。"

（14）扬子站车站值班员："客车 T23 次闭塞好了。"填写《行车日志》。

2. 开放信号

1）听取开车通知

（1）扬子站车站值班员复诵开车通知："客车 T23 次 18 点 02 分开。"填写《行车日志》。

（2）扬子站车站值班员通知信号员："客车 T23 次开过来了。"

（3）扬子站信号员复诵："客车 T23 次开过来了。"

（4）扬子站车站值班员通知助理值班员："客车 T23 次开过来了。"（助理值班员与车站值班员不在同一工作场所时）

（5）扬子站助理值班员复诵："客车 T23 次开过来了。"

2）确认接车线路空闲

（1）扬子站车站值班员通知信号员："停止影响进路的调车作业。"

（2）扬子站信号员复诵："停止影响进路的调车作业。"确认停止后报告："影响进路的调车作业已停止。"

3）开放信号

（1）扬子站车站值班员通知信号员："客车 T23 次Ⅱ道通过，开放信号。"

（2）扬子站信号员复诵："客车 T23 次Ⅱ道通过，开放信号。"

（3）扬子站车站值班员："执行。"

（4）扬子站信号员执行"眼看、手指、口呼"制度，开放出站信号，口呼："进站、出站，信号好了。"

（5）扬子站车站值班员："Ⅱ道进、出站信号好了。"

3. 接车

1）列车接近

（1）扬子站信号员听到接近铃响、光带变红，再次确认进站信号开放正确，口呼："客车 T23 次接近。"

（2）扬子站车站值班员确认接近后复诵："客车 T23 次接近。"

（3）扬子站车站值班员通知助理值班员："客车 T23 次接近，Ⅱ道接车。"

（4）扬子站助理值班员复诵："客车 T23 次接近，Ⅱ道接车。"

2）接送列车

（1）扬子站助理值班员按照规定携带备品，站在《站细》规定地点准备接车，确认出站信号开放状态，口呼："Ⅱ道出站信号好了。"面向列车并监视列车运行，确认列车完整。

（2）司机与扬子站车站值班员车机联控："扬子站，客车 T23 次接近。"

（3）扬子站车站值班员："客车 T23 次，扬子站Ⅱ道通过。"

（4）司机："客车 T23 次，Ⅱ道通过，司机明白。"

4. 列车通过

1）列车通过

（1）扬子站信号员监视列车运行，列车整列通过接车线后，口呼："客车 T23 次通过。"擦（划）占线板。

（2）扬子站助理值班员在列车尾部越过助理值班员并确认尾部标志完整后返回室内，擦（划）占线板。

（3）扬子站车站值班员："好了。"填写《行车日志》。

（4）扬子站车站值班员通知嘉陵站："客车 T23 次，18 点 32 分通过。"填写《行车日志》。

（5）嘉陵站复诵："客车 T23 次，18 点 32 分通过。"填写《行车日志》。

2）开通区间

（1）扬子站车站值班员通知信号员："开通梅岭站区间。"

（2）扬子站信号员复诵："开通梅岭站区间。"

（3）扬子站信号员一看闭塞、二按复原按钮、三确认灯光熄灭，口呼："梅岭站区间开通。"

（4）扬子站车站值班员："好了。"

3）报点

（1）扬子站车站值班员向梅岭站报到达点，用语："客车 T23 次 18 点 32 分到。"

（2）扬子站车站值班员向列车调度员报点："扬子站报点，客车 T23 次 18 点 32 分通过。"

二、自动闭塞

昆仑站车站概况：上行衔接武夷站，下行衔接雁荡站，3、4 道为到发线，Ⅰ、Ⅱ道为正线，无分歧方向，如图 4－25 所示。

图 4－25　车站位置示意图

【实践任务 4】双线自动闭塞车站发车的办理程序

K223 次 18:02 停于昆仑站内 3 道，18:06 开车。昆仑站—雁荡站间运行时分为 30 min。办理旅客、行包装卸业务，待发。客车 K223 次发车时Ⅰ调调车作业影响发车进路。

1. 发车预告

（1）昆仑站车站值班员向雁荡站预告，用语："客车 K223 次预告。"填写《行车日志》。

（2）雁荡站车站值班员复诵："同意客车 K223 次预告。"填写《行车日志》。

2. 开放信号

（1）昆仑站车站值班员通知信号员："停止影响进路的调车作业。"

（2）昆仑站信号员复诵："停止影响进路的调车作业。"

（3）昆仑站信号员根据调车作业计划通知室外调车指挥人："Ⅰ调停止调车作业。"

（4）昆仑站调车指挥人复诵："Ⅰ调停止调车作业。"

（5）昆仑站调车作业确实停止后，调车指挥人："Ⅰ调调车作业已停止。"

（6）信号员复诵："Ⅰ调调车作业已停止。"

（7）昆仑站信号员通知车站值班员："影响进路的调车作业已停止。"

（8）昆仑站车站值班员通知信号员："客车 K223 次 3 道发车，开放信号。"

（9）昆仑站信号员："客车 K223 次 3 道发车，开放信号。"

（10）昆仑站车站值班员："执行。"

（11）昆仑站信号员执行"眼看、手指、口呼"制度，开放出站信号，口呼："3 道、出站，信号好了。"

（12）昆仑站车站值班员："3 道出站信号好了。"

3. 发车

1）准备发车

（1）昆仑站车站值班员通知助理值班员："发 3 道客车 K223 次。"

（2）昆仑站助理值班员："发 3 道客车 K223 次。"

（3）昆仑站车站值班员与司机车机联控："客车 K223 次 3 道出站信号好了。"

（4）司机："客车 K223 次 3 道出站信号好了，司机明白。"

2）确认发车条件

昆仑站助理值班员确认旅客乘降、行包装卸完毕、出站信号开放等发车条件具备。

3）（指示）发车

昆仑站助理值班员站在《站细》规定地点发车或指示发车，列车起动后，监视列车运行状态，待列车尾部出清站台（起动）后返回，并擦（划）占线板。

4. 列车出发

1）监视列车

（1）昆仑站车站值班员确认列车起动后，通知雁荡站："客车 K223 次 18 点 06 分开。"填写《行车日志》。

（2）雁荡站车站值班员："客车 K223 次 18 点 06 分开。"填写《行车日志》。

（3）昆仑站信号员监视列车运行，确认列车整列出站后，口呼："客车 K223 次出站。"擦（划）占线板。

（4）昆仑站车站值班员："好了。"

2）报点

昆仑站车站值班员向列车调度员报点："昆仑站报点，客车 K223 次 18 点 06 分开。"

3）接受到达通知

（1）雁荡站值班员确认列车整列到达后向昆仑站报到达点，用语："客车 K223 次 18 点 36 分到。"

（2）昆仑站车站值班员："客车 K223 次 18 点 36 分到。"填写《行车日志》。

【实践任务 5】双线自动闭塞车站接车的办理程序

班计划中规定 K223 次 18:02 武夷站开车。昆仑站内 3 道停车，18:35 开车。武夷站—昆仑站间运行时分为 30 min。办理旅客、行包装卸业务，无影响进路的调车作业。

1. 接受发车预告

1）接受发车预告

昆仑站车站值班员接受雁荡站预告，用语："同意客车 K223 次预告。"填写《行车日志》。

2）准备接车

（1）昆仑站值班员按列车运行计划核对车次、时刻、命令、指示，确认接车线。通知信号员："同意客车 K223 次预告。"

（2）昆仑站信号员复诵："客车 K223 次预告。"

2. 开放信号

1）听取开车通知

（1）昆仑站车站值班员复诵武夷站开车通知："客车 K223 次 18 点 02 分开。"填写《行车日志》。

（2）昆仑站车站值班员通知信号员："客车 K223 次开过来了，3 道停车。"

（3）昆仑站信号员复诵："客车 K223 次开过来了，3 道停车。"填写占线板（簿）。

（4）昆仑站车站值班员通知助理值班员："客车 K223 次开过来了，3 道停车。"（助理值班员与车站值班员不在同一工作场所时）

（5）昆仑站助理值班员复诵："客车 K223 次开过来了，3 道停车。"填写占线板（簿）。

（6）昆仑站车站值班员通知客运广播室："客车 K223 次开过来了，接 3 道。"

（7）昆仑站客运广播室复诵："客车 K223 次开过来了，接 3 道。"

2）开放信号

（1）昆仑站车站值班员通知信号员："停止影响进路的调车作业。"

（2）昆仑站信号员复诵："停止影响进路的调车作业。"确认停止后报告："影响进路的调车作业已停止。"

（3）昆仑站车站值班员通知信号员："客车 K223 次 3 道停车，开放信号。"

（4）昆仑站信号员："客车 K223 次 3 道停车，开放信号。"

（5）昆仑站车站值班员："执行。"

（6）昆仑站信号员执行"眼看、手指、口呼"制度，开放出站信号，口呼："进站、3 道，信号好了。"

（7）昆仑站车站值班员："3 道进站信号好了。"

3. 接车

1）列车接近

（1）昆仑站信号员听到接近铃响、光带变红，再次确认进站信号开放正确，口呼："客车 K223 次接近。"

（2）昆仑站车站值班员确认接近后复诵："客车 K223 次接近。"

（3）昆仑站车站值班员通知助理值班员："客车 K223 次接近，3 道接车。"

（4）昆仑站助理值班员复诵："客车 K223 次接近，3 道接车。"

2）接送列车

（1）昆仑站助理值班员按照规定携带备品，站在《站细》规定地点准备接车。

（2）司机与昆仑站车站值班员车机联控："昆仑站，客车 K223 次接近。"

（3）昆仑站车站值班员："客车 K223 次，昆仑站 3 道停车。"

（4）司机："客车 K223 次，3 道停车，司机明白。"

4. 列车到达

1）列车到达

（1）昆仑站信号员监视列车运行，列车整列进入接车线后，口呼："客车 K223 次到达。"

（2）昆仑站车站值班员："好了。"填写《行车日志》。

2）报点

昆仑站车站值班员向列车调度员报点："昆仑站报点，客车 K223 次 18 点 32 分到。"

【实践任务 6】双线自动闭塞车站列车通过的办理程序

班计划中规定 K223 次 18:02 武夷站开车。18:32 昆仑站内 Ⅰ 道通过，无影响进路的调车作业。

1. 接受发车预告

1）接受发车预告

昆仑站车站值班员接受雁荡站预告，用语："同意客车 K223 次预告。"填写《行车日志》。

2）准备接车

（1）昆仑站值班员按列车运行计划核对车次、时刻、命令、指示，确认接车线。通知信号员："同意客车 K223 次预告。"

（2）昆仑站信号员复诵："客车 K223 次预告。"

（3）昆仑站车站值班员通知雁荡站："客车 K223 次预告。"

（4）雁荡站车站值班员复诵："客车K223次预告。"填写《行车日志》。

2. 开放信号

1）确认接车线

（1）昆仑站车站值班员复诵武夷站开车通知："客车K223次18点02分开。"填写《行车日志》。

（2）昆仑站车站值班员通知信号员："客车K223次开过来了，Ⅰ道通过。"

（3）昆仑站信号员复诵："客车K223次开过来了，Ⅰ道通过。"填写占线板（簿）。

（4）昆仑站车站值班员通知助理值班员："客车K223次开过来了，Ⅰ道通过。"（助理值班员与车站值班员不在同一工作场所时）

（5）昆仑站助理值班员复诵："客车K223次开过来了，Ⅰ道通过。"填写占线板（簿）。

2）开放信号

（1）昆仑站车站值班员通知信号员："停止影响进路的调车作业。"

（2）昆仑站信号员复诵："停止影响进路的调车作业。"确认停止后报告："影响进路的调车作业已停止。"

（3）昆仑站车站值班员通知信号员："客车K223次Ⅰ道通过，开放信号。"

（2）昆仑站信号员："客车K223次Ⅰ道通过，开放信号。"

（3）昆仑站车站值班员："执行。"

（4）昆仑站信号员执行"眼看、手指、口呼"制度，开放出站信号，口呼："进站、出站，信号好了。"

（5）昆仑站车站值班员："Ⅰ道进、出站信号好了。"

3. 接车

1）列车接近

（1）昆仑站信号员听到接近铃响、光带变红，再次确认进站信号开放正确，口呼："客车K223次接近。"

（2）昆仑站车站值班员确认接近后复诵："客车K223次接近。"

（3）昆仑站车站值班员通知助理值班员："客车K223次接近，Ⅰ道接车。"

（4）昆仑站助理值班员复诵："客车K223次接近，Ⅰ道接车。"

2）接送列车

（1）昆仑站助理值班员按照规定携带备品，站在《站细》规定地点准备接车。

（2）司机与昆仑站车站值班员车机联控："昆仑站，客车K223次接近。"

（3）昆仑站车站值班员："客车K223次，昆仑站Ⅰ道通过。"

（4）司机："客车K223次，Ⅰ道通过，司机明白。"

4. 列车到达

1）列车到达

（1）昆仑站信号员监视列车运行，列车整列通过接车线后，口呼："客车K223次通过。"擦（划）占线板。

（2）昆仑站助理值班员在列车尾部越过助理值班员并确认尾部标志完整后返回室内，擦（划）占线板。

（3）昆仑站车站值班员："好了。"填写《行车日志》。

2）报点

（1）昆仑站车站值班员向雁荡站报点："客车 K223 次 18 点 32 分通过。"

（2）昆仑站车站值班员向列车调度员报点："昆仑站报点，客车 K223 次 18 点 32 分通过。"

项目自测

理论考核

一、选择题

1. 无双向闭塞设备反方向发车时，须经（　　）批准并发布调度命令。

A. 列车调度员　　B. 车站调度员　　C. 车站值班员　　D. 调度值班主任

2. 自动闭塞区间内有（　　）及以上通过信号机故障或灯光熄灭时，应报告列车调度员停止使用基本闭塞法，改按电话闭塞法行车。

A. 一架　　B. 两架　　C. 三架　　D. 四架

3. 自动闭塞设备发生故障时，应报请（　　）发布命令，改按电话闭塞法行车。

A. 列车调度员　　B. 车站调度员　　C. 车站值班员　　D. 调度值班主任

4. 双线区段由反方向开来列车而无进站信号时，车站应（　　）接车。

A. 使用引导信号　　B. 派接车人员　　C. 派引导人员　　D. 派扳道人员

5. 半自动闭塞区间，列车发出后，因故退回原发车站，办理区间开通时，需使用（　　）按钮。

A. 闭塞　　B. 复原　　C. 人工复原　　D. 到达

6. 半自动闭塞设备，闭塞机停电后恢复供电时，需（　　）才能办理闭塞机复原。

A. 按下闭塞按钮　　B. 按下取消复原按钮

C. 按下复原按钮　　D. 使用人工复原按钮

7. 单线半自动闭塞区段，相邻两站已办妥闭塞手续，发车站未开放出站信号，需取消闭塞时，发车站拉出闭塞按钮（或按下复原按钮），发车表示灯变为（　　）。

A. 红灯　　B. 黄灯　　C. 绿灯　　D. 灭灯

8. 军用人员列车换算长度为（　　）。

A. 48.0　　B. 50.0　　C. 60.0　　D. 62.0

二、简答题

1. 接发列车工作的含义及主要内容是什么？

2. 接发列车作业中线路的使用原则有哪些？

3. 什么是相对方向同时接车、同方向同时发接及接发列车？

4. 禁止办理相对方向同时接车、同方向同时发接及接发列车的情况有哪些？

5. 不能同时接车和不能同时发接列车如何处理？

6. 超长列车的接发规定有哪些？
7. 超限列车的接发规定有哪些？
8. 军用列车的接发规定有哪些？
9. 救援列车的接发规定有哪些？

实践训练

判定下列情况是否可以办理相对方向同时接车和同方向同时接发（发接）列车：

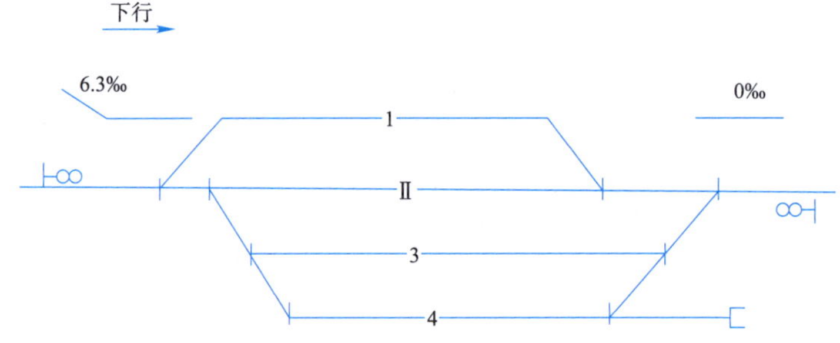

（1）30053 次进 1 道，20056 次进 3 道。（　　）
（2）12003 次进 4 道，30053 次 1 道发。（　　）
（3）2589 次 3 道发，列车运行监控记录装置故障的 30059 次进 4 道。（　　）
（4）2590 次 1 道发，列车运行监控记录装置故障的 30052 次进 4 道。（　　）
（5）13006 次 1 道发，列车运行监控记录装置故障的 30052 次进 4 道。（　　）
（6）13009 次 4 道发，2589 次进 3 道。（　　）
（7）13009 次 3 道发，2589 次进 4 道。（　　）
（8）20018 次进 1 道，50001 次进 3 道。（　　）
（9）2550 次 3 道发，列车运行监控记录装置故障的 50004 次进 1 道。（　　）
（10）客车 T87 次 1 道发，列车运行监控记录装置故障的 50003 次进 3 道。（　　）

项目 5 运行条件变化时的接发列车

项目概述

本项目以“安全优质、兴路强国”“新时代小东精神”“零违章、零违纪、零事故”等行业特色精神为切入点，利用生动的案例作为任务引入，学习无联锁（或联锁失效）情况下接发列车、引导接车、进出站信号机故障时发车办法、列车在站内临时停车、双线改按单线行车的接发列车办法、站内无空闲线路及双线反方向接发列车有关规定、轨道电路分路不良的处理方法。通过学习使学生对运行条件变化时接发列车工作真实工作情境得到初步认知，为后续在校实践课程学习及毕业后工作实践奠定基础。同时注重让学生感受铁路文化浸润，树立岗位意识，养成吃苦耐劳、踏实肯干、任劳任怨的职业品质。

教学目标

★ **知识目标**

1. 掌握对向道岔、防护道岔的含义。
2. 理解无联锁（或联锁失效）情况下接发列车规定。
3. 掌握道岔加锁装置的种类。
4. 掌握需要引导接车的情况。
5. 掌握引导接车的方法及注意事项。
6. 掌握站内无空闲线路接车的含义及对接入列车的限制。
7. 掌握站内无空闲线路接车的办法。
8. 明确超长列车停留线路的邻线上调车作业的注意事项。
9. 理解进出站信号机故障时发车办法。
10. 熟悉列车在站内临时停车的处理方法。
11. 掌握准许双线改按单线行车的情况及接发列车办法。
12. 掌握准许双线反方向运行的情况及接发列车有关规定。
13. 熟悉改变运行方向的办理方法。
14. 熟悉轨道电路分路不良的含义、产生原因及处理方法。

★ **能力目标**

1. 能根据具体站型图分析给定列车进路上的对向道岔及防护道岔。
2. 能在实习站场中对指定道岔进行加锁。
3. 能正确显示引导接车及特定引导接车的手信号。

4. 能根据具体站型图分析反方向运行的进路并说明发车的凭证。
5. 能在实训室车站终端上办理改变列车运行方向。

★ 素质目标

1. 树立“交通强国，铁路先行”的大局意识，“路兴我兴，路衰我耻”的职业信仰。
2. 传承铁路人艰苦奋斗、勇挑重担、脚踏实地、任劳任怨的工作作风和劳动品质。
3. 遵章守纪，树立“一点不差，差一点也不行”的责任理念，养成良好的安全作业习惯。
4. 强化质量标准、岗位作业标准与作业流程，落实安全生产责任。
5. 培养团结协作能力，具备岗位责任意识和奉献精神。
6. 具有强烈的时间观念、严谨认真的工作态度。
7. 能客观、公正地开展自我评价及对小组成员的评价。

任务 5.1　特殊情况下接发列车

任务引入

错误使用引导总锁闭问题风险提示

一、事情经过

20××年×月×日，TL 车务段 QJD 站，办理电 H87951 次Ⅰ道通过进路后，全部接车进路出现红光带（进站信号机至股道），车站值班员在工务、电务部门登记后，按列车调度员指示开放引导信号办理电 H87951 接车，而后续列车因开放不了引导信号，车站值班员采用“引导总锁闭”方式接车。

二、存在的问题及原因分析

车站值班员不掌握引导接车流程。车站值班员在使用引导按钮，办理电 H87951 次接车后，接车进路全路仍显示红光带，车站值班员未按引导接车流程对引导进路进行解锁（遗留的白光带被红光带覆盖），导致接后续列车时，因进路冲突无法开放引导信号。

三、安全风险提示

采用进路式引导接车条件：

（1）开放进路式引导信号时，可使用原列车进路直接开放引导信号，但不可使用引导信号遗留进路再次开放引导信号。

（2）正常情况下开放信号，电务联锁设备检查道岔表示、敌对进路（含重叠进路）、线路空闲。开放进路式引导信号时，电务联锁设备不再检查线路是否空闲，但仍检查道岔表示和敌对进路（含重叠进路）。

办理电 H87951 次接车后，须采用“总人解”+“始端”解锁遗留进路后，办理后续接车。

请思考：

1. 什么情况需要引导接车？如何开放引导信号？
2. 除引导接车外，还有哪些特殊情况接发列车作业？

知识准备

5.1.1　无联锁（或联锁失效）情况下的接发列车

在无联锁的线路上接发列车时，车站值班员除严格按接发列车手续办理外，并应将进路上无联锁的有关对向道岔及邻线上防护道岔加锁。进路上无联锁的分动外锁闭道岔无论对向或顺向，均应对密贴尖轨、斥离尖轨和可动心轨加锁。具体加锁办法，由各铁路局规定。

1. 对向道岔、防护道岔的确认

对向道岔指列车由尖轨向辙叉运行时，该道岔为进路上的对向道岔。列车经辙叉向尖轨运行时，该道岔为进路上的顺向道岔。当对向道岔开通位置错误时，可能使列车进入不该进入的线路，与该线路内的机车车辆发生冲突，引起严重后果。当进路上顺向道岔开通位置错误时，可能造成挤岔事故。

防护道岔指能将邻线上的进路与本线上的接发列车进路隔开的道岔。若其开通位置错误，则可能造成邻线上的机车车辆闯入接发列车进路。由于进路不同，邻线上防护进路的道岔也不同。如图 5-1 中，上行列车进 6 道停车，防护道岔为 2、6、12、16 号道岔；下行列车由 3 道发车时，其防护道岔为 10、4 号道岔。

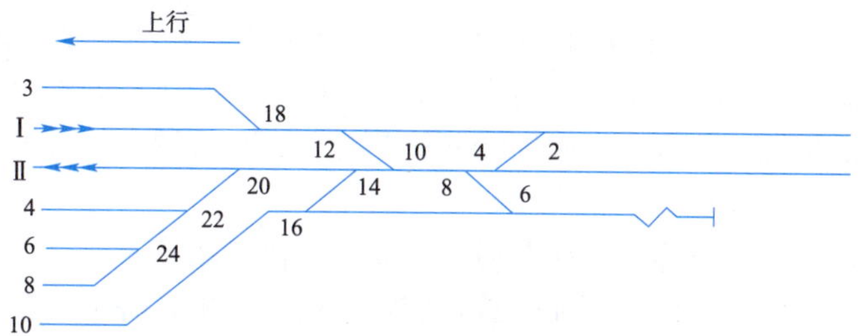

图 5-1　某站上行咽喉示意图

2. 加锁办法

非集中联锁的车站，道岔的转换是通过转辙机械由人工就地操纵的。图 5-1 中，2/4、6/8、10/12、14/16 均为渡线两端道岔（联动道岔），用双支转辙机械操纵。当联锁失效时，渡线两端任何一组道岔人工加锁后，该联动道岔即不能扳动。因此，扳道员可根据自己所在位置与道岔的距离，就近对渡线两端任一道岔进行加锁。如 2、6、10、14 号道岔需加锁时，扳道员亦可锁闭 4、8、12、16 号道岔。此时，2/4、6/8、10/12、14/16 号道岔已全部加锁，可以防止被扳动。图 5-1 中，当上行列车进 6 道时，需加锁的道岔为 2/4、6/8、10/12、14/16、20、22、24 号道岔。

集中联锁的车站，道岔的转换是由电动转辙机带动的，渡线两端道岔，是由两组电机单独动作带动的。当改为就地操纵时，需用手摇把单独操纵渡线两端道岔，加锁时也要对防护道岔及对向道岔单独加锁。图 5-1 中，当列车接入车站 6 道时，需加锁的道岔是 10、14、20、22、24 号（对向道岔）及 2、6、12、16 号（防护道岔）。手摇道岔至正确位置转辙机锁闭后用钩锁器加锁。道岔转辙机失去锁闭功能时，由工务部门（施工单位）负责拨移道岔至正确位置后钉固，保证密贴状态良好，车站负责加锁，对可动心轨道岔和分动外锁闭道岔还须确认可动心轨、斥离尖轨位置正确后，使用专用钩锁器加锁。

道岔加锁装置包括：锁板、钩锁器、闭止把加锁及带柄标志加锁。

5.1.2 引导接车

1. 需要引导接车的情况

（1）进站或接车进路信号机不能使用时，即进站、接车进路信号机故障或联锁装置失效；进站、接车进路信号机施工停用；向进站或接车进路信号机联锁范围以外的线路上接车。

（2）双线区间接入反方向开来的列车（包括区间返回列车、补机、退回的列车）而无进站信号机时。

2. 引导接车方法

（1）引导接车时，车站值班员应亲自或派胜任人员检查接车线路空闲、接车进路准备妥当、道岔已按规定加锁，听取有关人员报告后，方可开放引导信号或指派引导人员前往引导地点接车。引导人员应在接车地点标处（未设者，引导人员应在进站信号机、进路信号机或站界标外方）距离列车约 500 m 时向司机显示引导手信号：昼间，展开的黄色信号旗高举头上左右摇动；夜间，黄色灯光高举头上左右摇动（如图 5-2 所示）。

司机按照引导手信号以不超过 20 km/h 速度进站或通过接车进路，并做好随时停车的准备。当列车头部越过引导人员后，收回引导手信号。

（2）遇无计划的临时停电，在发车站已改变基本闭塞法，当列车接近车站前供电恢复时，司机应用列车无线调度电话呼叫车站，问明情况后按接车站的信号机显示方式运行。

（3）车站进站信号机故障或向无联锁线路接车时，可开放调车信号机锁闭进路。列车仍按引导信号或引导手信号进站。

（4）车站值班员已派出引导人员接车后，不准变更接车顺序。

（5）引导接车时，如引导信号不能开放，应在进站信号机、每个故障的接车进路信号机（包括接车进路上的接发车进路信号机）处派人显示引导手信号。

图 5-2 引导手信号

3. 引导接车注意事项

（1）引导接车前，应确认接车进路空闲，有关道岔位置正确和敌对信号未开放。

（2）进路准备妥当后，应将进路上的有关对向道岔及邻线上能进入该进路的防护道岔按《站细》规定办法加锁。

（3）列车应以不超过 20 km/h 的速度进站，并做好随时停车的准备。

5.1.3 站内无空闲线路时的接车

站内无空闲线路是指站内正线、到发线及其他站线（如调车线、货物线）均有车占用或因线路故障不能正常接车的情况。

1. 对接入列车的限制

在站内无空闲线路的特殊情况下，只准许接入为排除故障、事故救援、疏解车辆等所需要的救援列车、不挂车的单机及重型轨道车。上述列车均应在进站信号机外停车，由接车人员向司机通知事由后，以调车手信号旗（灯）将列车领入站内。

2. 接车办法

（1）接车前，车站值班员应亲自或派人确认接车线停留车位置和空闲地段的长度，并通知接车线内停留的机车、重型轨道车司机禁止移动位置。

（2）接车时不开放进站信号机，也不得使用引导接车办法，接车人员应站在进站信号机（反方向接车时为站界标）外方。所接列车在站外停车，由接车人员通知司机接车线路、停留车位置、列车停车地点及其他注意事项，然后接车人员登乘机车，以调车手信号旗（灯）将列车领入站内。

5.1.4 超长列车尾部停在警冲标外方，由相对方向接入列车或调车作业的办法

列车进站后，应停于接车线警冲标内方。在设有出站（进路）信号机的线路，列车头部不得越过出站（进路）信号机。

如列车尾部停在警冲标外方或压轨道绝缘时，车站接车人员应使用列车无线调度通信设备等通知司机或显示向前移动的手信号，使列车向前移动。

1. 相对方向接入列车

（1）进站信号机外制动距离内，进站方向为上坡道、平道或不超过 6‰的下坡道，接车线末端无论有无隔开设备，均可开放进站信号机，将列车直接接入站内。

（2）进站信号机外制动距离内，进站方向为超过 6‰的下坡道，相对方向列车的接车线末端无隔开设备时，须使列车在站外停车后，再开放进站信号机，将列车接入站内。

2. 超长列车的防护

超长列车尾部停于警冲标外方，如邻线未设调车信号机，又无隔开设备，由相对方向需要进行调车作业时，必须派人以停车手信号对列车进行防护。

5.1.5 进站、出站信号机故障时发车办法

（1）进站、出站、进路及线路所通过信号机发生故障时，应置于关闭状态。进站信号机及线路所通过信号机灭灯或因发生不能关闭的故障时，应将灯光熄灭或遮住。在将灯光熄灭或遮住以及信号机灭灯时，于夜间应在信号机柱距钢轨顶面不低于 2 m 处，加挂信号灯，向区间方面显示红色灯光。

（2）出站信号机故障后，进站信号机不能显示通过信号。为避免列车在出站信号机前停车，对通过列车应事先预告司机，车站值班员除按规定递交行车凭证外，还应显示通过手信号（昼间，展开的绿色信号旗；夜间，绿色灯光），使列车不停车通过车站。来不及向司机预

告时，可使通过列车在车站停车，司机收到凭证后再开。装有进路表示器或发车线路表示器的出站信号机，当表示器显示不良时，由发车人员通知司机后，列车可凭出站信号机的显示出发。

5.1.6 列车在站内临时停车

列车在站内临时停车，待停车原因消除且继续运行时，应按下列规定办理：

（1）司机主动停车时，自行起动列车。司机主动停车：指司机发现危及行车或人身安全的情况等原因主动停车时，等停车原因消除后，由司机自行起动列车，车站不再发车。

（2）其他列车乘务人员使用紧急制动阀（紧急制动装置）停车时，由车辆乘务员（随车机械师）通知司机开车。司机以外的列车乘务人员使用紧急制动阀（紧急制动装置）使列车停车，由车辆乘务员（随车机械师）查明情况消除隐患后，通知司机开车，车站不再发车。

（3）车站接发列车人员使列车在站内临时停车时，由车站按规定发车（动车组列车由车站通知司机开车）。车站接发列车人员因发现货物装载问题、车辆抱闸等原因通知列车在站内临时停车的，等停车原因消除后，由车站按规定程序发车；动车组列车不需要车站发车，因此由车站通知动车组列车司机开车。

（4）其他原因的临时停车，车站值班员应组织司机、车辆乘务员（随车机械师）等查明停车原因，在列车具备运行条件后，由车站按规定发车（动车组列车由车站通知司机开车）。

上述第（1）、（2）、（4）项情况下列车停车后，司机应立即报告车站值班员，并说明停车原因。上述情况车站值班员均应及时报告列车调度员。

任务 5.2 双线改按单线行车及反方向运行

任务引入

自然灾害导致货物列车脱轨

20××年×月×日 20:41，DZ 上行线发生一起铁路交通事故，造成机车和机次 1～23 位车辆脱轨，中断 DZ 上行线行车 27 h 19 min。该事故无人员伤亡，直接经济损失总计 682.82 万元。

据新闻报道，受强降雨影响，DZ 铁路上的一铁路老桥被洪水冲垮，导致桥上通过的 84614 次货物列车在行至 DZ 线上行线 37 km+361 m 处发生脱轨事故，部分车辆坠落，无人员伤亡。

公告显示，事故发生地点周围区域持续强降雨造成上游地表径流叠加、汇水集中，导致河水暴涨；水毁树木堵塞造成桥孔处壅水提高；上下行桥墩偏孔导致扰流；下游公路桥阻水后突然垮塌造成洪水流速增大，加剧了对桥墩基础的局部冲刷，造成桥墩倾斜，是导致事故的直接原因。

DZ 上行线中断行车 27 h 19 min 的时间段内，上行列车应如何行车呢？如何才能保证列车运行的畅通呢？

请思考：

1. 双线铁路其中一条线发生自然灾害或者行车事故后应如何行车？
2. 如果办理双线反方向行车，如何保证列车运行安全？

知识准备

5.2.1　双线改按单线行车的接发列车办法

办理双线区间列车反方向运行或双线改按单线行车时，必须取得列车调度员的调度命令准许。

1. 准许双线改按单线行车的情况

（1）双线之一线封锁施工时。

（2）双线之一线发生故障或自然灾害时。

（3）双线之一线发生行车事故中断行车时。

2. 行车办法

（1）根据列车调度员命令封锁区间的一条线路改按单线行车。

（2）无双向闭塞设备的双线区间停止基本闭塞法改按电话闭塞法行车，办理单线电话闭塞手续，列车占用区间的行车凭证为路票。

（3）接车时，开放进站信号机接车或引导接车。

5.2.2　列车反方向运行时的接发列车办法

在双线区间，列车应按左侧单方向运行。

1. 准许反方向运行的条件

（1）货物列车为整理列车运行时，经列车调度员准许。

（2）旅客列车仅在正方向区间的线路封锁施工、发生自然灾害或因事故中断行车等特殊情况下，经铁路局调度所值班主任准许。

2. 发车办法

（1）必须有调度命令。

（2）双线区间设有反方向闭塞设备时，列车进入区间的行车凭证为出站信号机显示的进行信号。双线区间未设反方向闭塞设备或反方向闭塞设备故障时，应停止基本闭塞法，改按电话闭塞法行车，并在路票上加盖反方向行车章。

（3）布置准备发车进路的命令时，要说明反方向发车。

（4）发给司机反方向运行的调度命令，无双向闭塞设备的双线区间还要发给司机路票，路票上注明反方向行车。

3. 接车办法

（1）布置准备接车进路的命令时，要说明反方向接车。

（2）开放进站信号机接车或引导接车。

5.2.3　改变运行方向的办理

正常改变运行方向的方法：控制台上对应每一接车方向，设一组改变运行方向用的按钮和表示灯。对于双线双向自动闭塞，每一咽喉设一个允许改变运行方向的按钮和表示灯，如图 5-3 所示。

办理程序：在《行车设备检查登记簿》内登记、破封后，按下本咽喉的改方按钮，该咽喉改方指示灯亮黄灯。此时，左侧下行方向闭塞系统在接车位，按压始端 S I 按钮+终端 X 按钮，进路形成，同时闭塞系统由接车位变为发车位，改方完毕。

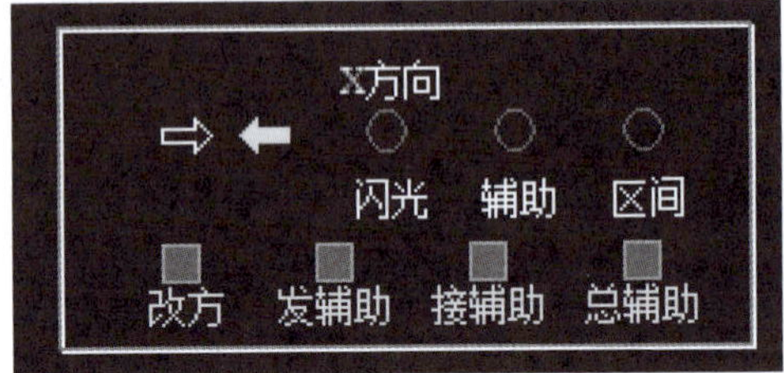

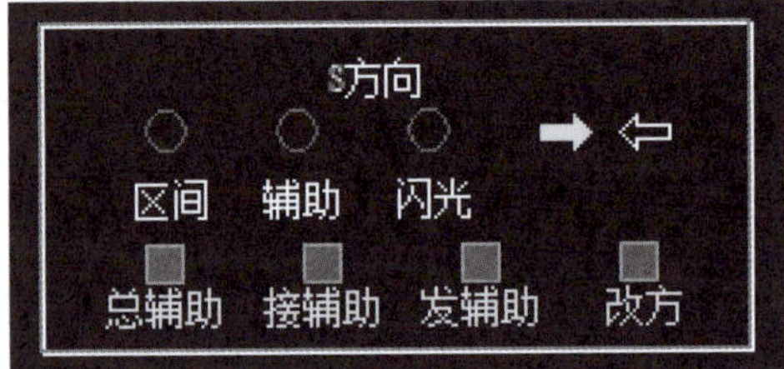

图 5-3　为改变运行方向设的按钮和表示灯

如果想恢复正方向时，列车整列到达后，由接车站向该区间排列一个发车进路，闭塞系统就恢复正方向。如是电务设备检查维护需要改方试验时，改方后，要间隔 13 s，由接车站排列发车进路，即可改回正方向。改方结束后，改方按钮指示灯仍闪烁，点击改方按钮即可。车站值班员需要在《行车设备检查登记簿》计数器统计内登记改方按钮号码。

改变运行方向的办理

任务 5.3　轨道电路分路不良

任务引入

钢轨是轨道电路的重要组成部分，列车分路就是通过作用于钢轨来实现的。钢轨在露天状态下，其表面灰尘吸附水分在钢轨表面会发生化学反应，形成 $Fe(OH)_3$ 薄膜氧化层。在一些货场，装卸粉尘散落在轨面或被机车车辆轮对带到轨面上，再经列车轮碾轧，轨面形成绝缘层，其效果同生锈的氧化层一样，当列车分路时使轮对与轨面的接触电阻变大，从而使轨道电路出现分路不良。

钢轨在自然状态下，生锈是比较缓慢的。列车在高速行进中轮对与钢轨间会产生摩擦，摩擦过程中就能清除掉轨面上的锈和污染。消除生锈和污染的程度取决于车流大小、车速高低。正线几乎没有生锈区段就是因为车流大、车速高的缘故，而在很少走车的侧线或斜股便会产生大量分路不良区段。

按腐蚀程度，分路不良区段可分为轻度、中度和重度三种。轨道电路分路不良可能引发列车追尾、脱轨等险性事故，加强轨道电路分路不良的防治是保证行车安全的重中之重。

请思考：

1. 何为轨道电路分路不良？产生的原因主要有哪些？
2. 如何整治轨道电路分路不良区段？

知识准备

无论是区间，还是站内，出现轨道电路分路不良，由于需要按非正常作业办法办理接发列车和调车作业，机控变为人控，作业程序相对复杂，作业难度加大。一旦出现错办、误办或简化作业过程，极易导致向有车线接车、有车线误当空线调车作业、未准备好进路接发列车、未准备好进路调车作业、列车区间追尾等问题的发生，给列车运行和调车作业的安全带来极大的安全隐患。所以说，轨道电路分路不良是安全生产的大敌。

5.3.1　分路不良的含义

在设有电气集中的车站上，凡由信号机防护的进路，以及信号机的接近区段内均应装设轨道电路，用以反映进路和接近区段是否空闲。划分轨道电路区段的原则是，保证轨道电路的可靠工作，并满足排列平行进路的需要和便于车站作业。

所谓分路不良，就是轨道电路在有车占用时无占用表示。

分路不良产生的原因是多方面的，如新建、改建设备的开通、钢轨生锈、雨后或不经常使用的线路，以及钢轨轨面电阻不符合标准等均可能产生分路不良。

5.3.2　分路不良的危害

由于线路上有车占用而设备上无占用表示，造成室内设备与现场实际不一致。从设备上讲即使线路有车占用时，设备也误认为无车，也可对该区段排列进路、开放信号或扳动道岔，自闭区间的通过信号机亦可显示进行信号。因此，分路不良的危害巨大。

（1）道岔在有车占用的情况下可以转动，可能造成机车车辆脱轨或挤岔事故。

（2）如果遗忘分路不良区段停留的机车车辆，错误向该区段接发车或调车作业，可能造成机车车辆冲突。

5.3.3　分路不良导致事故的原因

分路不良导致事故的原因主要有以下几个方面：

（1）客观现象。因轨道电路分路不良，车列、车组在线路内不能得到真实反映，明明线路、道岔区内有车，而控制台上显示无车。车务在排列进路时不知道现场真实情况，所以扳动了有车占用的道岔。

（2）主观不留意。大凡产生轨道电路不良的，控制台都有可能产生光带忽现忽灭现象，如果车务人员稍加留意，便可以及时发现存在的问题。

（3）不良习惯。因作业需要，车务人员往往盲目抢效率，从控制台上一旦确认车列已越过某某区段，便着急单操尾部道岔，其想法是为下一进路排列争取时间，在分路不良的情况下，一旦条件耦合，道岔必将被挤，甚至产生严重后果。

（4）设备原因。电务人员人为降低轨道电路电压，造成电路显示不正常，季节性等原因，电务随时要对轨道电路电压进行调整，一旦调整过低，车务行车安全便无法保证。

（5）违反作业标准。为控制分路不良带来的危害，各铁路局已经制定并出台了有效的控制办法和措施，如：现场确认进路、钩钩联控、站间行车等。但是，人为的不执行、不落实这些标准，同样会导致事故的发生。

5.3.4 分路不良的处理

（1）发现轨道电路分路不良有车占用而无占用表示时，发现人员须及时在《行车设备检查登记簿》内登记、签字。临时发生轨道电路分路不良时，原则上应由车站、电务、工务等有关人员共同确认。车务部门在得到电务人员因轨道电路故障而停用设备的通知后，应改按非正常作业办法办理接发列车和调车作业。

（2）轨道电路分路不良区段，由电务人员根据车站要求在控制台上进行明示提醒。

（3）电务人员确认轨道电路分路不良后，应及时在《行车设备检查登记簿》内准确登记该区段（股道、道岔定位/反位）名称及其范围；仍能使用其联锁条件办理行车时，须注明“不影响正常排列进路、开放信号”。在调度集中（CTC）区段，电务人员还应在相关调度台的《行车设备检查登记簿》内登记。

轨道电路分路不良区段消除后，电务人员要及时销记。轨道电路分路不良区段数量发生变化后，电务人员要将全站（场）分路不良区段全部重新登记，车站值班员进行签认。

（4）区间更换钢轨施工或维修，开通前须保证该区段无分路不良区段；站内更换道岔及钢轨应保证首次列车通过后无分路不良区段；自动选排进路的驼峰下更换道岔及钢轨须保证无分路不良区段。

（5）经轨道电路分路不良区段作业应遵守下列规定。

① 每次办理列车或调车进路前，必须人工确认进路上分路不良区段空闲。

调度集中（CTC）区段，列车调度员办理列车或调车进路前，必须指定现场作业人员人工确认进路空闲。

② 接车时，须人工确认进站列车整列到达，列车尾部停于警冲标内方。

③ 排列进路、开放信号并确认无误后，将进路上分路不良区段及与其有联锁关系的其他道岔（防护道岔、带动道岔）单独锁闭，且严禁排列或预排与其相关的进路。

④ 在人工确认列车或机车车辆全部出清分路不良的轨道区段前，严禁操纵该进路上的有关道岔及与其设有联锁关系的其他道岔。

⑤ 自动闭塞区段车站值班员得知区间轨道电路分路不良时，应报告列车调度员，列车调度员应下达调度命令，改按站间间隔行车，其调度命令用语为：

______站转______次及以后上行各次列车、______站转______次及以后下行各次列车因______站至______站间______行线分路不良，自接令（______次列车到达______站）时起至另有命令时止按站间间隔行车。

接车站值班员须派人确认列车尾部标志，向发车站通报列车到达时刻，发车站记入《行车日志》；改按站间间隔行车前，如区间内有运行前方需经轨道电路分路不良区段的追踪列车，车站值班员应立即呼叫各次追踪列车立即停车，通知接车站确认前行列车整列到达，得到接车站前行列车整列到达的通知后，方可通知其后的第一列追踪列车继续运行。这里重点强调的是，区间内的各次追踪列车均应按此规定办理。

（6）长时间停留的机车车辆轮对生锈或粘有异物，可能造成轨道电路分路不良时，所属（管辖）单位有关负责人应向车站值班员报告，并及时填记《行车设备检查登记簿》。

在办理接发列车或调车作业时，应向有关作业人员传达清楚。排列进路、开放信号经确认无误，并将进路上所有道岔单独锁闭后，方可作业。在列车或机车车辆全部出清进路前，严禁操纵该进路上的有关道岔及与其设有联锁关系的其他道岔。

5.3.5　分路不良的整治和控制

（1）利用监控设备对各场信号楼作业进行监控，杜绝不盯台、提前排列进路问题，确保绝对安全。

（2）每天对易产生轨道电路分路不良区段进行检查，发现轨面生锈或被污染，及时通知设备车间整治。

（3）对易发生轨道电路分路不良区段定期打磨，对迂回进路上易发生轨道电路分路不良区段每天利用列车进行碾压，消除隐患。

（4）定期对易发生分路不良区段进行检测，对电务部门测试轨道电路分路残压数值接近超标的区段，通知信号楼和作业人员，并及时整治。

总之，无论是电务、车务，还是施工单位，都必须对分路不良引起高度重视，以“高标准、讲科学、不懈怠”的精神，大力减少或杜绝分路不良，强化分路不良情况下的作业程序和安全控制措施，实现分路不良的安全、可控、稳定。

理论考核

一、选择题

1. 使用引导按钮锁闭进路的条件是（　　）不能开放。

A. 调车信号　　B. 进站信号　　C. 进路信号　　D. 复示信号

2. 凡进站、接车进路信号机不能使用，或在双线区段由反方向开来列车而无进站信号机时，应使用引导信号或派（　　）接车。

A. 车号员　　B. 引导人员　　C. 货运员　　D. 客运员

3. 由双线改按单线行车时，须经（　　）准许并发布命令。

A. 列车调度员　　B. 车站值班员　　C. 值班主任　　D. 值班站长

4. 在双线区间，仅限（　　）运行时，方可使列车反方向运行。

A. 货物列车　　B. 路用列车　　C. 摘挂列车　　D. 整理列车

5. 引导接车时，引导人员昼间显示的引导手信号为（　　）。

A. 展开的绿旗高举头上左右摇动　　B. 展开的黄旗高举头上左右摇动

C. 展开的绿旗在下部左右摇动　　　　D. 展开的黄旗在下部左右摇动

6. 在无联锁的线路上接发列车时，进路上的（　　）道岔应加锁。

A. 对向和防护　　B. 顺向和防护　　C. 对向和顺向　　D. 单开和对称

7. 停止影响接发列车进路的调车作业的时机是（　　）。

A. 列车到达前　　B. 列车闭塞后

C. 列车到发前 5 min　　D.《站细》规定时间

8. 站内无空闲线路接车时，只准接入为排除故障、事故救援、疏解车辆所需的（　　）。

A. 不挂车的单机　　B. 挂有车辆的单机

C. 路用列车　　D. 轻型车辆

9. 双线反方向行车使用路票时，应在路票上加盖（　　）章。

A. 反方向　　B. 双线反方向　　C. 反方向行车　　D. 上行或下行线

10. 双线改按单线行车后，恢复双线行车时，须经（　　）批准并发布命令。

A. 列车调度员　　B. 车站调度员　　C. 车站值班员　　D. 调度值班主任

11. 无双向闭塞设备反方向发车时，须经（　　）批准并发布调度命令。

A. 列车调度员　　B. 车站调度员　　C. 车站值班员　　D. 调度值班主任

12. 自动闭塞区间内有（　　）及以上通过信号机故障或灯光熄灭时，应报告列车调度员停止使用基本闭塞法，改按电话闭塞法行车。

A. 一架　　B. 两架　　C. 三架　　D. 四架

13. 在无联锁的线路上接发列车，进路上的（　　）道岔无论对向或顺向，均应对密贴尖轨、斥离尖轨和可动心轨加锁。

A. 复式交分　　B. 交分　　C. 分动外锁闭　　D. 联动

二、简答题

1. 如何确认对向道岔和防护道岔？
2. 道岔加锁的装置有哪些？
3. 需要引导接车的情况有哪些？
4. 如何办理引导接车？
5. 什么是站内无空闲线路接车？对接入列车的限制是什么？
6. 站内无空闲线路时如何接车？
7. 列车在站内临时停车的处理方法是什么？
8. 准许双线改按单线行车的情况有哪些？
9. 双线改按单线行车的接发列车办法是什么？
10. 准许双线反方向运行的情况有哪些？
11. 如何改变运行方向？
12. 何为轨道电路分路不良？产生原因及处理方法是什么？

实践训练

一、判定对向道岔及防护道岔

1. 根据下图确定非正常情况接发列车

（1）上行列车进 6 道进路应加锁的对向道岔号是什么？

（2）下行列车 6 道发进路应加锁的对向道岔号是什么？

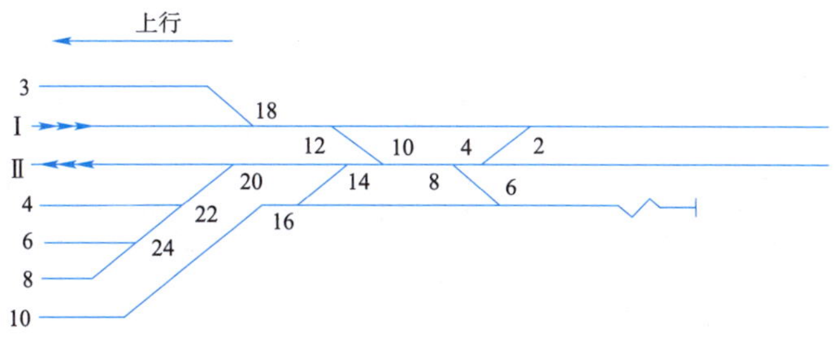

2. 根据下图确定行车相关情况

（1）当上行列车由 4 道正方向发车时，哪些道岔是对向道岔、顺向道岔及防护道岔？

（2）当下行列车接入 3 道时，哪些道岔是对向道岔、顺向道岔及防护道岔？

（3）在无联锁情况下，上行列车由 4 道正方向发车时，哪些道岔需要加锁？

（4）在无联锁情况下，下行列车接入 3 道时，哪些道岔需要加锁？

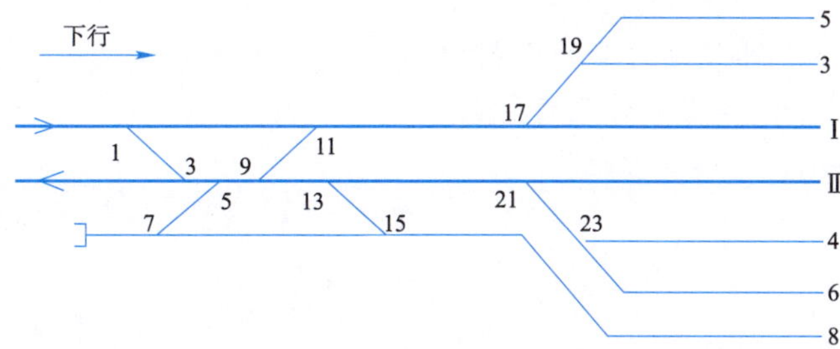

二、轨道电路分路不良的处理

1. 判断列车作业要点（一）

甲站如下图所示：

已知条件：

（1）2210 次接入甲站 3 道停车；

（2）2210 次到达甲站 3 道后，摘开本务机车经牵出线转线去 4 道；

（3）2210 次由邻站发车前，电务登记 S 信号机至 D2 信号机间、3 号、9 号道岔区段临时发生轨道电路分路不良故障。

请回答：

（1）办理 2210 次列车到达作业的要点。

（2）办理 2210 次列车本务机车转线作业的要点。

2. 判断列车作业要点（二）

甲站如下图所示：

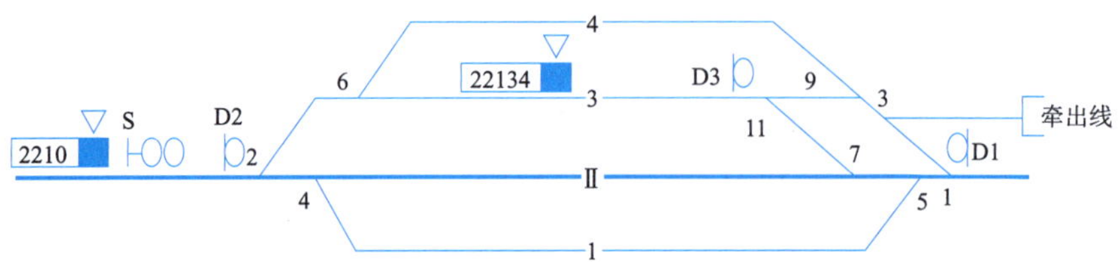

已知条件：

（1）2210 次接入甲站 1 道停车；

（2）保留列车 22134 次 3 道发车，车辆部门已通知车站车辆轮对有锈，可能造成轨道电路分路不良；

（3）2210 次由邻站发车前，电务登记 S 信号机至 D2 信号机间临时发生轨道电路分路不良故障。

请回答：

（1）办理 2210 次列车到达作业的要点。

（2）办理 22134 次列车发车作业的要点。

项目 6　非正常情况接发列车

项目概述

非正常情况接发列车是由于现有的闭塞设备、信号机、道岔设备、轨道电路等设备发生故障或因停电、施工和特殊情况下行车作业的需要，使铁路的信号、联锁、闭塞设备之间的联锁功能部分或全部失效，不能通过设备可靠保证行车作业的安全，而是需要通过人工现场操作设备和检查、确认来保证接发列车作业的安全。

非正常情况接发列车工作是多种行车设备的综合应用。本项目以严谨的工匠精神为切入点，利用生动的实作案例作为任务引入，学习非正常接发列车工作的基本要求，熟练掌握单（双）线电话闭塞无联锁（联锁设备失效）的接发列车作业程序，明确不同情况下非正常接发列车作业要点，使学生在掌握不同设备条件下接发列车工作的同时，体会严谨求实的工匠精神，树立岗位责任意识，培养服务意识。

教学目标

★ 知识目标

1. 明确非正常情况接发列车的范畴、工作难度、作业关键点。
2. 掌握单（双）线电话闭塞无联锁（联锁设备失效）接发列车作业标准。
3. 掌握自动闭塞电气集中联锁条件下不同情况非正常接车作业要点。
4. 掌握自动闭塞电气集中联锁条件下不同情况非正常发车作业要点。

★ 能力目标

1. 熟悉信号、联锁、闭塞设备正常使用方法。
2. 能根据信号机、道岔、轨道电路等行车设备故障和停用情况，制定接发列车作业流程。
3. 能按照流程组织单（双）线电话闭塞无联锁（联锁设备失效）接发列车作业。
4. 能够熟练掌握自动闭塞电气集中联锁条件下不同情况非正常接车作业要点。
5. 能够熟练掌握自动闭塞电气集中联锁条件下不同情况非正常发车作业要点。
6. 能综合运用专业知识，通过利用专业书籍、互联网精品课资源等搜集信息。
7. 能与小组成员和教师进行知识交流和沟通，表述和展示学习成果。

★ 素质目标

1. 树立行车安全观念，树立岗位责任意识，培养服务意识。
2. 培养严谨细致的专业作风，培养严谨求实的工匠精神。
3. 培养团结协作能力，具备岗位责任意识和奉献精神。

4. 具有强烈的时间观念、严谨认真的工作态度。
5. 能客观、公正地开展自我评价及对小组成员的评价。

任务 6.1　非正常接发列车工作初步认知

任务引入

2020 年 9 月 4 日 11:14，×车务段 A 站在工务施工作业过程中，由于工程车区间返回后造成区间 0524G 轨道电路区段遗留红光带（设备特性正常遗留红光带），区间占用逻辑检查人工解锁盘报警，区间轨道电路着红光带。A 站车站值班员在办理报警解锁时，错误采用关闭电源的方式解锁，解锁不成功后，使用总人工解锁方式解锁错误按下了上行关闭按钮和对应的区段按钮（正确为：总人解按钮+对应区段按钮），导致 A 至 B 上行站间逻辑检查功能关闭，施工结束首趟列车通过后区间遗留红光带，造成列车晚点。

请思考：

1. 导致非正常接发列车的行车设备故障和施工有哪些？
2. 区间轨道电路区段遗留红光带对发车作业有什么影响？
3. 怎样才能杜绝工作失误和作业疏漏，确保接发列车工作质量？

知识准备

6.1.1　非正常接发列车作业

总体来说，非正常接发列车作业就是由于现有的闭塞设备、信号设备、道岔设备、轨道电路等设备发生故障或因停电、施工和特殊情况下行车作业的需要，使铁路的信号、联锁、闭塞设备之间的联锁功能部分或全部失效，不能通过设备可靠保证行车作业的安全，而是需要通过人工现场操作设备和检查、确认来保证接发列车作业的安全。

顾名思义，非正常接发列车作业就是由于行车设备条件变化不能按正常接发列车作业标准执行。随着设备的不断发展、更新，非正常作业的概念也有所不同。

例如：在电气集中联锁条件下，正常接发列车作业是将准备进路、锁闭进路和开放信号三项作业整合在一起，通过顺序按压进路始、终端按钮（变通按钮）来实现；而在非正常接发列车作业时，这项作业需要细分为准备进路、锁闭进路、确认进路、开放信号四个步骤。

6.1.2　非正常接发列车作业的困难性

为什么非正常接发列车作业是难点？总体来说，有以下几种原因：

（1）接发列车作业人员属于熟练工种，而行车设备故障情况复杂，不同设备故障时接发列车作业细节、应对方法不同，这就导致一些非正常接发列车作业项目遇到的机会很少，特别是近年来随着科技进步，我国铁路行车设备性能日趋稳定，这就造成了大多数职工，甚至有些干了一辈子的老职工也没遇到几次，缺少了实践的机会。

（2）接发列车时的非正常作业，时间紧、要求高，处理不好往往会扩大影响范围，严重的可能酿成事故。

例如：某中间站，遇到进站信号机出现故障，立即派助理值班员使用引导手信号办理接车，而实际上进站信号机能够开放引导信号，虽然助理值班员责任心很强、身体素质良好，等跑到接车地点时列车已经在机外停车，不但白跑，还要被上级部门进行追责。

（3）非正常接发列车作业涉及的部门多，作业中的联系事项多，车站值班员、信号员、助理值班员如果没有熟练的业务和过硬的心理素质，很难进行妥善处理。

在这种情况下，如果业务不熟、心里没数，很有可能出现遗漏或简化程序，出现问题。

6.1.3　非正常接发列车作业的关键点

（1）准确掌握设备变化。

（2）正确采取处理措施。

（3）严格执行作业标准。

6.1.4　常见非正常接发列车作业

（1）行车设备故障时的接发列车作业（包括闭塞设备故障、信号设备故障、道岔设备故障、轨道电路故障、停电等情况）。

（2）通用非正常作业（包括双线反方向发车、向封锁区间开行路用列车、一切电话中断等）。

任务 6.2　单（双）线电话闭塞无联锁（联锁设备失效）接发列车

任务引入

2015 年 8 月 8 日 10:27，×车务段×站值班员赵××在监台时发现信号控制台电源表示灯由绿灯（Ⅰ路）变为黄灯（Ⅱ路），同时信号机械室有报警声，立即通知了供电段值班人员。在得知路电（Ⅰ路）电源没有停电的情况下，在控制台下的抽屉中取出钥匙打开运转室墙壁上的电源箱，10:33 将控制Ⅱ路农电电源的断路器扳下，但因电务电源屏Ⅰ路电源交流接触器故障（线圈断线），未能自动转回Ⅰ路，造成全站停电。10:34 赵××又合上Ⅱ路电源断路器，反复进行 3 次，造成控制台闪红光带后出现白光带，按调度命令 10:45 将设备复原。影响 X34022 次晚点。认定×站电源屏Ⅰ路电源交流接触器故障，自动转换到信号Ⅱ路电源（农电）供电，车站值班员在得到供电人员Ⅰ路没有停电的通知后，擅自拿钥匙违规转换设备，造成信号设备停电耽误列车，定×车务段一般 D10 类责任事故。

请思考：

1. 什么是无联锁（联锁失效）？

2. 造成无联锁（联锁失效）的原因有哪些？

知识准备

6.2.1 单（双）线电话闭塞无联锁（联锁设备失效）接发列车

1. 接车（含通过）作业程序

接车（含通过）作业程序应符合图 6-1 的规定。

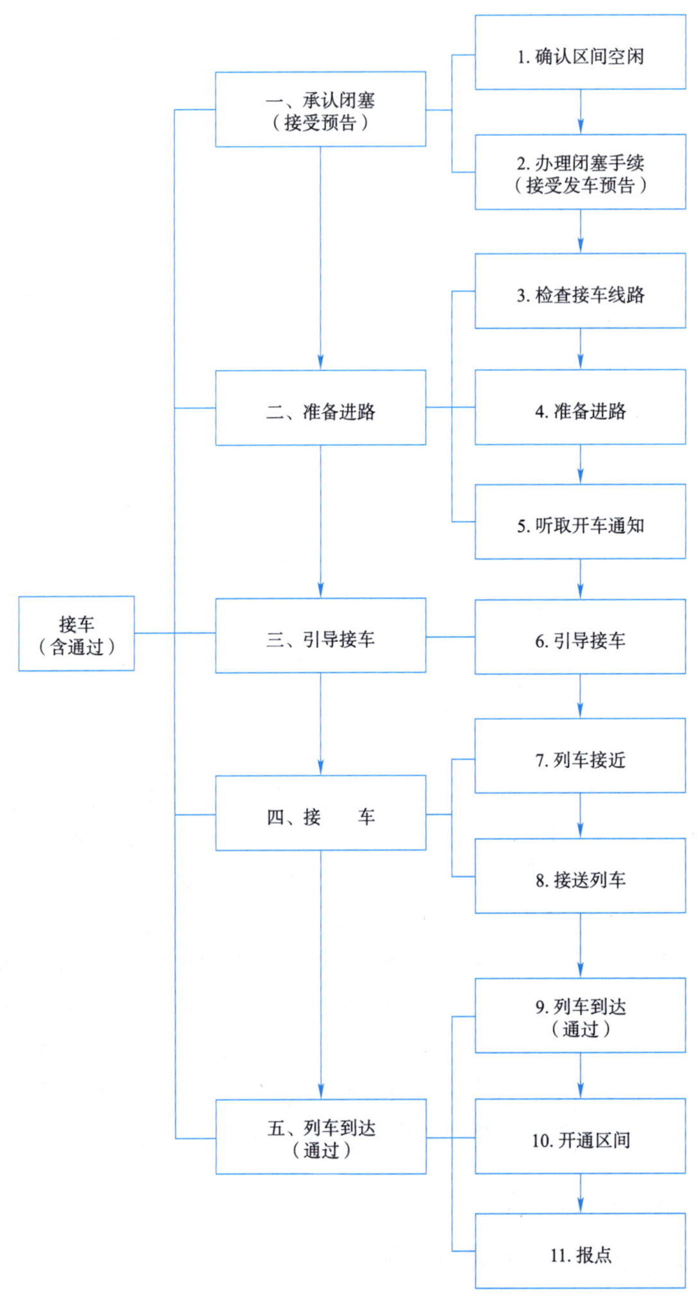

图 6-1　接车（含通过）作业程序图

2. 发车作业程序

发车作业程序应符合图 6-2 的规定。

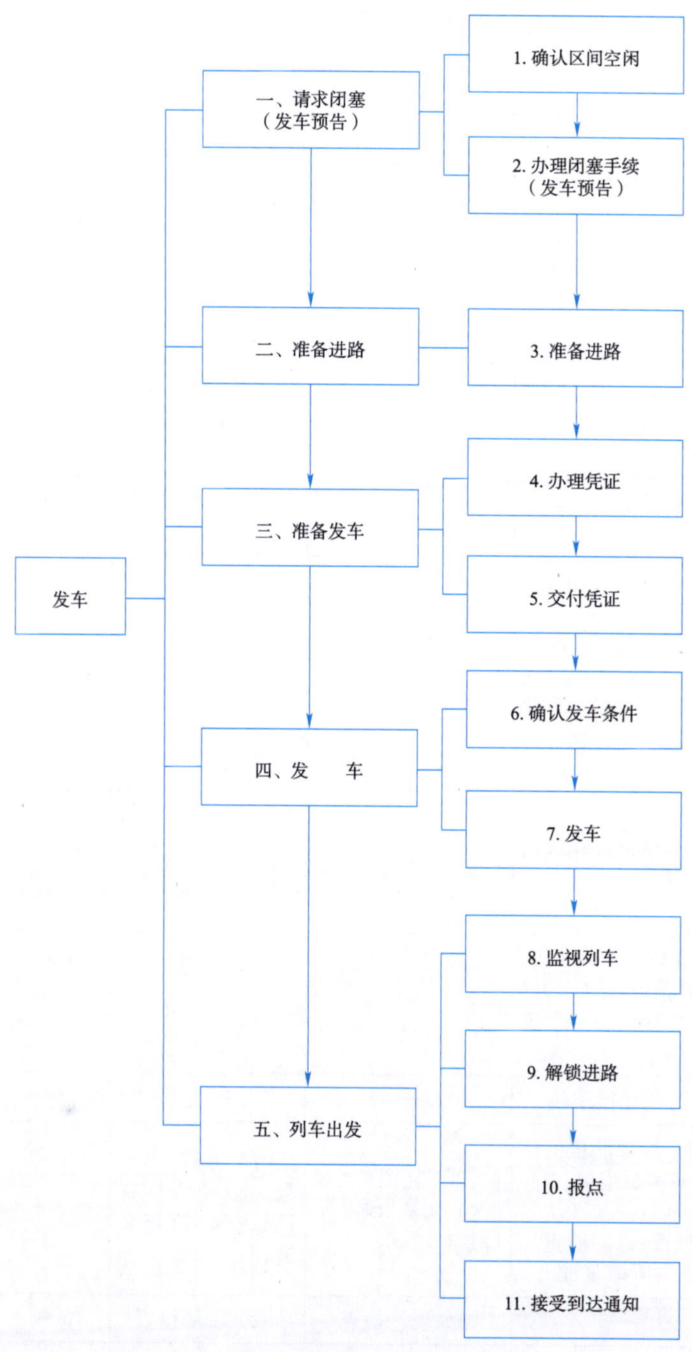

图 6-2　发车作业程序图

6.2.2 单（双）线电话闭塞无联锁（联锁设备失效）接发列车作业程序及技术要求

1. 接车（含通过）作业

接车（含通过）作业程序和岗位作业技术要求应符合表 6–1 的规定。

表 6–1　接车（含通过）作业程序和岗位作业技术要求

作业程序		岗位作业技术要求				事项要求
程序	项目	车站值班员	助理值班员	扳道员	引导人员	
一 承认闭塞（接受预告）	1 确认区间空闲	（1）听取发车站请求闭塞（双线正方向除首列外，为听取发车站预告），按列车运行计划核对车次、时刻、命令、指示（必要时与列车调度员联系）	—	—	—	首列使用电话闭塞法时，核对由基本闭塞法改按电话闭塞法的调度命令
		（2）根据行车日志及各种行车表示牌，确认区间空闲	—	—	—	—
	2 办理闭塞手续（接受发车预告）	（3）发出电话记录：“×号，（×点）×（分），同意×（次）闭塞。”[双线正方向除首列外为同意预告：“同意×（次）预告。”]	—	—	—	同意列车闭塞（预告）后，按企业规定通知有关人员
		（4）填记或确认电子行车日志	—	—	—	不能使用电子行车日志时，填写纸质行车日志
		（5）口呼：“×（次）闭塞[预告]好（了）。”揭挂“区间占用”表示牌	（1）确认无误后，应答：“×（次）闭塞[预告]好（了）。”	—	—	助理值班员在室外作业时，(1)项作业省略
		（6）确定接车线	—	—	—	—
二 准备进路	3 检查接车线路	（7）通知助理值班员、有关扳道员：“×号、×号，×（次）闭塞[预告]，检查×道。”并听取复诵	（2）复诵：“×（次）闭塞[预告]，检查×道。”	（1）复诵：“×号，×（次）闭塞[预告]，检查×道。”	—	—
		—	（3）现场检查	（2）现场检查	—	—
		（8）应答：“×道空闲。”	（4）向车站值班员报告：“×道空闲。”并填写占线板（簿）	（3）向车站值班员报告：“×号，×道空闲。”并填写占线板（簿）	—	—

续表

作业程序		岗位作业技术要求				事项要求
程序	项目	车站值班员	助理值班员	扳道员	引导人员	
二 准备进路	4 准备进路	（9）通知扳道员停止影响进路的调车作业并听取报告	—	（4）停止影响进路的调车作业。确认停止后报告	—	停止调车作业时机和通知、应答、报告用语，由企业规定。无影响进路的调车作业时，此项作业省略
		（10）确认列车运行计划后，通知有关扳道员："×号、×号，×（次）、×道停车[通过][到开]，准备进路。"听取复诵无误后，命令："执行。"	—	（5）进路上的扳道员复诵："×号，×（次）、×道停车[通过][到开]，准备进路。"接停车列车时，接车线末端及有关扳道员回答："×号，知道（了）。"	—	列车通过时，应办理有关发车作业程序。 车站值班员认为需指定延续进路或办理变通进路时，一并通知
		—	—	（6）正确及时地准备进路，并将进路上无联锁的有关对向道岔及邻线上防护道岔加锁	—	进路上的分动外锁闭道岔无论对向或顺向，均应对密贴尖轨、斥离尖轨和可动心轨加锁
		（11）听取扳道员报告后，应答："好（了）。"	—	（7）报告："×号，×道接车进路好（了）。"[列车通过或到开时，发车端扳道员报告："×号，×道发车进路好（了）。"]	—	—
		（12）通知引导人员："确认×道接车进路。"听取复诵无误后，命令："执行。"	—	—	（1）复诵："确认×道接车进路。"	设进路检查人员时，检查确认办法由企业规定
		（13）听取引导人员报告后，应答："好（了）。"	—	—	（2）确认进路正确，报告："×道接车进路确认好（了）。"	扳道员兼引导人员或引导人员确认进路有困难时，由扳道员再次检查，确认正确后报告。接通过列车时，发车端扳道员再次确认正确后报告

续表

作业程序		岗位作业技术要求				事项要求
程序	项目	车站值班员	助理值班员	扳道员	引导人员	
二 准备进路	5 听取开车通知	（14）复诵发车站开车通知：“×（次）、（×点）×（分）开。”	—	—	—	—
		（15）填记或确认电子行车日志中的发车站发车时间和本站接车线	—	—	—	不能使用电子行车日志时，填写纸质行车日志
		（16）通知助理值班员、扳道员：“×号、×号，×（次）开过来（了）。”并听取复诵	（5）复诵：“×（次）开过来（了）。”	（8）复诵：“×（次）开过来（了）。”	—	—
		（17）按企业规定通知有关人员	—	—	—	—
三 引导接车	6 引导接车	（18）通知引导人员：“×（次）、（×点）×（分）开过来（了），引导接车。”听取复诵无误后，命令：“执行。”	—	—	（3）复诵：“×（次）、（×点）×（分）开过来（了），引导接车。”	—
		—	—	—	（4）到规定地点，按规定时机显示引导手信号	—
四 接车	7 列车接近	（19）应答：“×（次）接近。”	—	—	（5）目视列车接近，向车站值班员报告：“引导人员，×（次）接近。”	—
		（20）通知助理值班员及有关扳道员：“×号、×号，×（次）接近，×道接车。”并听取复诵	（6）复诵：“×（次）接近，×道接车。”	（9）进路上的扳道员复诵：“×号，×（次）接近，×道接车。”接停车列车时，接车线末端及有关扳道员回答：“×号，知道（了）。”	—	—

续表

作业程序		岗位作业技术要求				事项要求
程序	项目	车站值班员	助理值班员	扳道员	引导人员	
四 接车	8 接送列车	—	(7) 再次确认接车线路空闲，到企业规定地点接车	(10) 再次确认接车线路空闲，到企业规定地点接车	—	—
		(21) 对通过列车，使用调度命令无线传送系统传送行车凭证或按规定使用列车无线调度通信设备向司机转达行车凭证后，通知助理值班员："×(次)、×道显示通过手信号。"并听取复诵	(8) 监视列车进站，于列车停妥后返回；对通过列车，得到车站值班员显示通过手信号的通知并复诵后，显示通过手信号。列车头部越过接车地点，收回通过手信号。列车尾部越过接车地点，确认尾部标志后返回	(11) 监视列车进(出)站，确认列车尾部标志；停车列车，内方扳道员需确认列车尾部过标后返回	(6) 待列车头部越过引导地点后，收回引导手信号	不能使用调度命令无线传送系统传送行车凭证或使用列车无线调度通信设备向司机转达行车凭证时，由助理值班员交递书面行车凭证
五 列车到达(通过)	9 列车到达(通过)	(22) 听取列车到达(出站)报告，应答："好(了)。"	—	(12) 报告："×号，×(次)到达。"通过列车发车端扳道员报告："×号，×(次)出站。"	—	—
		(23) 对通过列车通知接车站："×(次)、(×点)×(分)通过。"并听取复诵	(9) 对通过列车，擦(划)掉占线板(簿)记载	(13) 对通过列车，擦(划)掉占线板(簿)记载	—	—
	10 开通区间	(24) 通知扳道员："×号，解锁×号道岔[×进路]。"	—	(14) 复诵后将加锁的道岔解锁	—	连续使用道岔同一位置接发列车时除外
		(25) 向发车站发出电话记录："×号，×(次)、(×点)×(分)到。"并听取复诵	—	—	—	—
		(26) 填记或确认电子行车日志	—	—	—	不能使用电子行车日志时，填写纸质行车日志
		(27) 摘下"区间占用"表示牌	—	—	—	—
	11 报点	(28) 通过计算机报点系统向列车调度员报点	—	—	—	不能使用计算机报点系统时，向列车调度员报点："×(站)报点，×(次)、(×点)×(分)到(通过)。"

2. 发车作业

发车作业程序和岗位作业技术要求应符合表 6–2 的规定。

表 6–2 发车作业程序和岗位作业技术要求

作业程序		岗位作业技术要求			事项要求
程序	项目	车站值班员	助理值班员	扳道员	
一 请求闭塞（发车预告）	1 确认区间空闲	（1）确认列车运行计划；根据行车日志及各种行车表示牌，确认区间空闲	—	—	首列使用电话闭塞法时，核对由基本闭塞法改按电话闭塞法的调度命令
	2 办理闭塞手续（发车预告）	（2）单线及双线反方向（正方向首列）请求闭塞：“×（次）闭塞。”［双线正方向除首列外：“×（次）预告。”］	—	—	—
		（3）复诵接车站发出的电话记录［双线正方向除首列外为听取接车站同意的通知］	—	—	—
		（4）填记或确认电子行车日志	—	—	不能使用电子行车日志时，填写纸质行车日志
		（5）口呼：“×（次）闭塞［预告］好（了）。”揭挂“区间占用”表示牌	（1）确认无误后，应答：“×（次）闭塞［预告］好（了）。”	—	助理值班员在室外作业时，（1）项作业省略
二 准备进路	3 准备进路	（6）通知扳道员停止影响进路的调车作业并听取报告	—	（1）停止影响进路的调车作业。确认停止后报告	停止调车作业时机和通知、应答、报告用语，由企业规定。无影响进路的调车作业时，此项作业省略
		（7）确认列车运行计划后，通知有关扳道员：“×号、×号，×（次）、×道发车，准备进路。”听取复诵无误后，命令：“执行。”	—	（2）进路上的扳道员复诵：“×号，×（次）、×道发车，准备进路。”有关扳道员回答：“×号，知道（了）。”	车站值班员认为需办理变通进路时，一并通知

续表

作业程序		岗位作业技术要求			事项要求
程序	项目	车站值班员	助理值班员	扳道员	
二 准备进路	3 准备进路	—	—	（3）正确及时地准备进路，并将进路上无联锁的有关对向道岔及邻线上防护道岔加锁	进路上的分动外锁闭道岔无论对向或顺向，均应对密贴尖轨、斥离尖轨和可动心轨加锁
		（8）听取扳道员报告后，应答："好（了）。"	—	（4）报告："×号，×道发车进路好（了）。"	—
		（9）通知扳道员："×号，确认×道发车进路。"听取复诵无误后，命令："执行。"	—	（5）复诵："×号，确认×道发车进路。"	—
		（10）听取扳道员报告，应答："好（了）。"	—	（6）再次确认正确，报告："×号，×道发车进路确认好（了）。"	—
三 准备发车	4 办理凭证	（11）核对车次、区间，电话记录号码，填写路票	—	—	双线正方向发车，电话记录号码为：首列为接车站承认的电话记录号码；首列以后的列车，为前次发出的列车到达的电话记录号码。 可按企业规定，由指定的助理值班员填写路票
		（12）与助理值班员核对路票	（2）与车站值班员核对路票	—	
	5 交付凭证	（13）通知助理值班员："发×道×（次）。"并听取复诵	（3）复诵："发×道×（次）。"	—	—
		—	（4）与扳道员对道	（7）与助理值班员对道	—
		—	（5）与司机核对路票，确认正确后交付司机	—	使用调度命令无线传送系统传送行车凭证或使用列车无线调度通信设备向司机转达行车凭证时，无此项作业

续表

作业程序		岗位作业技术要求			事项要求
程序	项目	车站值班员	助理值班员	扳道员	
四 发车	6 确认发车条件	—	（6）确认旅客上下、行包装卸和列检作业等完了（或得到通知）	—	动车组列车无此项作业
	7 发车	—	（7）按规定站在适当地点，显示发车信号或使用列车无线调度通信设备（发车表示器）发车	—	由车站值班员使用列车无线调度通信设备发车时，应确认发车条件具备（或得到报告）。 动车组列车无此项作业
五 列车出发	8 监视列车	（14）列车起动后，及时通知接车站：“×（次）、（×点）×（分）开。”并听取复诵	—	—	车站值班员不能确认列车是否起动时，由助理值班员报告车站值班员
		（15）填记或确认电子行车日志	—	—	不能使用电子行车日志时，填写纸质行车日志
		—	（8）监视列车，于列车尾部越过发车地点，确认列车尾部标志后返回	（8）监视列车，确认列车尾部标志，外方扳道员于列车尾部越过最外方道岔后返回	—
	9 解锁进路	（16）应答：“好（了）。”	—	（9）外方扳道员向车站值班员报告：“×号，×（次）出站。”	—
		—	（9）擦（划）掉占线板（簿）记载	（10）擦（划）掉占线板（簿）记载	—
		（17）通知扳道员：“×号，解锁×号道岔[×进路]。”	—	（11）复诵后将加锁的道岔解锁	连续使用道岔同一位置接发列车时除外
	10 报点	（18）通过计算机报点系统向列车调度员报点	—	—	不能使用计算机报点系统时，向列车调度员报点：“×（站）报点，×（次）、（×点）×（分）开。”

续表

<table>
<tr><th colspan="2">作业程序</th><th colspan="3">岗位作业技术要求</th><th rowspan="2">事项要求</th></tr>
<tr><th>程序</th><th>项目</th><th>车站值班员</th><th>助理值班员</th><th>扳道员</th></tr>
<tr><td rowspan="3">五
列车出发</td><td rowspan="3">11
接受到达通知</td><td>（19）复诵接车站列车到达电话记录</td><td>—</td><td>—</td><td>—</td></tr>
<tr><td>（20）填记或确认电子行车日志</td><td>—</td><td>—</td><td>不能使用电子行车日志时，填写纸质行车日志</td></tr>
<tr><td>（21）摘下“区间占用”表示牌</td><td>—</td><td>—</td><td>—</td></tr>
</table>

3. 其他要求

（1）适用于 200 km/h 以下铁路区段（仅运行动车组列车的铁路除外）单（双）线电话闭塞无联锁设备（联锁设备失效）的车站接发列车作业。

（2）准备进路时，执行“一看、二扳（摇）、三确认、四呼唤（显示）”及“眼看、手指、口呼”制度。眼看：看准应确认的设备；手指：中、食指并拢成“剑指”，指向应确认的设备；持旗时为右手拢起的信号旗前指，持灯时为“剑指”；口呼：规定用语，吐字清晰。准备进路时，先确认道岔开通位置，再扳（摇）向所需位置，确认锁闭，道岔开通正确。手指进路，确认正确，口呼：“×道开通。”

（3）在无联锁线路上接发列车时，进路上分动外锁闭道岔的具体加锁办法，由企业规定。

（4）一端有两个及以上列车运行方向，车站值班员布置进路、确认信号时，应以线名或邻站名区别方向（“线”或“站”字可省略。分主次方向时，可只在次要方向增加线名或邻站名区分）；有两个及以上车场或径路，车站值班员办理闭塞（预告）、布置进路、确认信号时，应区分车场或径路。具体办法由企业规定。

（5）使用引导信号接车时，现场不派引导人员，具体作业办法由企业规定。

（6）接发列车时，应按规定执行车机联控。

（7）未设助理值班员的车站及助理值班员不参与发车的列车，应指派胜任人员担当助理值班员工作。

（8）助理值班员能通过 TDCS 等方式掌握车次、股道时，可不填写占线板（簿）。

（9）信号操作终端上使用的行车表示牌（帽、卡）及揭挂办法，由企业规定。信号操作终端包括计算机联锁操作终端、继电联锁及非集中联锁控制台。

（10）与本站（场）区有关作业人员间的联系、通知，可采用信息系统或设备通知（车站值班员布置进路及听取进路准备妥当的报告时除外），通知人员应及时确认被通知人员的签收回执，具体通知办法由企业规定。

（11）检查线路空闲的具体办法，由企业规定。

（12）在非正常情况下接发列车时，为确保接发列车作业安全，根据造成非正常接发列车的不同情况，参照图 6-3～6-5 办理。

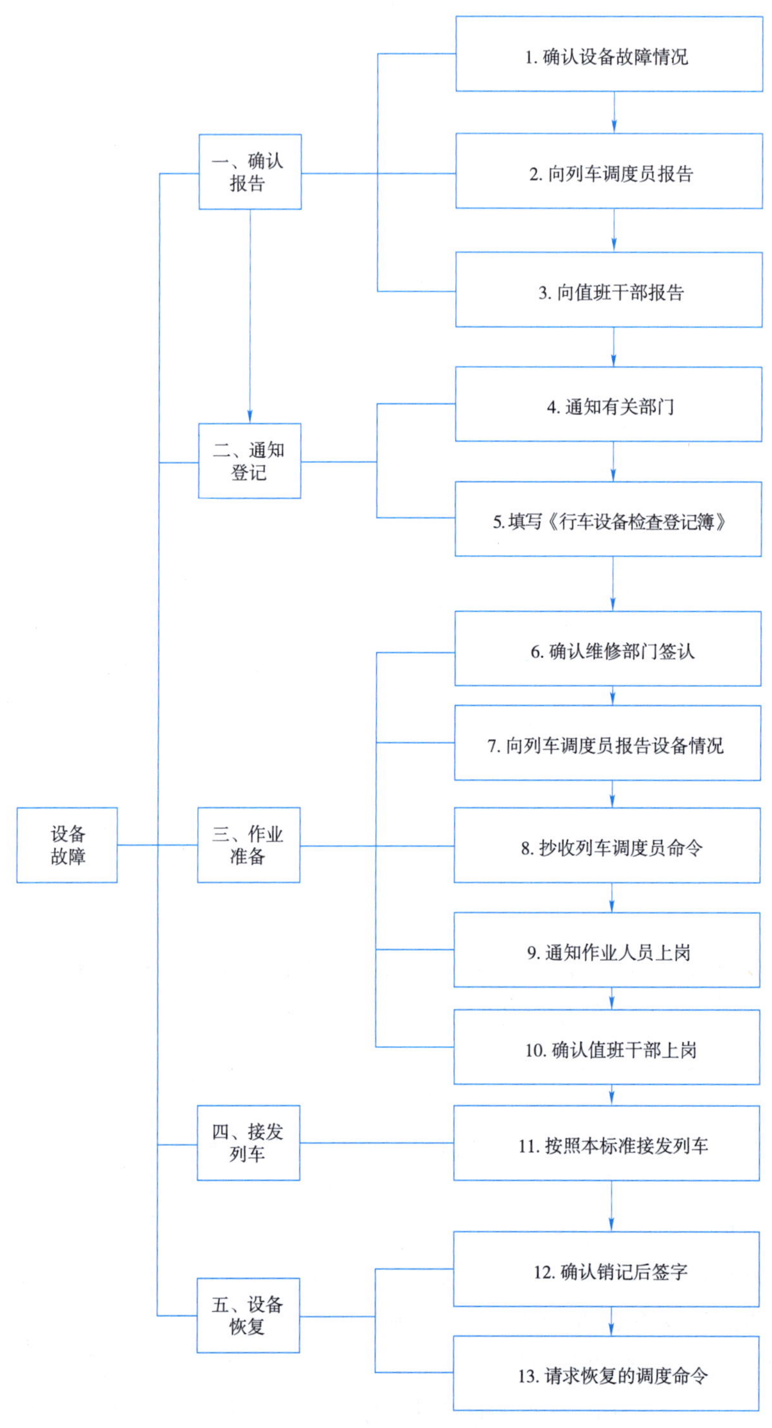

图 6-3　非正常情况下（设备故障）接发列车安全控制图

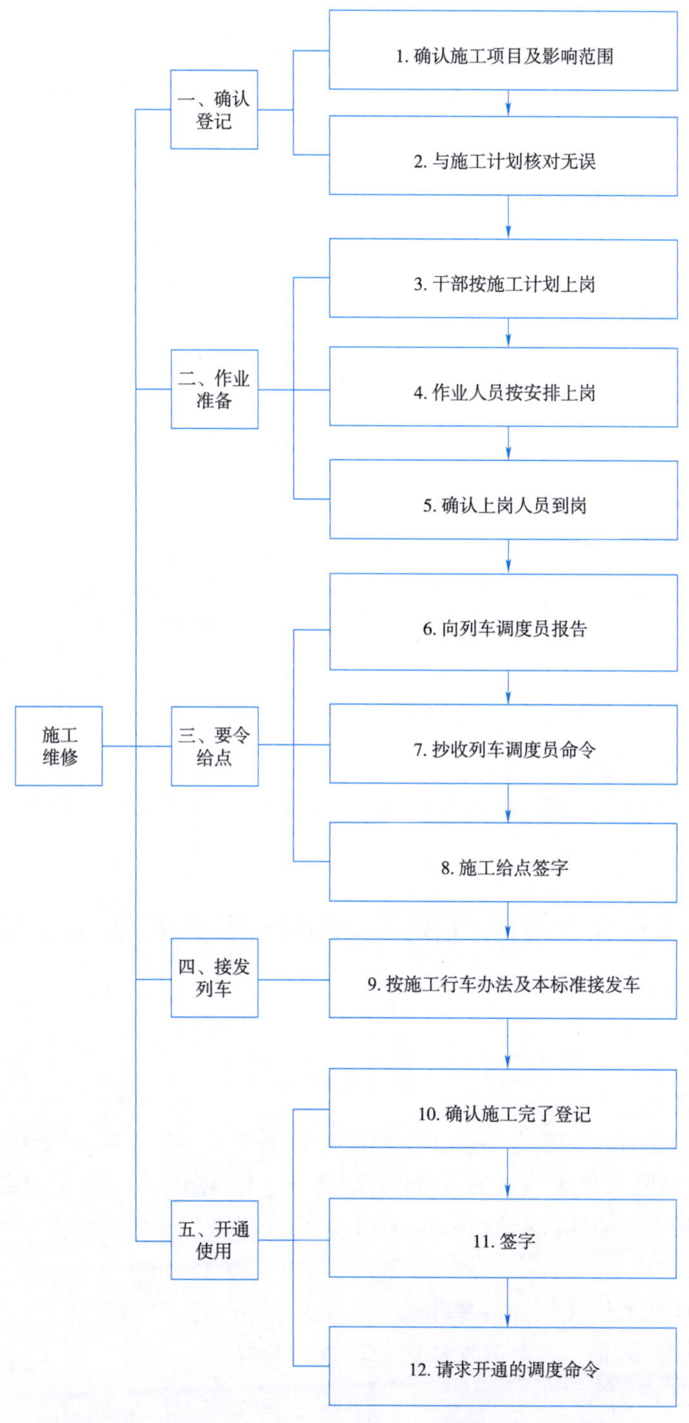

图 6–4　非正常情况下（施工维修）接发列车安全控制图

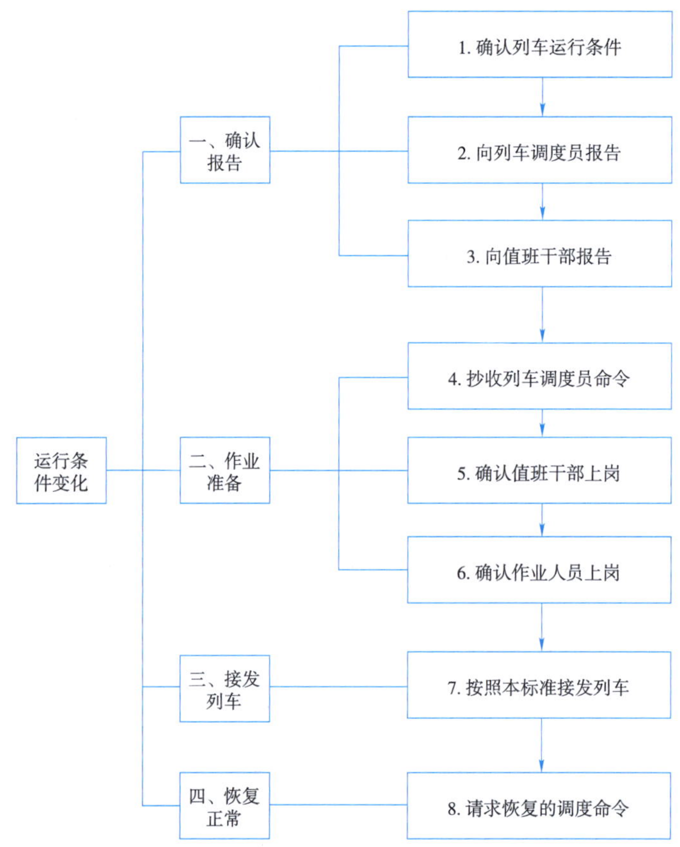

图 6–5　非正常情况下（运行条件变化）接发列车安全控制图

任务 6.3　不同情况下非正常接发列车作业要点

任务引入

一、事故概况

2003 年 8 月 12 日×站因电务施工，信联闭设备停用，接发列车及调车作业按无联锁办理。13:24 车站值班员×××在填写 4255 次路票时，将 4255 次错写成 40255 次。4255 次司机发现路票车次错误，13:24 在站内停车 4 min，构成错办凭证耽误列车事故。

二、事故原因

（1）车站值班员未认真执行路票三核对制度。

（2）干部监控不认真，未及时发现问题，防止事故。

请思考：

1. 信联闭设备停用会对接车、发车工作造成哪些影响？

2. 信联闭设备停用时，怎样准备进路？

3. 需交接行车凭证时，如何核对行车凭证？

知识准备

6.3.1 自动闭塞接车作业

1. 进站（接车进路，下同）信号机故障

1）进站信号机灯泡灯丝“断单丝”时的接车

故障现象：控制台上灯丝断丝表示灯红灯点亮，同时灯丝断丝电铃鸣响。如图 6-6 所示。

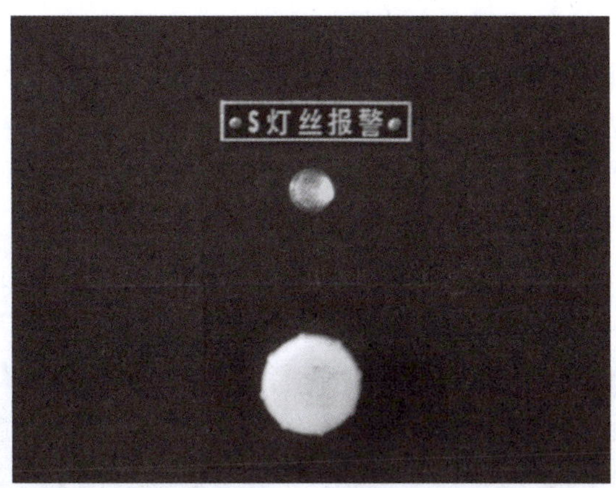

图 6-6 进站信号机断丝报警的故障现象

作业要点：通过控制台确认上述故障现象时，不影响正常接车，进站信号机能够开放，应按下灯丝断丝按钮，切断灯丝断丝报警电铃鸣响，同时通知电务人员及时处理。

2）进站信号机允许灯光灯泡“断双丝”，但可以开放引导信号时的接车

故障现象：当进站信号机允许灯光灯泡“断双丝”时，进站信号机绿黄灯光不能点亮，绿、绿黄、黄、双黄色信号不能开放，进站信号机自动点红灯，控制台进站信号复示器也点红灯，同时灯丝断丝电铃鸣响。如图 6-7 所示。

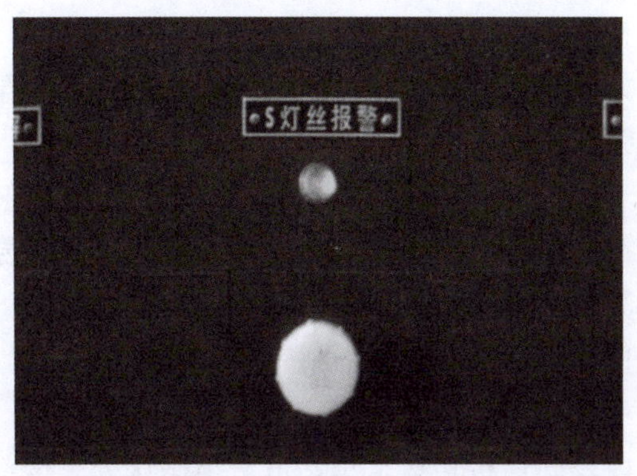

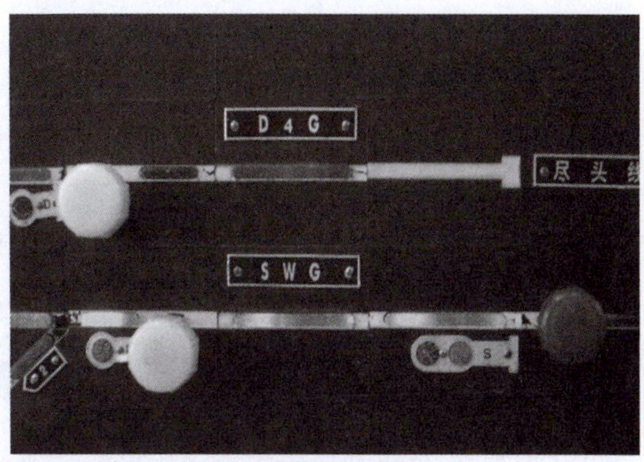

图 6-7 进站信号机允许灯光灯泡“断双丝”时的故障现象

作业准备：通过控制台确认故障现象后，车站值班员应首先报告列车调度员，并通知车站值班干部上岗监控，在《行车设备检查登记簿》内登记，登记内容：发生故障的日期、时间、设备名称、故障现象，并通知电务人员现场检查维修。如电务人员登记“设备故障，暂不能修复，请车务按非正常办法办理”后，车站值班员应再次向列车调度员报告设备情况，请求并接收引导接车的调度命令，按列车调度员的指示准备接车。

作业要点：通过控制台确认接车线路空闲或得到接车线路空闲的报告后，单操进路上的道岔（含防护道岔）准备进路或排列列车、调车进路（排列进路后取消），通过控制台按下接通光带按钮确认进路正确后，方可登记、破封、按下引导信号按钮，开放引导信号接车。

车站值班员须将引导接车调度命令的号码及内容向司机转达。车站值班员确认列车全部进入接车线后，同时按下本咽喉的总人工解锁按钮和该进站信号机的进路始端按钮，使引导进路上的白光带熄灭，进路解锁。

3）进站信号机红灯熄灭（控制台进站信号复示器闪红灯），不能开放引导信号时的接车

故障现象：进站信号机红灯熄灭，控制台进站信号复示器闪红灯，导致进站信号机不能显示进站信号和引导信号。如图 6-8 所示。

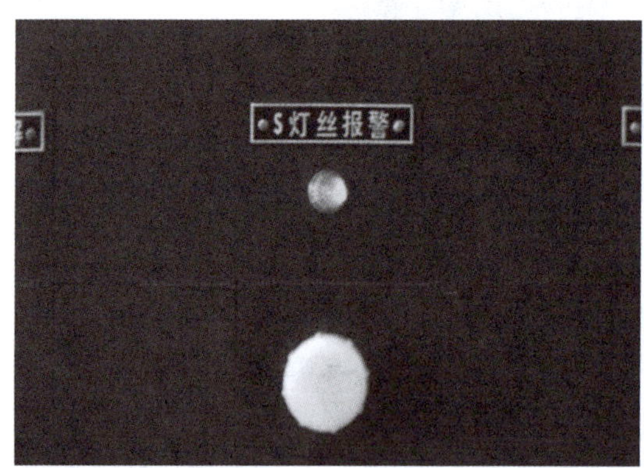

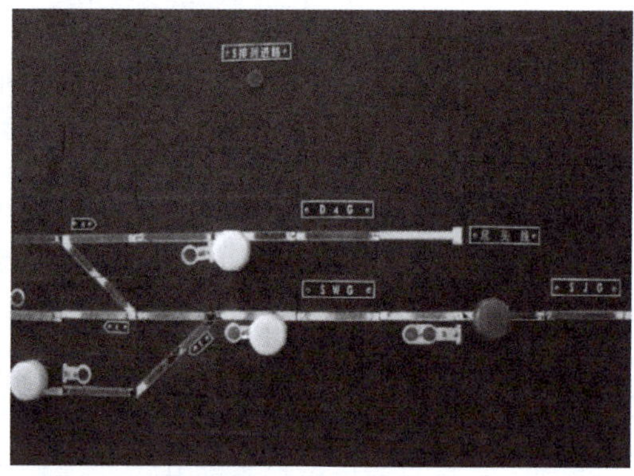

图 6-8　进站信号机红灯熄灭时的故障现象

作业准备：通过控制台确认故障现象后，车站值班员应首先报告列车调度员，通知值班干部上岗监控，在《行车设备检查登记簿》内登记，登记内容：发生故障的日期、时间、设备名称、故障现象，并通知电务人员现场维修。如电务登记“设备故障，暂不能修复，请车务按非正常办法办理”后，车站值班员应再次向列车调度员报告，请求并接收引导接车的调度命令，按列车调度员的指示准备接车。

作业要点：通过控制台确认接车线路空闲或得到接车线路空闲的报告后，开放调车信号锁闭进路（调车进路不能完全锁闭整个进路时，其他未锁闭道岔单独锁闭）或单操进路上的道岔（含防护道岔）准备进路（并单独锁闭），通过控制台按下接通光带按钮确认进路正确后，派引导员引导接车。

车站值班员须将引导接车调度命令的号码及内容向司机转达。车站值班员确认列车全部到达进入接车线后，将进路上的单独锁闭道岔解锁。

夜间在确认进站信号机红灯熄灭后应立即取出行车备品箱内的防护信号灯，指派胜任人员到故障的进站信号机处，在信号机柱距钢轨顶面不低于 2 m 处加挂信号灯，向区间方面显示红色灯光。

2. 轨道电路故障

1）接车线（含咽喉区无岔区段）轨道电路故障，控制台显示轨道电路红光带，进站信号机不能开放时的接车

故障现象：接车线无机车、车辆占用而控制台显示接车线轨道电路红光带，导致进站信号机不能正常开放。如图 6-9 所示。

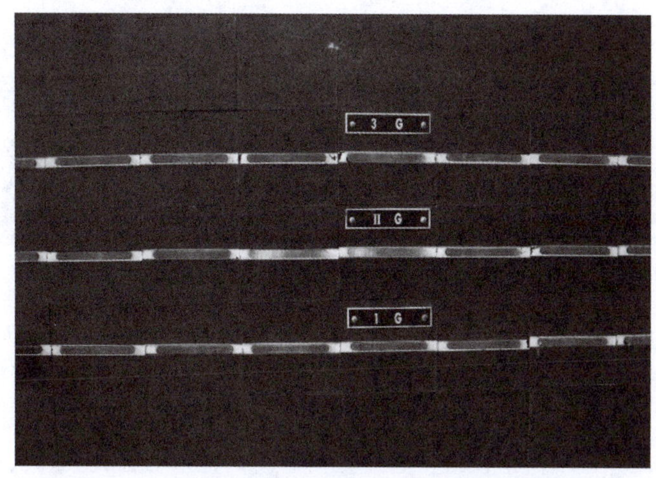

图 6-9　控制台显示接车线轨道电路故障时的现象

作业准备：通过控制台确认故障现象后，车站值班员应立即指派胜任人员检查接车线路，得到无异状及线路空闲的报告后，向列车调度员报告，通知值班干部上岗监控，在《行车设备检查登记簿》内登记。通知工务、电务人员现场检查，车站值班员必须得到工务人员线路（设备）正常的报告，并在《行车设备检查登记簿》内销记；电务人员确认是轨道电路故障并在《行车设备检查登记簿》内登记，登记内容“轨道电路故障，暂时不能修复，请车务按非正常办法办理”。车站值班员再次向列车调度员报告设备情况后，请求并接收引导接车的调度命令，按列车调度员的指示准备接车。

作业要点：通过控制台单操进路上的道岔（含防护道岔）准备接车进路或排列调车进路（排列后取消），按下接通光带按钮确认进路正确后，方可登记、破封、按下引导信号按钮，开放引导信号接车。

车站值班员须将引导接车调度命令的号码及内容向司机转达。车站值班员确认列车全部进入接车线后，同时按下本咽喉的总人工解锁按钮和该进站信号机的进路始端按钮，使引导进路上的白光带熄灭，进路解锁。

2）进站信号机内方第一轨道电路区段故障，控制台显示轨道电路红光带，进站信号机不能开放时的接车

故障现象：进站信号机内方第一轨道电路区段无机车车辆占用，控制台显示轨道电路红光带，导致进站信号机不能开放。如图 6–10 所示。

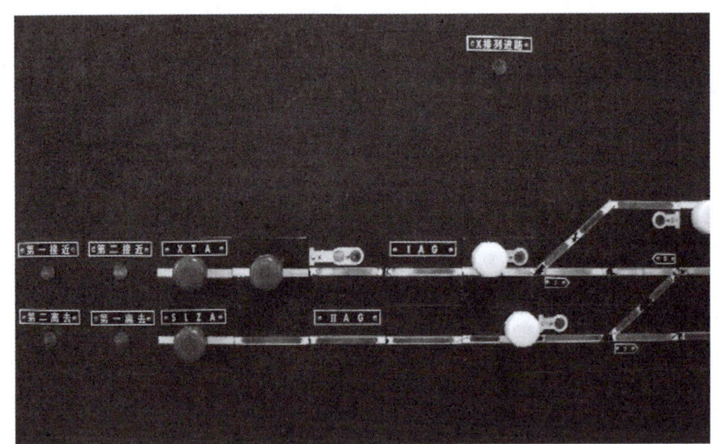

图 6–10　控制台显示进站信号机内方第一轨道电路区段故障时的现象

作业准备：通过控制台确认故障现象后，车站值班员应立即指派胜任人员检查故障区段，得到无异状及线路空闲的报告后，向列车调度员报告，通知值班干部上岗监控，在《行车设备检查登记簿》内登记。通知工务、电务人员现场检查，车站值班员必须得到工务人员线路（设备）正常的报告，并在《行车设备检查登记簿》内销记；电务人员确认是轨道电路故障并在《行车设备检查登记簿》内登记，登记内容“轨道电路故障，暂时不能修复，请车务按非正常办法办理”。车站值班员再次向列车调度员报告设备情况后，请求并接收引导接车的调度命令，按列车调度员的指示准备接车。

作业要点：通过控制台单操进路上的道岔（含防护道岔）准备接车进路或排列调车进路（排列后取消），按下接通光带按钮，确认进路正确后，方可登记、破封、按下引导信号按钮，按下按钮时，要持续按压不能松手（计算机联锁设备按操作说明办理），否则引导信号会关闭。当确认列车头部越过进站信号机后方可松开引导信号按钮。

车站值班员须将引导接车调度命令的号码及内容向司机转达。车站值班员确认列车全部进入接车线后，同时按下本咽喉的总人工解锁按钮和该进站信号机的进路始端按钮，使引导进路上的白光带熄灭，进路解锁。

3）接车进路上的某一道岔区段轨道电路故障控制台显示红光带，进站信号机不能开放时的接车

接车进路上的某一道岔区段轨道电路故障，导致进站信号机不能开放分为两种情况：一种是接车进路中某一道岔区段轨道电路故障，但故障区段中的道岔位置正确；另一种是接车进路中某一道岔区段轨道电路故障，但故障区段中的道岔位置不正确。

（1）第一种故障现象：接车进路上的某一道岔区段轨道电路故障控制台显示红光带，导致进站信号机不能正常开放。但该道岔区段内所有的道岔均处在所需位置不需扳动且控制台道岔位置表示正常。如图 6–11 所示。

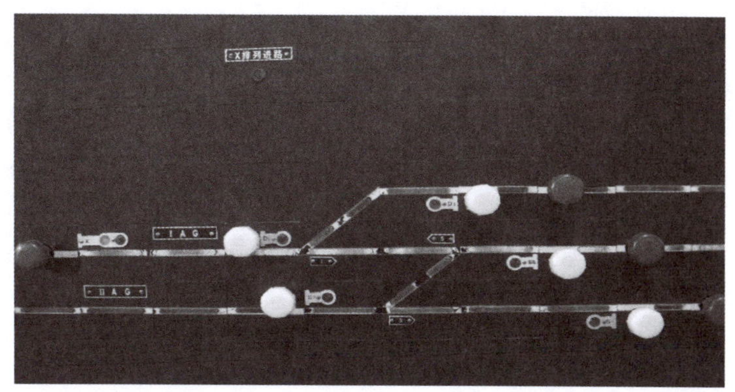

图 6－11　控制台显示接车进路上的某一道岔区段轨道电路故障时的现象

作业准备：通过控制台确认故障现象后，车站值班员应立即指派胜任人员检查该故障道岔区段，得到无异状及线路空闲的报告后，向列车调度员报告，通知值班干部上岗监控，在《行车设备检查登记簿》内登记。通知工务、电务人员现场检查，车站值班员必须得到工务人员线路（设备）正常的报告，并在《行车设备检查登记簿》内销记；电务人员确认是轨道电路故障并在《行车设备检查登记簿》内登记，登记内容“轨道电路故障，暂不能修复，请车务按非正常办法办理”。车站值班员再次向列车调度员报告设备情况后，请求并接收引导接车的调度命令，按列车调度员的指示准备接车。

作业要点：车站值班员通过控制台确认进路上的道岔位置，并通过控制台将接车进路上的无故障区段内的道岔（含防护道岔）单操至所需位置（也可采用开放调车信号的方式准备进路，确认正确后取消）。按下接通光带按钮确认无故障区段内道岔位置开通正确；对故障区段内的道岔确认位置正确不需扳动并单独锁闭，再次按下接通光带按钮确认进路正确后，方可登记、破封、按下引导信号按钮，开放引导信号接车。

车站值班员须将引导接车调度命令的号码及内容向司机转达。车站值班员确认列车全部进入接车线后，同时按下本咽喉的总人工解锁按钮和该进站信号机的进路始端按钮，使引导进路上的白光带熄灭，进路解锁，并将进路上单独锁闭的道岔解锁。

（2）第二种故障现象：接车进路上的某一道岔区段轨道电路故障控制台显示红光带，导致进站信号机不能正常开放，而该轨道电路区段内有一组或几组道岔，个别道岔位置未在所需位置需要扳动。如图 6－12 所示。

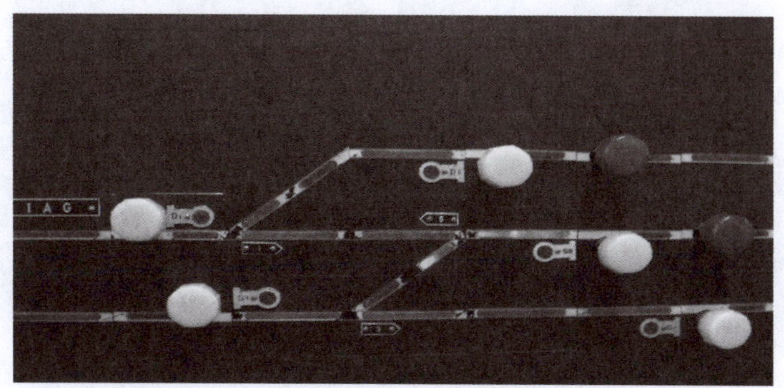

图 6－12　控制台显示接车进路上某一道岔区段轨道电路故障的现象

作业准备：通过控制台确认故障现象后，车站值班员应立即指派胜任人员检查该故障道岔区段，得到无异状及线路空闲的报告后，向列车调度员报告，通知值班干部上岗监控，在《行车设备检查登记簿》内登记。通知工务、电务人员现场检查，车站值班员必须得到工务人员线路（设备）正常的报告，并在《行车设备检查登记簿》内销记；电务人员确认是轨道电路故障并在《行车设备检查登记簿》内登记，登记内容“轨道电路故障，暂不能修复，请车务按非正常办法办理”。车站值班员再次向列车调度员报告设备情况后，请求并接收引导接车的调度命令，按列车调度员的指示准备接车。

作业要点：车站值班员通过控制台确认进路上的道岔位置，并通过控制台将接车进路上无故障区段内的道岔单操至所需位置（也可采用排列调车进路的方式准备部分进路，确认正确后取消），按下接通光带按钮确认无故障区段内道岔位置开通正确；对故障区段内的道岔位置不正确需扳动的，应登记、开锁、破封取出道岔手摇把，指派胜任人员到现场，将故障道岔摇向所需位置，检查确认尖轨与基本轨密贴良好并按规定加锁，分动外锁闭道岔还要确认心轨和斥离尖轨位置，在确认道岔位置正确后，无论对向还是顺向都使用专用钩锁器对密贴尖轨、斥离尖轨、可动心轨进行加锁固定，准备进路时必须执行双人确认或一人两次确认制度。加锁方法及位置如图 6-13～6-15 所示。

图 6-13　普通道岔加锁示意图

图 6-14　提速分动外锁闭道岔密贴尖轨、斥离尖轨加锁示意图

图 6–15　可动心轨道岔加锁示意图

车站值班员必须得到扳道人员进路准备好了和进路确认正确的报告后，方可登记、破封、按下本咽喉的引导总锁闭按钮和引导信号按钮，开放引导信号接车。此时该咽喉区不能办理其他任何进路。

车站值班员须将引导接车调度命令的号码及内容向司机转达。车站值班员必须得到接车的扳道人员列车全部进入接车线的报告后，才可拉出本咽喉的引导总锁闭按钮，使全咽喉的道岔解锁。

扳道人员将加锁的道岔解锁恢复定位，连续作业时，按车站值班员的指示办理。

3. 接车进路上的道岔失去表示

故障现象：控制台显示接车进路上的道岔失去定、反位表示（定位或反位表示灯之一或全部熄灭），导致进站信号机不能开放，失去表示 13 s 后挤岔铃响。如图 6–16 所示。

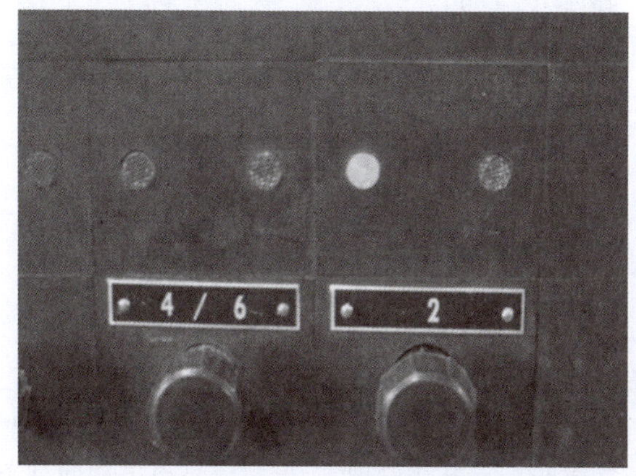

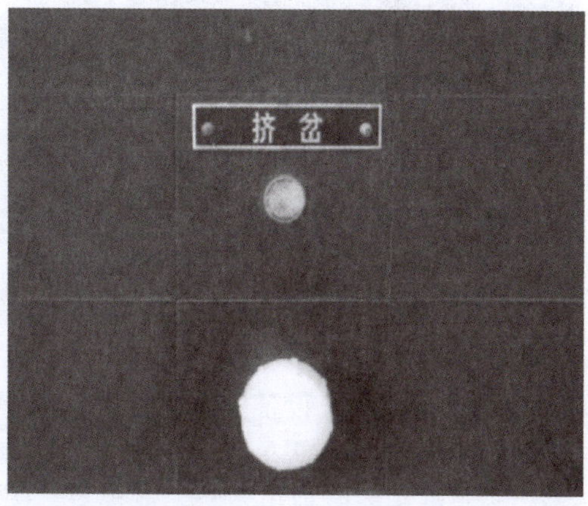

图 6–16　控制台显示道岔失去定、反位表示及挤岔报警的故障现象

作业准备：通过控制台确认故障现象后，车站值班员应立即指派胜任人员检查故障道岔，得到无异状及线路空闲的报告后，向列车调度员报告，通知值班干部上岗监控，在《行车设备检查登记簿》内登记，通知工务、电务人员现场检查。车站值班员必须得到工务人员线路（设备）正常的报告，并在《行车设备检查登记簿》内销记；电务人员确认是电务设备故障，

并在《行车设备检查登记簿》内登记，登记内容“电务设备故障，暂时不能修复，请车务按非正常办法办理”（分动外锁闭道岔失去锁闭功能时要写明）。车站值班员再次向列车调度员报告设备情况后，请求并接收引导接车的调度命令，按列车调度员的指示准备接车。

作业要点：车站值班员通过控制台确认进路上的道岔位置，在室内通过控制台将接车进路上的无故障道岔单操至所需位置，按下接通光带按钮，确认无故障道岔位置开通正确，也可以采用开放调车信号的方式准备部分进路，确认正确。同时登记、开锁、破封取出道岔手摇把，指派胜任人员到现场将故障道岔摇向所需位置，检查尖轨与基本轨密贴良好并按规定加锁，分动外锁闭道岔还要确认心轨和斥离尖轨位置，在确认道岔位置正确后，不论对向还是顺向都使用专用钩锁器对密贴尖轨、斥离尖轨、可动心轨进行加锁固定（准备进路时必须执行双人确认或一人两次确认制度）。

车站值班员必须得到扳道人员进路准备好了和确认进路正确的报告后，方可登记、破封、按下引导总锁闭按钮和引导信号按钮，开放引导信号接车。此时该咽喉区不能办理其他任何进路。

车站值班员须将引导接车调度命令的号码及内容向司机转达。车站值班员必须得到扳道人员列车全部进入接车线的报告后，方可拉出本咽喉的引导总锁闭按钮，使全咽喉的道岔解锁。

扳道人员将加锁的道岔解锁恢复定位，连续作业时，按车站值班员的指示办理。

4. 车站停电

故障现象：车站信号电源停电后，信联闭设备全部失效，控制台上无任何表示。如图 6－17 所示。

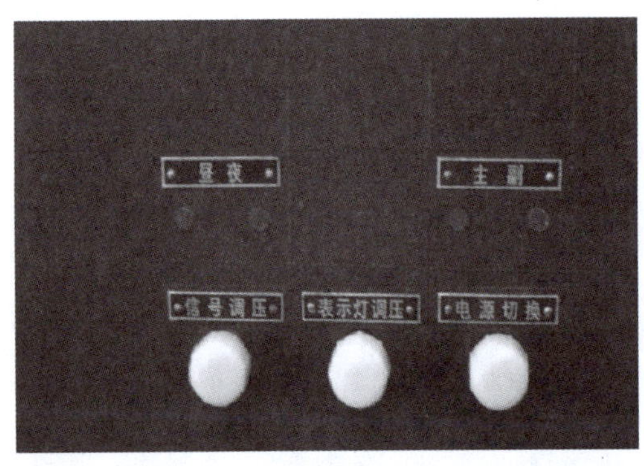

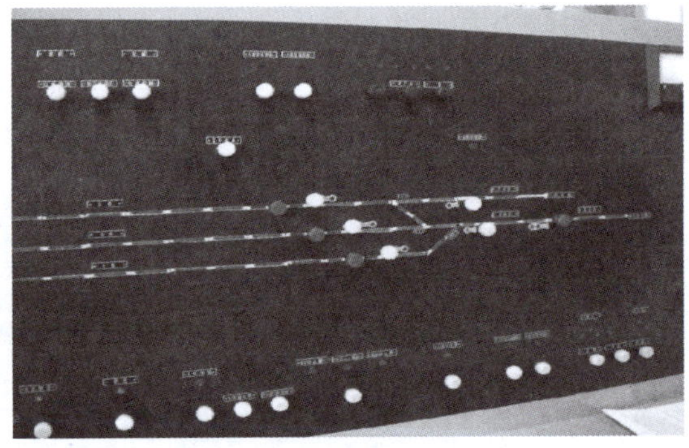

图 6－17　停电后控制台主副电源表示灯熄灭无任何显示的现象

作业准备：通过控制台确认故障现象后，车站值班员向列车调度员报告，通知值班干部上岗监控。在《行车设备检查登记簿》内登记，通知电务、供电人员现场检查。车站值班员必须得到电务人员确认是设备故障或临时停电的报告，并在《行车设备检查登记簿》内登记，登记内容“站内临时停电，暂不能恢复，请车务按非正常办法办理”。车站值班员再次向列车调度员报告设备情况后，请求并接收引导接车的调度命令，按列车调度员的指示准备接车。

作业要点：车站值班员先确定接车线路，登记、开锁、破封，取出手摇把。指示助理值班员和两端扳道人员现场检查接车线路空闲。车站值班员必须得到线路空闲的报告后，指示扳道人员准备接车进路，扳道人员应正确及时准备进路，将进路上的道岔摇向所需位置，检查尖轨与基本轨密贴良好，并将进路上的有关对向道岔及邻线上的防护道岔开通防护位置。

分动外锁闭道岔无论是对向还是顺向，都要确认心轨和斥离尖轨位置，在确认道岔位置正确后，使用专用钩锁器加锁固定。车站值班员接到扳道人员进路准备好了的报告后，指示引导员（设进路检查人员时为进路检查人员）再次确认接车进路正确，在得到引导员进路确认正确的报告后，方可派引导员到引导地点显示引导手信号接车。

车站值班员须将引导接车调度命令的号码及内容向司机转达。

列车全部进入接车线后，扳道人员将加锁的道岔解锁恢复定位，连续作业时，按车站值班员的指示办理。

夜间应立即取出行车备品箱内的防护信号灯，指派胜任人员到所有进站信号机处，在信号机柱距钢轨顶面不低于 2 m 处加挂信号灯，向区间方面显示红色灯光。

5. 一切电话中断时接车

作业准备：故障出现后，车站值班员应立即设法通知值班干部上岗监控，在《行车设备检查登记簿》内登记，派人通知通信人员现场检查。通信人员到后在《行车设备检查登记簿》内登记。

作业要点：车站值班员通告助理值班员（设信号员的包括信号员）“现在一切电话中断，开放进站信号接车”。车站值班员确认信号显示正确后，指示助理值班员接车并接收凭证。

6.3.2　自动闭塞发车作业

1. 出站信号机仅能显示黄色灯光时办理特快旅客列车通过

故障现象：出站信号机不能显示绿色、绿黄色灯光，仅能显示黄色灯光，控制台信号复示器及离去监督器表示正常。如图 6-18 所示。

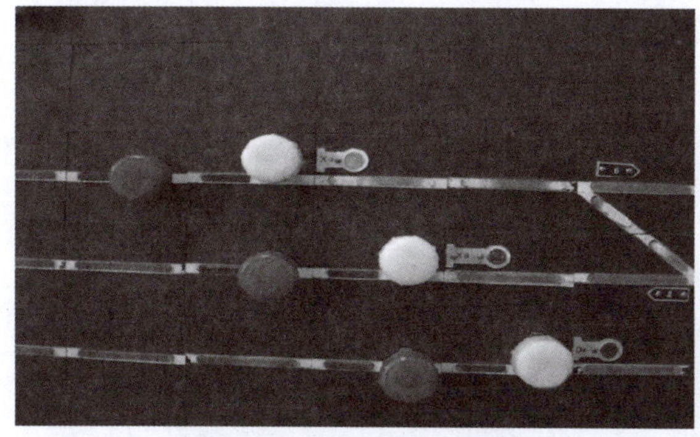

图 6-18　控制台显示正常，出站信号机显示黄色灯光

作业准备：车站值班员接到报告后，向列车调度员报告，通知值班干部上岗监控，在《行车设备检查登记簿》内登记。通知电务人员现场检查维修，电务登记“设备故障，暂不能修复，请车务按非正常办法办理”。车站值班员再次向列车调度员报告设备情况后，按列车调度员的指示准备接车通过。

作业要点：车站值班员通过控制台正常排列发车进路，开放进出站信号，确认信号开放正确后方可填写绿色许可证。

绿色许可证的填写如图 6-19 所示。

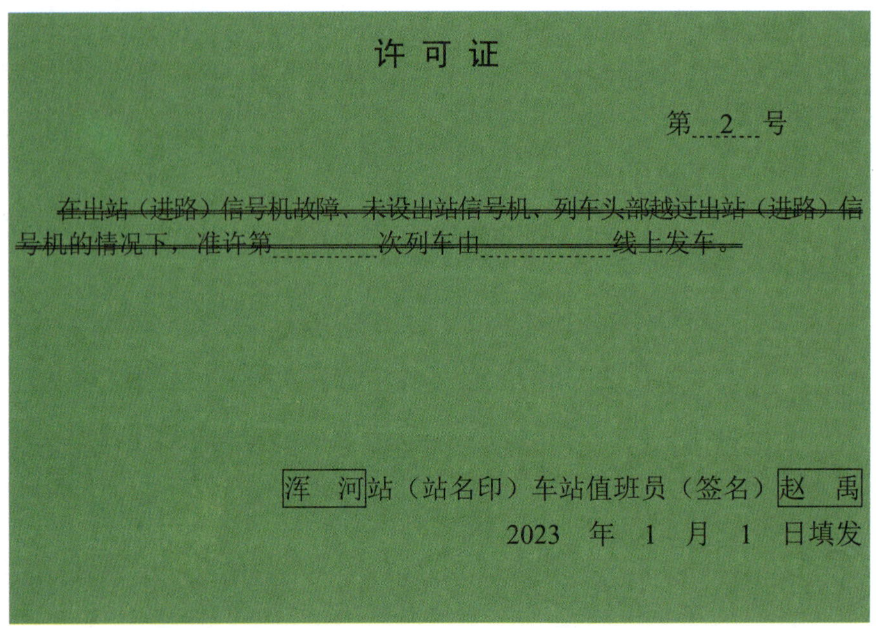

许 可 证

第 2 号

~~在出站（进路）信号机故障、未设出站信号机、列车头部越过出站（进路）信号机的情况下，准许第______次列车由______线上发车。~~

浑 河站（站名印）车站值班员（签名）赵 禹

2023 年 1 月 1 日填发

注：1. 绿色纸，复写一式两份，司机一份，存根一份；
2. 不用的字句抹消。（规格 90 mm×130 mm）

图 6－19 绿色许可证的填写

助理值班员与车站值班员认真核对绿色许可证，核对正确，再次通过控制台确认发车通过进路正确后（由于设备的关系，助理值班员不能通过控制台确认发车进路时可不确认），到《站细》规定地点显示通过手信号，交递行车凭证。

监督器不表示时为接到前次列车到达邻站的通知或前次列车发出后不少于 10 min 的时间。

2. 发车进路信号机故障不能开放

故障现象：发车进路信号机故障不能显示进行信号，控制台复示器无显示，同时灯丝断丝电铃鸣响。如图 6－20 所示。

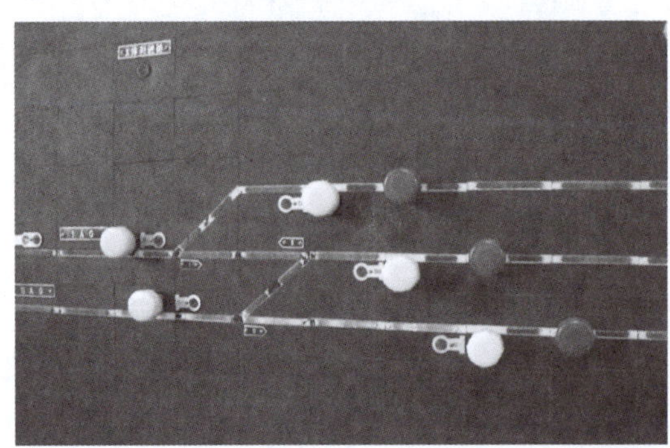

图 6－20 发车进路信号机故障的现象

作业准备：通过控制台确认故障现象后，车站值班员向列车调度员报告，通知值班干部上岗监控，在《行车设备检查登记簿》内登记，通知电务人员现场检查维修，电务登记“设备故障，暂不能修复，请车务按非正常办法办理”。车站值班员再次向列车调度员报告设备情况后，按列车调度员的指示准备发车。

作业要点：车站值班员通过控制台确认发车进路空闲，至次一架信号机间线路空闲后，开放调车信号锁闭发车进路（调车进路不能完全锁闭整个进路时，其他未锁闭的道岔单独锁闭）或单操道岔（含防护道岔）准备进路（并单独锁闭）。车站值班员通过控制台或按下接通光带按钮确认发车进路正确后，方可填写绿色许可证。

绿色许可证的填写如图 6–21 所示。

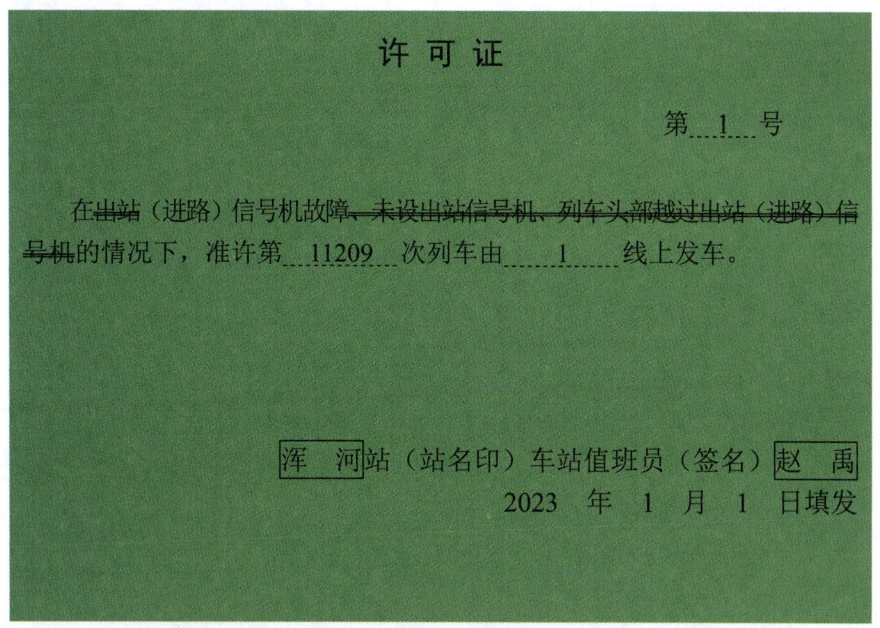

许 可 证

第 1 号

在~~出站~~（进路）信号机故障~~、未设出站信号机、列车头部越过出站（进路）信号机~~的情况下，准许第 11209 次列车由 1 线上发车。

浑 河站（站名印）车站值班员（签名）赵 禹

2023 年 1 月 1 日填发

注：1. 绿色纸，复写一式两份，司机一份，存根一份；

2. 不用的字句抹消。（规格 90 mm×130 mm）

图 6–21　绿色许可证的填写

助理值班员与车站值班员认真核对绿色许可证，核对正确，通过控制台再次确认发车进路正确后（由于设备的关系，助理值班员不能通过控制台确认发车进路时可不确认），与司机核对绿色许可证，无误后交付司机，确认发车条件具备，指示发车。

列车到达次一架信号机前按其显示的要求执行。

3. 出站信号机故障不能开放

故障现象：出站信号机故障不能显示信号，控制台复示器无显示，同时灯丝断丝、电铃鸣响，离去监督器表示正常。如图 6–22 所示。

作业准备：通过控制台确认故障现象后，车站值班员向列车调度员报告，通知值班干部并上岗监控，在《行车设备检查登记簿》内登记。通知电务人员现场检查维修，电务登记“设备故障，暂不能修复，请车务按非正常办法办理”。车站值班员再次向列车调度员报告设备情况后，按列车调度员的指示准备发车。

作业要点：车站值班员通过控制台确认离去表示，开放调车信号锁闭发车进路（调车进路不能完全锁闭整个进路时，其他未锁闭的道岔单独锁闭）或单操道岔（含防护道岔）准备进路（并单独锁闭）。车站值班员通过控制台或按下接通光带按钮确认发车进路正确后，方可填写绿色许可证。

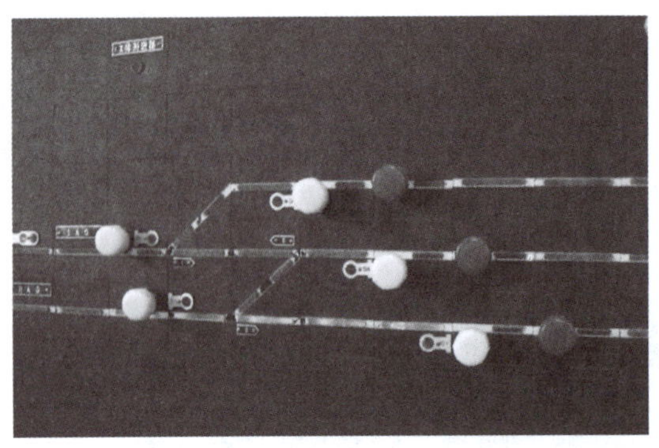

图 6-22　出站信号机故障时的现象

绿色许可证的填写如图 6-23 所示。

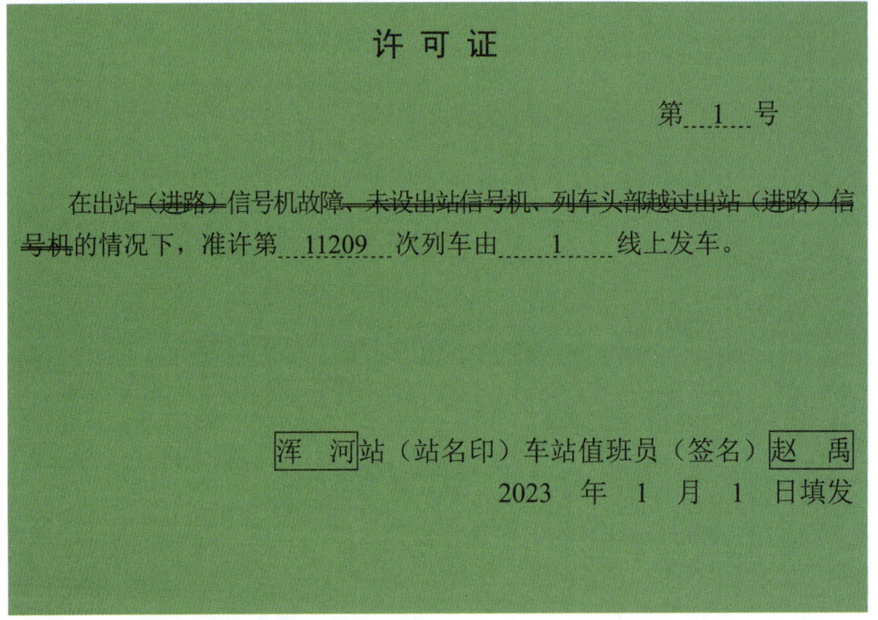

许 可 证

第 1 号

在出站~~（进路）~~信号机故障~~、未设出站信号机、列车头部越过出站（进路）信号机~~的情况下，准许第 11209 次列车由 1 线上发车。

浑 河站（站名印）车站值班员（签名）赵 禹

2023 年 1 月 1 日填发

注：1. 绿色纸，复写一式两份，司机一份，存根一份；
2. 不用的字句抹消。（规格 90 mm×130 mm）

图 6-23　绿色许可证的填写

助理值班员与车站值班员认真核对绿色许可证，核对正确，通过控制台再次确认发车进路正确后（由于设备的关系，助理值班员不能通过控制台确认发车进路时可不确认），与司机核对绿色许可证，无误后交付司机，确认发车条件具备，指示发车或发车。

监督器不表示时为接到前次列车到达邻站的通知或前次列车发出后不少于 10 min 的时间。

4. 发车进路轨道电路故障出站信号机（含发车进路信号机，下同）不能开放

故障现象：发车进路中某一轨道电路区段故障，控制台显示轨道电路区段出现红光带，导致出站信号机不能开放，监督器表示正常。如图 6-24 所示。

作业准备：通过控制台确认故障现象后，车站值班员应立即指派胜任人员检查故障区段，得到无异状及线路空闲的报告后，向列车调度员报告，通知值班干部上岗监控，在《行车设

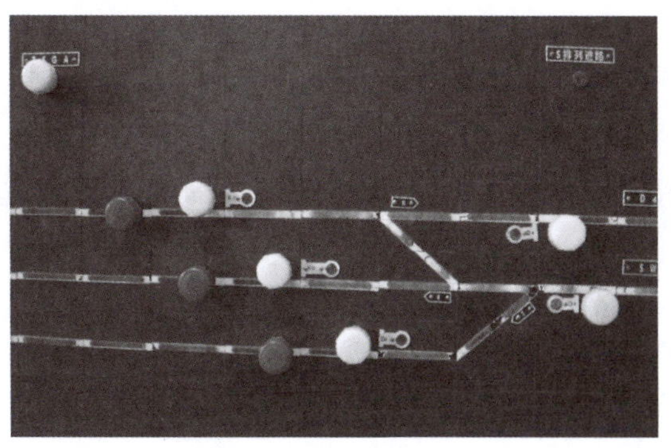

图 6-24　控制台显示发车进路轨道电路故障及出站信号机不能开放的现象

备检查登记簿》内登记，通知工务、电务人员现场检查。车站值班员必须得到工务人员线路（设备）正常的报告，并在《行车设备检查登记簿》内销记；电务人员确认是轨道电路故障，并在《行车设备检查登记簿》内登记，登记内容“轨道电路故障，暂不能修复，请车务按非正常办法办理”。车站值班员再次向列车调度员报告设备情况后，按列车调度员的指示准备发车。

作业要点：车站值班员通过控制台将进路上无故障区段内的道岔（含防护道岔）单操至所需位置，并单独锁闭（也可采用开放调车信号锁闭进路）。按下接通光带按钮，确认无故障区段内的道岔位置开通正确。

故障区段内道岔位置正确不需扳动时，将故障区段内道岔单独锁闭，再次按下接通光带按钮确认进路正确后，方可填写绿色许可证。如故障区段内的道岔不在所需位置需要扳动时，作业方法按前述道岔失去表示办理。

绿色许可证的填写如图 6-25 所示。

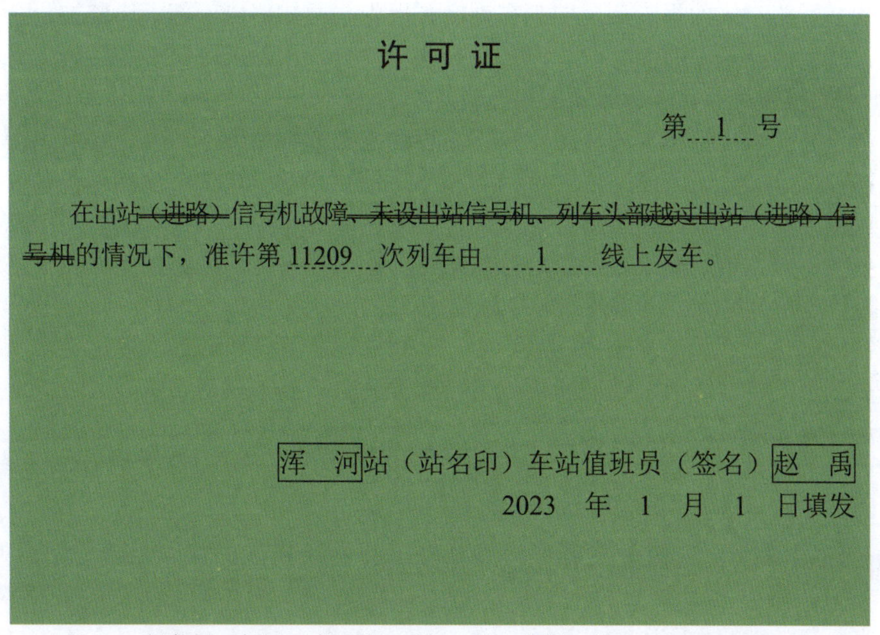

许 可 证

第 1 号

在出站~~（进路）~~信号机故障~~、未设出站信号机、列车头部越过出站（进路）信号机~~的情况下，准许第 11209 次列车由 1 线上发车。

浑 河站（站名印）车站值班员（签名）赵 禹

2023 年 1 月 1 日填发

注：1. 绿色纸，复写一式两份，司机一份，存根一份；

2. 不用的字句抹消。　　（规格 90 mm×130 mm）

图 6-25　绿色许可证的填写

助理值班员与车站值班员认真核对绿色许可证，核对正确，再次通过控制台确认发车进路正确后（由于设备的关系，助理值班员不能通过控制台确认发车进路时可不确认），与司机核对绿色许可证，无误后交付司机，确认发车条件具备，指示发车或发车。

监督器不表示时为接到前次列车到达邻站的通知或前次列车发出后不少于 10 min 的时间。

5. 发车进路上的道岔失去表示，出站信号机不能开放

故障现象：控制台上显示发车进路上的道岔失去定、反位表示，道岔定位或反位表示灯熄灭，导致出站信号机不能开放，失去 13 s 后挤岔铃响，离去监督器表示正常。如图 6–26 所示。

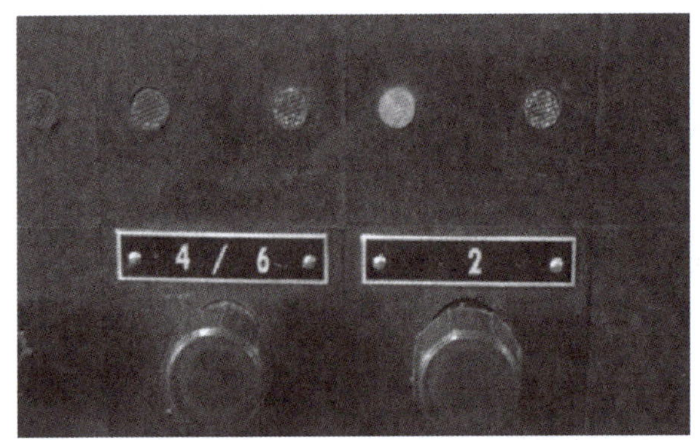

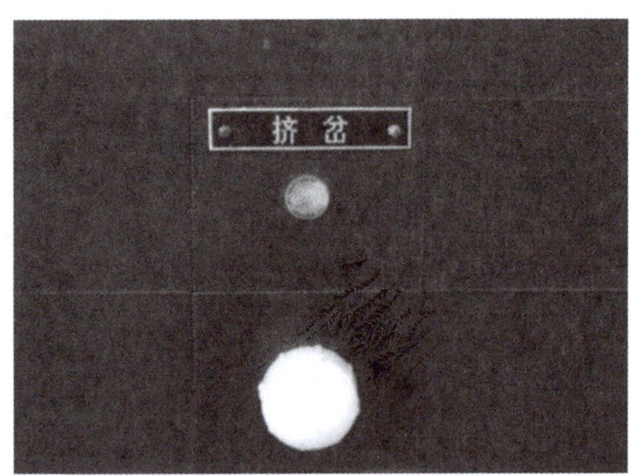

图 6–26　控制台显示道岔失去定、反位表示及挤岔报警的故障现象

作业准备：通过控制台确认故障现象后，车站值班员应立即指派胜任人员检查故障道岔，得到无异状及线路空闲的报告后，向列车调度员报告，通知值班干部上岗监控，在《行车设备检查登记簿》内登记，通知工务、电务人员现场检查。车站值班员必须得到工务人员线路（设备）正常的报告，并在《行车设备检查登记簿》内销记；电务人员确认是电务设备故障，并在《行车设备检查登记簿》内登记，登记内容“电务设备故障，暂不能修复，请车务按非正常办法办理”，分动外锁闭道岔失去锁闭功能要写明。车站值班员再次向列车调度员报告设备情况后，按列车调度员的指示准备发车。

作业要点：车站值班员通过控制台确认进路上的道岔位置，通过控制台将进路上无故障道岔（含防护道岔）单操至所需位置并单独锁闭（也可采用开放调车信号锁闭进路）。按下接通光带按钮，确认无故障道岔位置开通正确。同时登记、开锁、破封，取出道岔手摇把，指派扳道人员到现场将故障道岔摇向所需位置，检查尖轨与基本轨密贴良好后按规定加锁，分动外锁闭道岔还要确认心轨和斥离尖轨位置。在确认道岔位置正确后，不论对向还是顺向，均需使用专用钩锁器对密贴尖轨、斥离尖轨、可动心轨进行加锁固定（准备进路时必须执行两人确认或一人两次确认制度）。

车站值班员必须得到扳道人员进路准备好了和确认正确的报告后，方可填写绿色许可证。

绿色许可证的填写如图 6–27 所示。

许 可 证

第 1 号

在出站~~（进路）~~信号机故障~~、未设出站信号机、列车头部越过出站（进路）信号机~~的情况下，准许第 11209 次列车由 1 线上发车。

浑　河站（站名印）车站值班员（签名）赵　禹

2023 年 1 月 1 日填发

注：1. 绿色纸，复写一式两份，司机一份，存根一份；

2. 不用的字句抹消。　　　　（规格 90 mm×130 mm）

图 6-27　绿色许可证的填写

助理值班员与车站值班员认真核对绿色许可证，核对正确，再次通过控制台确认发车进路正确后（由于设备的关系，助理值班员不能通过控制台确认发车进路时可不确认），与扳道人员对道后，与司机核对绿色许可证，无误后交付司机，确认发车条件具备，指示发车或发车。

送车的扳道人员在列车全部越过最外方道岔后，报告车站值班员，将加锁的道岔解锁恢复定位；连续作业时，按车站值班员指示办理。

监督器不表示时为接到前次列车到达邻站的通知或前次列车发出后不少于 10 min 的时间。

6. 站内临时停电

故障现象：车站信号电源停电后，信联闭设备全部失效，控制台上无任何表示。如图 6-28 所示。

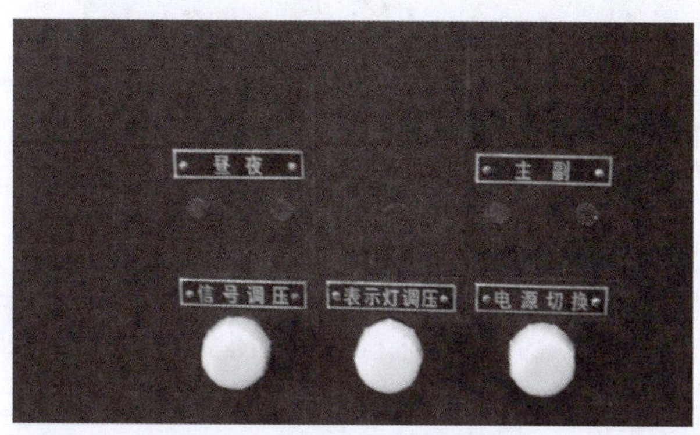

图 6-28　停电后控制台主副电源表示灯熄灭无任何显示的现象，出站信号机灭灯

作业准备：通过控制台确认故障现象后，车站值班员向列车调度员报告，通知值班干部上岗监控，在《行车设备检查登记簿》内登记，通知供电、电务人员现场检查。车站值班员必须得到供电、电务人员确认设备故障或站内临时停电的报告，并在《行车设备检查登记簿》内登记，登记内容“站内临时停电，区间正常，暂不能恢复，请车务按非正常办法办理”。车站值班员再次向列车调度员报告设备情况后，按列车调度员的指示准备发车。

作业要点：车站值班员登记、破封、开锁取出道岔手摇把，指示扳道人员准备发车进路，扳道人员应正确及时准备进路，将进路上的道岔摇向所需位置，检查尖轨与基本轨密贴良好，并将进路上的有关对向道岔及邻线上的防护道岔加锁，分动外锁闭道岔无论是对向还是顺向，都要确认心轨和斥离尖轨位置正确后，使用专用钩锁器对密贴尖轨、斥离尖轨、可动心轨进行加锁固定（准备进路时必须执行两人确认或一人两次确认制度）。

车站值班员必须得到扳道人员进路准备好了的报告后，指示扳道人员再次确认发车进路正确，得到确认正确的报告后，接到前次列车到达邻站的通知或前次列车发出后不少于 10 min 的时间，方可填写绿色许可证和监督器不能确认第一闭塞分区空闲通知书。

绿色许可证和监督器不能确认第一闭塞分区空闲通知书的填写如图 6－29、图 6－30 所示。

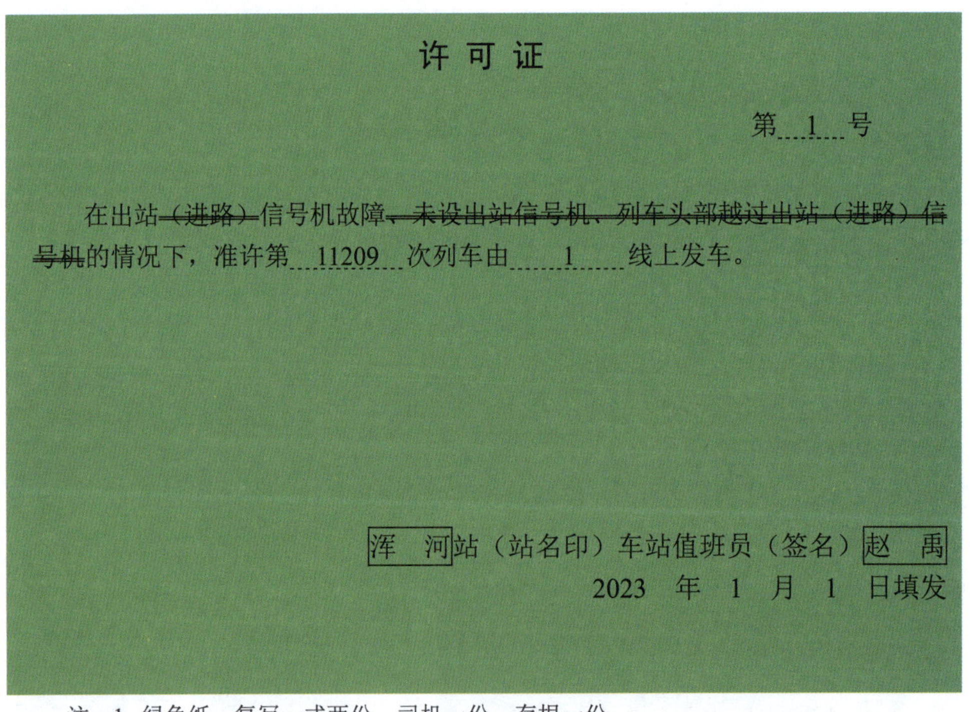

许 可 证

第 1 号

在出站~~（进路）~~信号机故障~~、未设出站信号机、列车头部越过出站（进路）信号机~~的情况下，准许第 11209 次列车由 1 线上发车。

浑 河站（站名印）车站值班员（签名）赵 禹

2023 年 1 月 1 日填发

注：1. 绿色纸，复写一式两份，司机一份，存根一份；

2. 不用的字句抹消。 （规格 90 mm×130 mm）

图 6－29 绿色许可证的填写

助理值班员与车站值班员认真核对绿色许可证及监督器不能确认第一闭塞分区空闲通知书，核对正确，与扳道人员对道后，与司机核对绿色许可证及监督器不能确认第一闭塞分区空闲通知书，无误后交付司机，确认发车条件具备，指示发车或发车。

监督器不能确认第一闭塞分区空闲通知书

11209 次司机，浑河 站从监督器上不能确认 浑河 站—沈阳 站间 下 行线第一个闭塞分区空闲，以在瞭望距离内能随时停车的速度，最高不超过 20 km/h，运行到第一架通过信号机，按其显示的要求执行。

浑　河站（站名印）车站值班员（签名）赵　禹

2023　年　1　月　1　日填发

注：白色纸，复写一式两份，司机一份，车站存根一份。

（规格 90 mm×130 mm）

图 6–30　监督器不能确认第一闭塞分区空闲通知书的填写

送车的扳道人员在列车全部越过最外方道岔后，报告车站值班员，将加锁的道岔解锁恢复定位；连续作业时，按车站值班员指示办理。

夜间应立即取出行车备品箱内的防护信号灯，指派胜任人员到所有进站信号机处，在信号机柱距钢轨顶面不低于 2 m 处加挂信号灯，向区间方面显示红色灯光。

7. 监督器不能确认第一闭塞分区空闲发车

故障现象：监督器第一离去轨道电路故障，控制台显示红光带或有车占用显示空闲，出站信号机不能开放。如图 6–31 所示。

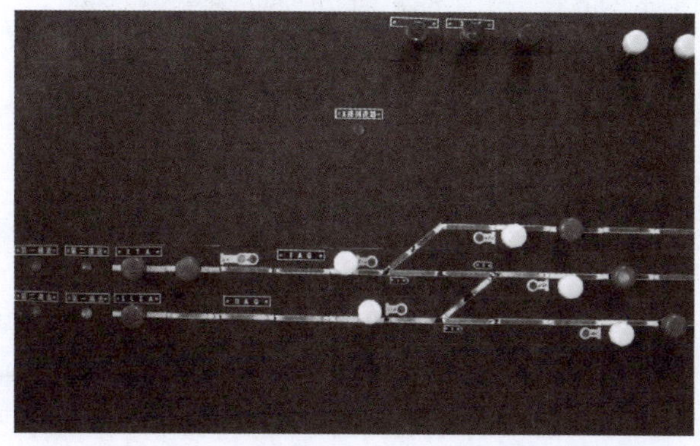

图 6–31　控制台显示监督器第一离去故障的故障现象

作业准备：通过控制台确认故障现象后，车站值班员向列车调度员报告，通知值班干部上岗监控，在《行车设备检查登记簿》内登记，通知工务、电务人员现场检查，车站值班员必须得到电务人员确认是电务设备故障的报告，并在《行车设备检查登记簿》内登记，登记内容“电务设备故障，暂不能修复，请车务按非正常办法办理”（如工务人员登记需封锁或限速，按工务登记办理）。车站值班员再次向列车调度员报告设备情况后，按列车调度员的指示准备发车。

作业要点：车站值班员通过控制台开放调车信号锁闭发车进路（调车进路不能完全锁闭整个发车进路时，其他未锁闭道岔扳至所需位置单独锁闭）或单操道岔（含防护道岔）准备进路并单独锁闭，车站值班员通过控制台或按下接通光带按钮确认发车进路正确后，在接到前次列车到达邻站的通知或前次列车发出不少于 10 min 的时间后，方可填写绿色许可证及监督器不能确认第一闭塞分区空闲通知书。

绿色许可证及监督器不能确认第一闭塞分区空闲通知书的填写如图 6–32、图 6–33 所示。

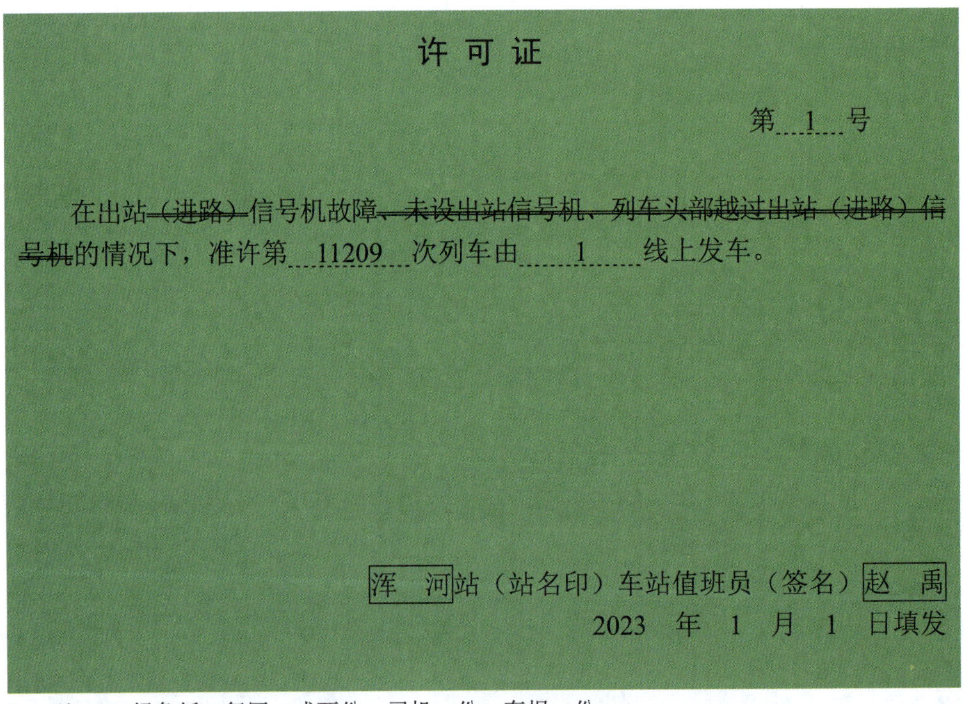

许 可 证

第 1 号

在出站~~（进路）~~信号机故障~~、未设出站信号机、列车头部越过出站（进路）信号机~~的情况下，准许第 11209 次列车由 1 线上发车。

浑 河站（站名印）车站值班员（签名）赵 禹

2023 年 1 月 1 日填发

注：1. 绿色纸，复写一式两份，司机一份，存根一份；
2. 不用的字句抹消。（规格 90 mm×130 mm）

图 6–32 绿色许可证的填写

助理值班员与车站值班员认真核对绿色许可证及监督器不能确认第一闭塞分区空闲通知书，核对正确，通过控制台再次确认发车进路正确后（由于设备的关系，助理值班员不能通过控制台确认发车进路时可不确认），与司机核对绿色许可证及监督器不能确认第一闭塞分区空闲通知书，无误后一并交付司机，确认发车条件具备，指示发车或发车。

监督器不能确认第一闭塞分区空闲通知书

11209 次司机，浑河 站从监督器上不能确认 浑河 站— 沈阳 站间 下 行线第一个闭塞分区空闲，以在瞭望距离内能随时停车的速度，最高不超过 20 km/h，运行到第一架通过信号机，按其显示的要求执行。

浑　河站（站名印）车站值班员（签名）赵　禹

2023　年　1　月　1　日填发

注：白色纸，复写一式两份，司机一份，车站存根一份。

（规格 90 mm×130 mm）

图 6–33　监督器不能确认第一闭塞分区空闲通知书的填写

8. 自动闭塞区间内两架及以上通过信号机（含区间内仅设有一架通过信号机）故障

故障现象：TDCS 终端显示区间内两架及以上通过信号机（含区间内仅设有一架通过信号机）显示红灯灯光熄灭或轨道电路故障显示红光带等，站内信号设备正常。

作业准备：车站值班员通过 TDCS 终端确认区间内两架及以上通过信号机（含区间内仅设有一架通过信号机）故障，或接到列车司机、电务人员等报告区间内有两架通过信号机（含区间内仅设有一架通过信号机）故障后，立即向列车调度员报告，通知值班干部上岗监控，在《行车设备检查登记簿》内登记，通知工务、电务人员现场检查，车站值班员必须得到工务人员线路（设备）正常的报告，若因轨道电路故障显示红光带时还要得到故障区段空闲的报告，并在《行车设备检查登记簿》内销记；电务人员确认是电务设备故障，并在《行车设备检查登记簿》内登记，登记内容“电务设备故障，暂不能修复，请车务按非正常办法办理”。车站值班员再次向列车调度员报告设备情况，请求并接收停止基本闭塞法改按电话闭塞法行车的调度命令，按列车调度员的指示准备发车。

作业要点：车站值班员根据列车调度员的命令，停止基本闭塞法改按电话闭塞法行车，根据 TDCS 终端、《行车日志》、各种行车安全帽及有关人员的报告，确认区间空闲，与接车站办理闭塞手续，记录接车站发出同意闭塞的电话记录号码（上行为双号、下行为单号）。双线区间正方向首列需向接车站请求闭塞。除首列外，根据收到的前次列车到达的电话记录办理发车预告。闭塞办理完毕后，揭挂“区间占用”安全帽。

开放调车信号锁闭发车进路（调车进路不能完全锁闭整个进路时，其他未锁闭道岔单独锁闭）或单操道岔（含防护道岔）准备进路（并单独锁闭），通过控制台按下接通光带按钮确认发车进路正确后，方可填写路票。

路票的填写如图 6–34 所示。

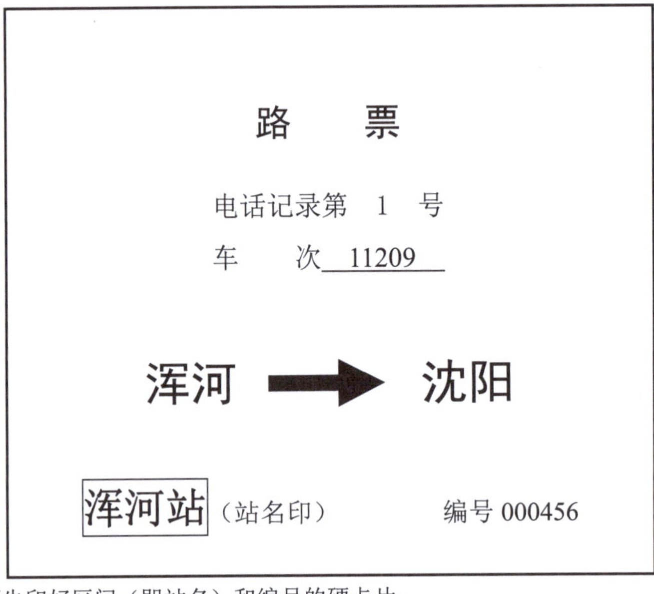

路　　票

电话记录第　1　号

车　　次　11209

浑河 ➡ 沈阳

浑河站（站名印）　　编号 000456

注：1. 路票为预先印好区间（即站名）和编号的硬卡片；

2. 加盖㊖字戳记者，为路票副页。

（规格 75 mm×88 mm）

图 6–34　路票的填写

助理值班员与车站值班员认真核对路票及调度命令，核对车次、区间、号码。再次通过控制台确认发车进路正确后（由于设备的关系，助理值班员不能通过控制台确认发车进路时可不确认），与司机核对路票、调度命令无误后，一并交与司机。确认发车条件具备，指示发车或发车。

抄收接车站“列车到达”的电话记录号码，办理区间开通手续，摘下“区间占用”安全帽。

设备恢复正常后，请求并接收恢复基本闭塞法行车的调度命令。

9. 区间未设通过信号机出站信号机故障

故障现象：出站信号机故障，不能显示进行信号，列车进路排列后控制台光带显示正常，复示器无显示。如图 6–35 所示。

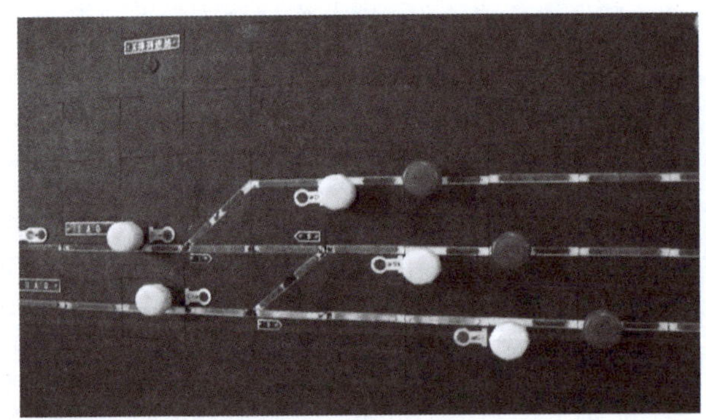

图 6–35　出站信号机故障时的现象

作业准备：通过控制台确认故障现象后，车站值班员向列车调度员报告，通知值班干部上岗监控，在《行车设备检查登记簿》内登记，通知电务人员现场检查，确认是电务设备故障，并在《行车设备检查登记簿》内登记，登记内容“电务设备故障，暂不能修复，请车务按非正常办法办理”。车站值班员再次向列车调度员报告设备情况，请求并接收停止基本闭塞法改按电话闭塞法行车的调度命令，按列车调度员的指示准备发车。

作业要点：车站值班员根据列车调度员的命令，停止基本闭塞法改按电话闭塞法行车，根据 TDCS 终端、《行车日志》及各种行车安全帽确认区间空闲，与接车站办理闭塞手续，记录接车站发出同意闭塞的电话记录号码（上行为双号、下行为单号）。双线区间正方向首列请求闭塞，除首列外根据收到的前次列车到达的电话记录办理发车预告。闭塞办理完毕后，揭挂“区间占用”安全帽。

开放调车信号锁闭发车进路（调车进路不能完全锁闭整个进路时，其他未锁闭道岔单独锁闭）或单操道岔（含防护道岔）准备进路（并单独锁闭），通过控制台按下接通光带按钮确认发车进路正确后，方可填写路票。

路票的填写如图 6－36 所示。

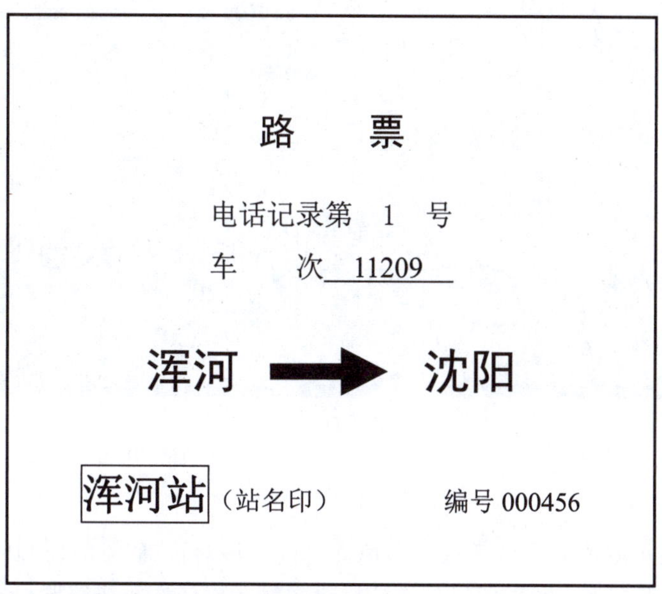
路　　票

电话记录第　1　号

车　　次　11209

浑河 ➡ 沈阳

浑河站（站名印）　　编号 000456

注：1. 路票为预先印好区间（即站名）和编号的硬卡片；
　　2. 加盖㊖字戳记者，为路票副页。

（规格 75 mm×88 mm）

图 6－36　路票的填写

助理值班员与车站值班员认真核对路票及调度命令，核对车次、区间、号码。再次通过控制台确认发车进路正确后（由于设备的关系，助理值班员不能通过控制台确认发车进路时可不确认），与司机核对路票、调度命令无误后，一并交与司机。确认发车条件具备，指示发车或发车。

抄收接车站“列车到达”的电话记录号码，办理区间开通手续，摘下“区间占用”安全帽。

设备恢复正常后，请求并接收恢复基本闭塞法行车的调度命令。

如果出站信号机故障是因为道岔故障、轨道电路故障等原因引起的，还应参照前述第 4、

5 项的方法确认设备故障情况，办理列车进路。

10. 由未设出站信号机的线路上发车（监督器表示正常）

作业准备：通知值班干部上岗监控，按列车调度员的指示准备发车。

作业要点：发车进路由车站值班员开放调车信号锁闭进路（调车进路不能完全锁闭整个进路时，其他未锁闭道岔单独锁闭）或单操道岔（含防护道岔）准备进路（并单独锁闭）。通过控制台按下接通光带按钮确认进路正确后，方可填写绿色许可证。

绿色许可证的填写如图 6–37 所示。

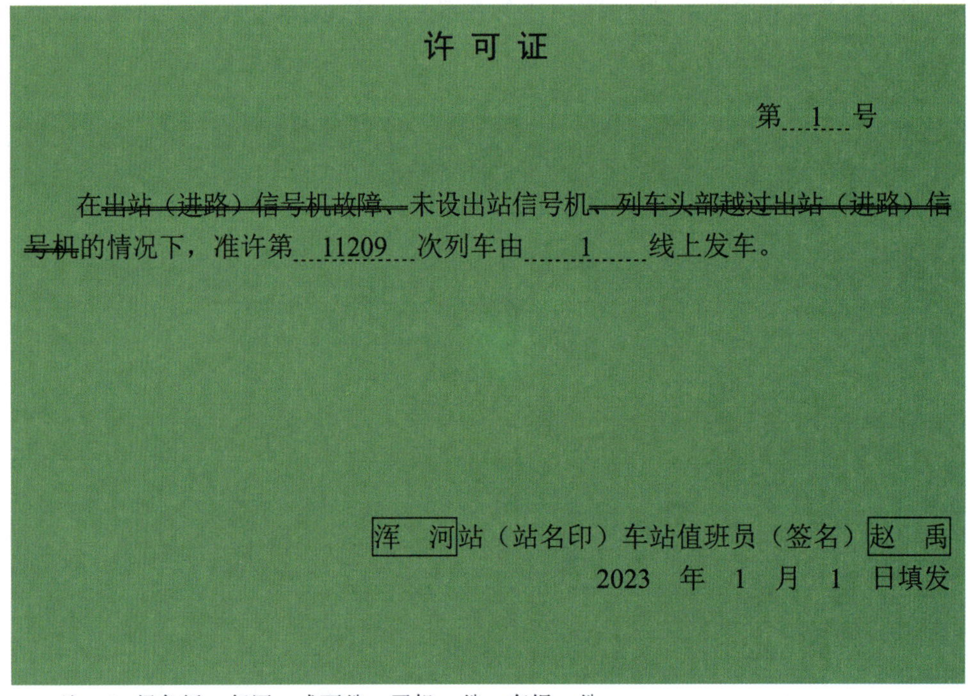

许 可 证

第 1 号

在~~出站（进路）信号机故障、~~未设出站信号机~~、列车头部越过出站（进路）信号机~~的情况下，准许第 11209 次列车由 1 线上发车。

浑 河站（站名印）车站值班员（签名）赵 禹

2023 年 1 月 1 日填发

注：1. 绿色纸，复写一式两份，司机一份，存根一份；

2. 不用的字句抹消。（规格 90 mm×130 mm）

图 6–37 绿色许可证的填写

助理值班员与车站值班员认真核对绿色许可证，核对正确，通过控制台再次确认发车进路正确（由于设备的关系，助理值班员不能通过控制台确认发车进路时可不确认），与司机核对绿色许可证，无误后交给司机，确认发车条件具备，指示发车或发车。

监督器不表示时，发车前确认接到前次列车到达邻站的通知或前次列车发出后不少于 10 min 的时间。同时还应填写监督器不能确认第一闭塞分区空闲通知书交给司机。

11. 由非到发线上发车（监督器表示正常）

作业准备：通知值班干部上岗监控，向列车调度员请求并接收由非到发线上发车的调度命令。按列车调度员的指示准备发车。

作业要点：集中区的发车进路由车站值班员开放调车信号锁闭进路（调车进路不能完全锁闭整个进路时，其他未锁闭道岔单独锁闭）或单操道岔（含防护道岔）准备进路（并单独锁闭），通过控制台按下接通光带按钮确认进路正确；非集中区的道岔由扳道人员就地操纵至所需位置并加锁，确认发车进路正确。车站值班员听取扳道人员进路准备好了和确认正确的两次报告后，方可填写绿色许可证。

绿色许可证的填写如图 6–38 所示。

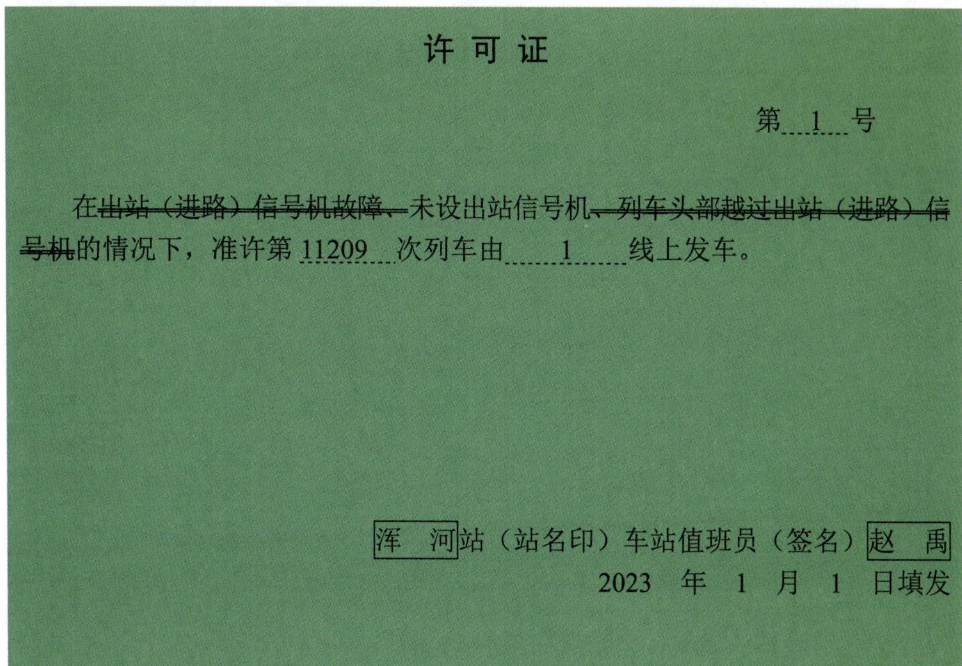

许 可 证

第 1 号

在~~出站（进路）信号机故障、~~未设出站信号机~~、列车头部越过出站（进路）信号机~~的情况下，准许第 11209 次列车由 1 线上发车。

浑 河站（站名印）车站值班员（签名）赵 禹

2023 年 1 月 1 日填发

注：1. 绿色纸，复写一式两份，司机一份，存根一份；

2. 不用的字句抹消。（规格 90 mm×130 mm）

图 6–38　绿色许可证的填写

助理值班员与车站值班员认真核对绿色许可证、调度命令，核对正确，再次通过控制台确认集中区发车进路正确（由于设备的关系，助理值班员不能通过控制台确认发车进路时可不确认），对非集中区道岔与扳道人员对道后，与司机核对绿色许可证、调度命令，无误后交给司机，确认发车条件具备，指示发车或发车。

车站值班员必须通过控制台和送车的扳道员确认列车全部越过最外方道岔后，将加锁的道岔解锁。

监督器不表示时，发车前确认接到前次列车到达邻站的通知或前次列车发出后不少于 10 min 的时间。同时还应填写监督器不能确认第一闭塞分区空闲通知书交司机。

12. 列车头部越过出站信号机（监督器表示正常）

列车的头部越过出站信号机，出站信号机不能正常开放。

作业准备：通知值班干部上岗监控，列车向前移动时，车站值班员应事先排列调车进路，开放调车信号，确保列车占用的轨道电路区段发车时进路正确。向列车调度员报告情况，按列车调度员的指示准备发车。

作业要点：对未占用的轨道电路区段，开放调车信号锁闭进路（调车信号不能完全锁闭整个进路时，其他未锁闭道岔单独锁闭）或单操道岔（含防护道岔）准备进路（并单独锁闭）。车站值班员通过控制台或按下接通光带按钮确认发车进路正确，方可填写绿色许可证。

绿色许可证的填写如图 6–39 所示。

许 可 证

第 1 号

在~~出站（进路）信号机故障、未设出站信号机、~~列车头部越过出站~~（进路）~~信号机的情况下，准许第 11209 次列车由 1 线上发车。

浑 河站（站名印）车站值班员（签名）赵 禹

2023 年 1 月 1 日填发

注：1. 绿色纸，复写一式两份，司机一份，存根一份；

2. 不用的字句抹消。（规格 90 mm×130 mm）

图 6－39 绿色许可证的填写

助理值班员与车站值班员认真核对绿色许可证，核对正确，通过控制台再次确认发车进路正确（由于设备的关系，助理值班员不能通过控制台确认发车进路时可不确认），与司机核对绿色许可证，无误后交给司机，确认发车条件具备，指示发车或发车。

监督器不表示时，发车前确认接到前次列车到达邻站的通知或前次列车发出后不少于 10 min 的时间。同时还应填写监督器不能确认第一闭塞分区空闲通知书交给司机。

13. 设有双向闭塞设备的车站改变发车方向

1）正常办理改变发车方向

正常办理改变发车方向是指车站控制台改变发车方向设备处于正常状态时，需改变方向的办理方法。

改变发车方向的前提：设甲站处于接车站状态，其接车方向表示灯黄灯点亮，乙站处于发车状态，其发车表示灯绿灯点亮，并且区间空闲，监督区间表示灯灭灯。

作业准备：需要改变发车方向时，通知值班干部上岗监控，向列车调度员报告，请求并接收反方向行车的调度命令，方可办理接、发车作业。

作业要点：原接车站要办理反方向发车，车站值班员根据列车调度员下达的反方向行车的调度命令，在确认列车整列到达、监督区间表示灯灭灯、区间空闲后，等待 13 s，登记、破封，按下改变方向按钮（改变方向按钮为二位非自复式按钮，按下后闪绿灯或红灯）。此时，车站值班员只要办理发车进路，接车站就可变为发车站，原发车站就变为接车站。接车站改为发车站后，其接车方向表示灯熄灭，发车方向表示灯绿灯点亮；发车站改为接车站，其发车表示灯熄灭，接车表示灯黄灯点亮，此时，拉出改变方向按钮即可。

当甲站出站信号机开放后及列车在区间运行时，两站的监督区间表示灯同时点亮红灯。列车完全驶入乙站，区间空闲后，甲站未再办理发车进路时，等待 13 s 后，监督区间表示灯灭灯。

2）辅助办理改变发车方向

辅助办理改变发车方向是当办理改变发车方向的过程中改方设备出现故障时的一种辅助办理方式。故障现象一般有两种：

一是当监督区间电路发生故障（监督区间表示灯点亮红灯）时，辅助办理改变发车方向。

二是当设备故障（电源突然瞬间停电或改变方向电路瞬间故障），不能继续完成正常改变发车方向的工作，使两站均处于“接车”状态（即接车站的接车表示灯亮黄灯，发车站的发车表示灯也亮黄灯），通过正常办理手续无法改变发车方向，必须辅助办理。

作业准备：当设备发生故障出现两站的监督区间表示灯均显示红色灯光时或当设备因故障出现“双接”情况时，车站值班员应立即通知值班干部上岗监控，并向列车调度员报告，通知电务人员到岗并在《行车设备检查登记簿》内登记。两端站及列车调度员共同确认区间空闲，请求并接收列车调度员发布使用“总辅助按钮”的调度命令。

作业要点：双方车站值班员在辅助办理前必须先确认区间空闲。此时，原接车站若要改为发车站，须经原发车站同意后，两站共同完成辅助办理手续，方可改变发车方向。

办理时先由原接车站值班员登记、破封、按下本咽喉的“总辅助按钮”和“发车辅助按钮”，发车辅助办理按钮表示灯闪白灯，表示本站正在进行辅助办理，这时要求原接车站值班员仍需继续按压“发车辅助按钮”。

与此同时原发车站值班员也登记、破封、按下“总辅助按钮”和“接车辅助按钮”，使原接车站发车辅助办理表示灯由闪光变为稳定白灯；原发车站接车辅助办理表示灯显示稳定白灯，表示原发车站也已经开始进行辅助办理。此时，原发车站值班员可不再按压“接车辅助按钮”，辅助办理表示灯灭灯，表示本站辅助办理结束。原发车站已被改为接车站，这时接车方向表示灯显示黄灯（原发车表示灯绿灯灭灯）。

原接车站值班员要在发车方向表示灯亮绿灯后，方可松开发车辅助按钮，表示本站已改为发车站，辅助办理改变发车方向已经完成，但辅助办理表示灯仍点亮白灯，表示本站尚未办理发车进路。

当排列进路列车出发越过出站信号机时，辅助办理表示灯灭灯。待列车进入区间后拉出总辅助按钮，整个改变运行方向过程结束。

辅助办理时，发车站如果在发车方向改变 9 s 之后其监督区间表示灯仍不熄灭，则表示此时辅助办理未成功，不能开放出站信号发车，只能停止基本闭塞法改按电话闭塞法行车。

列车出发进入区间后，拉出总辅助办理按钮。

注：（1）遇有改变方向和辅助办理时，接车站车站值班员应立即通知值班干部上岗监控，并向列车调度员报告，通知电务人员到岗并在《行车设备检查登记簿》内登记，与发车站及列车调度员共同确认区间空闲，请求并接收反方向行车的调度命令，需使用“总辅助按钮”进行辅助办理时，请求并接收使用“总辅助按钮”的调度命令。接车站值班员按上述办理过程配合发车站进行辅助办理。辅助办理成功后正常办理接车。

（2）为了保证不间断地接发列车，出现故障时辅助办理只能办理一次。

14. 设有双向闭塞设备的双线区间改按单线行车、反方向行车恢复双线正方向行车

作业要点：（1）正常情况下，设有改变方向按钮时，对改变运行方向的线路，按压改变

方向按钮，恢复正方向，再办理发车。

（2）对按压改变方向按钮后仍不能恢复正方向或出现区间遗留红光带等设备故障的情况时，按使用辅助办理的方法恢复正方向后，方可办理发车。

（3）反方向行车后，正方向再发车时，车站由于行车设备施工或故障等原因需使用绿色许可证按非正常办法办理发车时，发车站亦须办理改变方向手续，使区间通过信号机恢复正常显示后，办理发车。否则，区间通过信号机显示红色灯光，列车不能正常运行。

15. 一切电话中断

作业准备：故障出现后，车站值班员立即设法通知值班干部上岗监控，在《行车设备检查登记簿》内登记，派人通知通信人员现场检查。通信人员到后在《行车设备检查登记簿》内登记。

作业要点：车站值班员通告助理值班员（设信号员的包括信号员）“现在一切电话中断”。在自动闭塞区间，如闭塞设备作用良好时，列车运行仍按自动闭塞法行车，列车在站可不停车，使用列车无线调度通信设备直接联系，说明车次及注意事项等，如列车无线调度通信设备故障时，列车必须在站停车联系上述事项。

自动闭塞设备作用不良时，双线区间按时间间隔法行车，列车进入区间的行车凭证为红色许可证。只准发出正方向的列车，连续发出同一方向的列车时，两列车的间隔时间，应按区间规定的运行时间另加 3 min，但不得少于 13 min。在发车进路准备妥当后，车站值班员方可填写红色许可证，与助理值班员核对正确。红色许可证的填写如图 6-40 所示。

许 可 证　　　　第 1 号

现一切电话中断，准许第 11209 次列车自 浑河 站至 沈阳 站，本列车前于 10 时 30 分发出的第 11207 次列车，邻站到达通知已（~~未~~）收到。

通 知 书

~~1. 第＿＿＿次列车到达你站后，准接你站发出的列车。~~

2. 于 10 时 50 分发出第 11209 次列车，并于 11 时 10 分再发出第 11211 次列车。

浑　河站（站名印）车站值班员（签名）赵　禹

2023 年　1 月　1 日填发

注：1. 红色纸，复写一式两份，司机一份，存根一份；

2. 不用的字句抹消。　　　　（规格 90 mm×130 mm）

图 6-40　红色许可证的填写

助理值班员与车站值班员认真核对红色许可证，核对正确，通过控制台再次确认发车进路正确（由于设备的关系，助理值班员不能通过控制台确认发车进路时可不确认），与司机核对红色许可证，无误后交给司机，确认发车条件具备，指示发车或发车。

自动闭塞设备作用不良时，单线区间按书面联络法行车。

项目自测

理论考核

一、选择题

1. 半自动闭塞区段，车站遇有施工维修作业时，车站值班员应确认施工项目及影响范围，然后按施工负责人的登记内容与（　　）核对无误后签字。

A. 施工方案　　B. 施工计划
C. 调度命令　　D. 运行揭示调度命令

2. 半自动闭塞区段，列车退行速度不得超过（　　）km/h。

A. 15　　B. 20　　C. 25　　D. 30

3. 半自动闭塞区段，货物列车在区间必须退行时，司机应通过（　　）值班员转报列车调度员。

A. 前方车站　　B. 后方车站
C. 就近车站　　D. 发车站

4. 半自动闭塞区段，货物列车请求退行，列车调度员根据具体情况，指派就近站派胜任人员携带（　　）和简易紧急制动阀到列车尾部负责列车退行。

A. 列车无线调度通信设备　　B. 信号旗
C. 信号灯　　D. 口笛

5. 车站行车室内一切电话中断（自闭塞设备作用良好除外）时，单线区间按书面联络法行车，双线区间按时间间隔法行车。列车进入区间的行车凭证均为（　　）。

A. 绿色许可证　　B. 红色许可证
C. 路票　　D. 监督器故障通知书

6. 一切电话中断自动闭塞设备作用不良时，只准发出（　　）列车，连续发出同一方向的列车时，两列车的间隔时间，应按区间规定的运行时间另加 3 min，但不得少于 13 min。

A. 路用　　B. 正方向　　C. 救援　　D. 轻型车辆

7. 自动闭塞区间设有双向闭塞设备的车站，辅助办理改变（　　）方向时，当设备发生故障出现两站的监督区间表示灯均显示红色灯光时或当设备因故障出现（　　）情况时，车站值班员应立即通知值班干部上岗监控，并向列车调度员报告，通知电务人员到岗并在《行车设备检查登记簿》内登记。两端站及列车调度员共同确认区间空闲，请求并接收列车调度员发布使用“总辅助按钮”的调度命令。

A. 接车　　B. 发车　　C. 双接　　D. 双发

8. 自动闭塞区间设有双向闭塞设备的车站，辅助办理改变发车方向时，当设备发生故障出现两站的监督区间表示灯均显示红色灯光时或当设备因故障出现“双接”情况时，（　　）应立即通知（　　）上岗监控，并向（　　）报告，通知（　　）到岗并在《行车设备检查登记簿》内登记。两端站及列车调度员共同确认区间空闲，请求并接收列车调度员发布使用“总辅助按钮”的调度命令。

A. 车站值班员　　B. 值班干部

C. 列车调度员　　D. 电务人员

9. 自动闭塞区间的车站，道岔失去表示时，准备接发车进路时，对进路上无故障区段道岔（含防护道岔）可采用（　　）准备进路，也可采用（　　）准备进路。

A. 单操道岔　　B. 开放调车信号

C. 开放列车信号　　D. 室外人工手摇

10. 自动闭塞区间有多个闭塞分区，车站道岔失去表示，发出列车时，发给司机占用区间的行车凭证为（　　）。

A. 红色许可证　　B. 绿色许可证　　C. 路票　　D. 调度命令

E. 出站调车通知书

11. 自动闭塞区间有一架通过信号机，车站道岔失去表示，发出列车时，发给司机占用区间的行车凭证为（　　）。

A. 红色许可证　　B. 绿色许可证　　C. 路票　　D. 调度命令

E. 出站调车通知书

12. 停电无联锁或失去表示的道岔准备进路时，对分动外锁闭道岔还要确认心轨和斥离尖轨位置，在确认道岔位置正确后，不论对向还是顺向，均需使用专用钩锁器对（　　）、（　　）、（　　）进行加锁固定。

A. 基本轨　　B. 密贴尖轨　　C. 护轮轨　　D. 斥离尖轨

E. 可动心轨

13. 发车进路中某一道岔区段轨道电路故障时，车站值班员必须得到（　　）线路（设备）正常的报告，并在《行车设备检查登记簿》内销记；（　　）确认是轨道电路故障，并在《行车设备检查登记簿》内登记，（　　）再次向（　　）报告设备情况后，按列车调度员的指示准备非正常发车作业。

A. 列车调度员　　B. 车站值班员　　C. 电务人员　　D. 工务人员

E. 列检人员

14. 通过控制台确认出站信号机故障不能显示进行信号的故障后，车站值班员向（　　）报告，通知（　　）上岗监控，在《行车设备检查登记簿》内登记，通知（　　）现场检查维修。

A. 列车调度员　　B. 车站值班员　　C. 值班干部　　D. 工务人员

E. 电务人员

15. 自动闭塞区段车站，进站信号机允许灯光灯泡“断双丝”，开放引导信号接车时，车站值班员确认列车（　　）后，同时按下本咽喉的总人工解锁按钮和该进站信号机的进路（　　）按钮，使引导进路上的白光带熄灭，进路解锁。

A. 接近　　B. 全部进入接车线

C. 出站　　　　　　　　　　　D. 始端

E. 终端

二、简答题

1. 非正常接发列车作业是指什么?
2. 非正常接发列车作业的关键点有哪些?
3. 常见非正常接发列车作业包括哪些?
4. 进站信号机灯泡灯丝“断单丝”时的接车作业要点是什么?
5. 进站信号机红灯熄灭不能开放引导信号时的接车作业要点是什么?
6. 进站信号机内方第一轨道电路区段故障时的接车作业要点是什么?
7. 车站停电时接车作业要点是什么?

实践训练

【实践任务 1】本站为集中联锁车站，上行方向邻站单线为甲站，双线为乙站，下行方向邻站单线为丙站，双线为丁站，相邻区间为双线双方向四显示自动闭塞，非电气化线路。站内Ⅰ道停有待发的 44133 次（已停车 10 min）无列尾，其他线路空闲。阶段计划显示 K96 次 8:20 Ⅱ道通过。44133 次 8:25 开。

1. 实操要求

从 K96 次丁站预告时开始，办理 K96 次接发列车作业、44133 次发车作业。

2. 故障设置

排列 K96 次发车进路时，按下始端按钮后，3−7DG 出现红光带，经检查确认为轨道电路故障，K96 次出站后故障恢复。

3. 考核要点

（1）K96 次正常接车；加锁 1/3、5/7 号道岔，凭绿色许可证发车。

（2）44133 次正常发车，需要办理贯通试验。

【实践任务 2】本站为集中联锁车站，上行方向邻站单线为甲站，双线为乙站，下行方向邻站单线为丙站，双线为丁站，相邻区间为双线双方向四显示自动闭塞，非电气化线路。站内Ⅱ道停有正在办理客运业务的 K96 次，其他线路空闲。阶段计划显示 44133 次 22:10 Ⅰ道通过。K96 次 22:15 开。

1. 实操要求

从 44133 次乙站预告时开始，办理 44133 次接发列车作业、K96 次发车作业。

2. 故障设置

44133 次出站信号开放后，本站至丁站间下行线第二、三离去出现红光带，经检查确认为轨道电路故障，44133 次越过第三离去后故障恢复。

3. 考核要点

（1）44133 次正常接车，凭路票发车。

（2）K96 次正常发车，使用手信号发车。

（3）应先办理 K96 次发车作业，再办理 44133 次非正常发车作业。

4. 命令使用模板

年　月　日　时　分　第　号

受令处所	______站、______站	调度员姓名	
内容	______站转 44133 次 自接令时起，______站至______站下行线间停用基本闭塞法，改按电话闭塞法行车。		

（规格 110 mm×160 mm）　受令车站______车站值班员______

年　月　日　时　分　第　号

受令处所	______站、______站	调度员姓名	
内容	自接令时起，______站至______站下行线间恢复基本闭塞法行车。		

（规格 110 mm×160 mm）　受令车站______车站值班员______

【实践任务 3】本站为集中联锁车站，上行方向邻站单线为甲站，双线为乙站，下行方向邻站单线为丙站，双线为丁站，相邻区间为双线双方向四显示自动闭塞，非电气化线路。站内Ⅳ道停有待发的 34006 次（已停车 25 min）无列尾，其余线路空闲。阶段计划显示 44133 次 10:08 Ⅰ道通过，34006 次 10:10 开。

1. 实操要求

从 44133 次乙站预告时开始，办理 44133 次接发列车作业、34006 次发车作业。

2. 故障设置

44133 次进站信号开放后，ⅠAG（下行进站信号机内方第一段轨道电路区段）出现红光带，经检查确认为轨道电路故障，44133 次到达后故障恢复。

3. 考核要点

（1）44133 次引导进路锁闭，凭引导信号接车（持续按压或点击引导按钮）；正常发车。

（2）34006 次正常发车，需要办理简略试验。

4. 命令使用模板

年　　月　　日　　时　　分　　第　　号

受令处所	______站	调度员姓名	
内容	______站转 44133 次 根据______站报告，因______站下行进站信号机故障，自接令时起，44133 次列车凭引导信号运行。		

（规格 110 mm×160 mm）　受令车站______车站值班员______

【实践任务 4】本站为集中联锁车站，上行方向邻站锦州站，下行方向邻站沈阳站，相邻区间为双线双方向四显示自动闭塞，电气化线路，上、下区间运行时分均为 10 min。3 道停有 11305 次（已停车 10 min），其余线路空闲。阶段计划显示，11305 次 21:30 3 道待开，30102 次 21:40 Ⅱ道通过。

1. 实操要求

从 11305 次向锦州站预告时开始，办理 11305 次发车作业、30102 次接发列车作业。

2. 故障设置

（1）6/8 号道岔在反位。

（2）11305 次尚未开放出站信号，6/8 号道岔定位失去表示，30102 次到达后故障恢复。

3. 考核要点

（1）11305 次手摇并加锁 6/8 号道岔，凭绿色许可证发车。

（2）30102 次引导总锁闭进路，凭引导信号接车；正常发车。

4. 命令使用模板

年　月　日　时　分　第　号

受令处所	______站	调度员姓名	
内容			

（规格 110 mm×160 mm）　受令车站＿＿＿＿车站值班员＿＿＿＿

【实践任务 5】本站为集中联锁车站，上行方向邻站锦州站，下行方向邻站沈阳站，相邻区间为双线双方向四显示自动闭塞，电气化线路，上、下区间运行时分均为 10 min。3 道停有 30102 次（已停车 10 min），其余线路空闲。阶段计划显示 11305 次 20:10 Ⅰ道通过，30102 次 20:15 3 道发车。

1. 实操要求

从 11305 次锦州站预告时开始，办理 11305 次接发列车作业、30102 次发车作业。

2. 故障设置

（1）排列好 11305 次通过进路后，接司机报告，因机车故障被迫停于锦州站至本站间下行线 200 km+100 m 处，请求救援（11305 次列车概况：编组 51 辆，计长 66.0，列车重量 3 000 t，机车型号 DF_{4B}，机车号码 2046，司机姓名张×）。

（2）列车调度员封锁锦州站至本站间下行线，指派 30102 次机车担当救援列车 58102 次（返回开 58101 次），并指示 11305 次、30102 次不再发出。

（3）救援列车 58101 次返回时，进站信号红灯断丝，58101 次进站后故障恢复。

3. 考核要点

（1）58102 次凭调度命令进入封锁区间。

（2）58101 次返回时凭引导手信号接车。

4. 命令使用模板

年　月　日　时　分　第　号

受令处所	______站、______站	调度员姓名	
内容	______站转 11305 次、58102 次 自接令时起，______站至______站间下行线区间封锁。准许______站利用 30102 次机车开行 58102 次列车进入 200 km+100 m 处救援，返回开 58101 次列车至______站。		

（规格 110 mm×160 mm）　受令车站[　　]车站值班员______

年　月　日　时　分　第　号

受令处所	______站	调度员姓名	
内容	______站转 58101 次 根据______站报告，因______站下行线进站信号机故障，自接令时，58101 次列车凭引导手信号运行。		

（规格 110 mm×160 mm）　受令车站[　　]车站值班员______

年　月　日　时　分　第　号

受令处所	______站、______站	调度员姓名	
内容	根据____站报告，____站至____站间下行线救援作业完毕，区间已空闲，自接令时起区间开通。		

（规格 110 mm×160 mm）　受令车站[　　　]车站值班员________

年　月　日　时　分　第　号

受令处所	______站、______站	调度员姓名	
内容			

（规格 110 mm×160 mm）　受令车站[　　　]车站值班员________

【实践任务 6】本站为集中联锁车站，上行方向邻站锦州站，下行方向邻站沈阳站，相邻区间为双线双方向四显示自动闭塞，电气化线路，上、下区间运行时分均为 10 min。4 道停有单机 51012 次（机车型号 DF_{4B}，机车号码 4321），其余线路空闲。阶段计划显示 11305 次 9:18 3 道终到，2057 次 9:25 Ⅰ道通过。

1. 实操要求

从 11305 次锦州站预告时开始，办理 11305 次、2057 次接发列车作业。

2. 故障设置

（1）11305 次和 2057 次均进入锦州站至本站间下行线后，11305 次司机报告，11305 次列车因机车故障被迫停于本站至锦州间下行线 200 km+100 m 处，请求救援（11305 次列车概况：编组 51 辆，计长 66.0，列车重量 3 000 t，机车型号 DF_{4B}，机车号码 2046，司机姓名张×）。

（2）列车调度员封锁锦州站至本站间下行线，指派单机 51012 次机车担当救援列车 58102 次（返回开 58101 次）。

（3）2057 次头部越过进站信号机后，ⅠBG 出现红光带，经检查确认为轨道电路故障，2057 次越过第三离去后故障恢复。

3. 考核要点

（1）通知 2057 次区间停车，并告知 11305 次被迫停车情况。

（2）58102 次凭调度命令进入封锁区间；58101 次返回时开放进站信号正常接车。

（3）2057 次待 11305 次救援完毕后正常接车；ⅠBG 出现红光带后通知司机Ⅰ道停车，凭绿色许可证发车。

4. 命令使用模板

年　月　日　时　分　第　号

受令处所	______站、______站	调度员姓名	
内容	_______站转 58102 次、11305 次 自接令时起，______站至______站间下行线区间封锁。准许____站利用 51012 次机车开行 58102 次列车进入 200 km+100 m 处救援，返回开 58101 次列车至______站。		

（规格 110 mm×160 mm）　受令车站________车站值班员________

年　月　日　时　分　第　号

<table>
<tr><td>受令
处所</td><td>______站、______站</td><td>调度员
姓名</td><td></td></tr>
<tr><td>内
容</td><td colspan="3">根据____站报告，____站至____站间下行线救援作业完毕，自接令时起，区间开通。</td></tr>
</table>

（规格 110 mm×160 mm）　受令车站[　　　　]车站值班员________

年　月　日　时　分　第　号

<table>
<tr><td>受令
处所</td><td>______站、______站</td><td>调度员
姓名</td><td></td></tr>
<tr><td>内
容</td><td colspan="3"></td></tr>
</table>

（规格 110 mm×160 mm）　受令车站[　　　　]车站值班员________